전설의 명창 임방울
고독한 광대의 생애

천이두 지음

한길사

이상의 도서관 20

전설의 명창 임방울
고독한 광대의 생애

지은이 · 천이두
펴낸이 · 김언호
펴낸곳 · (주)도서출판 한길사

등록 · 1976년 12월 24일 제74호
주소 · 413-756 경기도 파주시 교하읍 문발리 520-11
www.hangilsa.co.kr
E-mail: hangilsa@hangilsa.co.kr
전화 · 031-955-2000~3   팩스 · 031-955-2005

상무이사 · 박관순 | 영업이사 · 곽명호
편집 · 이현화 김진구 | 전산 · 한향림
마케팅 및 제작 · 이경호 이연실 | 관리 · 이중환 문주상 장비연 김선희
출력 · 지에스테크 | 인쇄 · 현문인쇄 | 제본 · 쌍용제책

개정판 제1쇄 2009년 2월 20일

값 18,000원
ISBN 978-89-356-5993-7 03800

• 잘못 만들어진 책은 구입하신 서점에서 바꿔드립니다.

이 도서의 국립중앙도서관 출판시도서목록(CIP)은
e-CIP 홈페이지(http://www.nl.go.kr/cip.php)에서 이용하실 수 있습니다.
(CIP제어번호: CIP2009000338)

앞산도 첩첩하고 뒷산도 첩첩한디
혼은 어디로 향하신가.
황천이 어디라고 그리 쉽게 가랴던가.
그리 쉽게 가랴거든 당초에 나오지나 말았거나.
왔다 가면 그저나 가지
노던 터에다 값진 이름을 두고 가며
동무들에게 정을 두고 가서
가시는 임은 하직코 가셨지만
이승에 있난 동무들은 백 년을 통곡한들
보러 올 줄을 어느 뉘가 알며
천하를 죄다 외고 다닌들 어느 곳에서 만나 보리오.

• 임방울, 「앞산도 첩첩하고」에서

민중의 소리, 민족의 소리
■ 개정판 머리말

　한길사의 노력으로 『명창 임방울』 개정판을 내게 되었다. 1998년 초판이 발행된 이후 10년의 세월이 흘렀다. 초판이 나온 이후로 판소리 「명창 임방울전」이 국립극장 무대에서 공연되었고, 임방울의 일대기와 판소리를 주제로 다양한 학술활동이 전개되었다. 임방울에 대한 재평가 작업이 활발히 이루어지는 데 작은 기여나마 할 수 있어서 큰 보람으로 삼고 있다. 교정을 위하여 숙독하는 가운데 임방울에 대한 나의 존경심과 애정이 다시금 강렬하게 내 마음을 두드리고 있음을 경험했다.

　일개 문학도인 내가 판소리 주위에서 서성거리게 된 것은 전적으로 임방울 덕택이다. 대학시절 친구 집에 놀러갔다가 들은 임방울의 「쑥대머리」는 내가 판소리에 심취하게 된 계기였다. 판소리의 고향이라고 일컬어지는 전라도에서 30여 년간 교수로 있으면서 나는 몇몇 지인들과 판소리 감상회 모임을 갖고 국내의 명창들을 초대하여 판소리를 직접 감상하는 기회를 가졌다. 판소리 가객들에 대한 처우가 좋지 않았던 1960년대 후반의 일이다. 나는 이들로부터 임방울에 대한 감동적인 일화들을 전해듣고 그의 발자취를 좇아보고자 하는 강한 열망에 사로잡혀 몇 년간 그의 흔적을 찾아 헤맸다.

그동안 나는 임방울의 가족, 친지, 제자들을 만나서 이야기를 들을 수 있었다. 전해지는 그의 행적들 중에는 이제 전설처럼 윤색된 경우도 상당히 많았다. 하지만 전설처럼 전해지는 이야기도 그런 나름으로 뜻이 있는 거라 생각하여 실증적인 뼈대를 크게 훼손하지 않는 범위 안에서 살려보기로 했다. 이점 독자 여러분의 현명한 판단이 있기 바란다.

판소리가 우리의 문화유산 중에서 가장 찬란한 부분임을 누구나가 인정하면서도 아직도 대중과 유리돼 있는 현실은 지극히 안타까운 일이다. 이 책이 명창 임방울의 삶과 예술을 이해하는 데 도움이 되고, 그를 통하여 우리 민족의 가장 찬란한 문화유산인 판소리를 사랑하고 이해하는 분들이 많아졌으면 하는 게 필자의 바람이다.

임방울에 대한 나의 생각이 예전과 다름없었기에 1998년에 출간된 초판의 머리말을 대부분 그대로 살려 개정판 머리말로 삼았음을 알려드리며, 이점 독자들의 양해를 구한다. 다시 한 번 이 책을 펴낸 한길사의 여러분들께 감사드린다.

2009년 2월
千二斗

전설의 명창 임방울
고독한 광대의 생애

민중의 소리, 민족의 소리 · 개정판 머리말 ············· 7

소리를 찾아서 ············· 11
달아맨 토끼가 되어 ············· 37
나라는 망하여도 ············· 83
동편제와 서편제 ············· 103
떠도는 구름처럼 1 ············· 137
떠도는 구름처럼 2 ············· 163
앞산도 첩첩하고 ············· 183
어둠은 짙어도 ············· 227
애썩고 남은 간장 ············· 247
다시 소리를 찾아서 ············· 293
뜬구름 그 너머 ············· 339
임방울의 예술 ············· 353

판소리 용어 풀이 ············· 369
주註 ············· 375
연보 ············· 377
참고문헌 ············· 379
찾아보기 ············· 381

소리를 찾아서

1961년의 이른봄. 전라남도 광산군 송정읍 근교의 철다리 밑. 거적을 두른 움막 안에거 거지 칠팔 명이 되는 대로 앉고 서고 하여 각설이타령 연습을 하고 있었다. 이른봄의 아침 해가 제법 높이 솟아올랐건만 이 움막 안은 아직도 어둑어둑하였다. 어둑어둑한 그 안쪽에는 늙수그레한 거지가 깡통을 베고 누워 있었다. 그 안쪽이 말하자면 이 움막의 아랫목인 셈이었고 아랫목을 차지한 그 늙은 거지는 이곳의 왕초였다.

"일전 한푼을 들고나 보니 이리송송 해송송 밤중에 새별이 완연하다. 에헤 품바나 잘헌다. 데헤 품바나 잘헌다."

거지 서너 명이 이렇게 선창을 하면 나머지 서너 명이 이를 받아 따라 하는 식으로 연습하고 있었다. 선창하는 패가 다소 숙달한 편이고 따라 하는 패는 신출내기인 셈이었다. 그러나 선창하는 쪽도 썩 잘하는 편이라 할 수는 없었다. 더구나 따라 하는 쪽은 가락수도 장단도 엉성하였다.

"두 이짜나 들고나 보니 이 등 저 등에 불켜 놓고 우릿 님 오시기만 기다린다. 에헤 품바나 잘……."

이때 아랫목에 누워 있던 왕초가 부스스 일어나 저고리 윗봉창에 찔러 둔 숟가락을 꺼내어 베고 누웠던 깡통을 "땅땅땅" 두드렸다. 품바타령이 멎었다.

"아 이녀러 자석들아, 그렇게 일러도 또 까묵었냐?"

왕초의 목소리는 코 먹은 소리였다.

"무엇 말이어라우?"

"그래 가지고는 밥은커녕 죽 빌어먹기도 틀렸다. 각설이에는 어떻든지 간에 어깨춤을 곁들여야 헌다고 안 혔냐?"

이렇게 말한 왕초는 천천히 깡통을 어깨에 메고 숟가락은 손에 들고 일어선다.

"자, 내 헐 테잉게 따라서덜 혀."

숟가락으로 깡통을 두드려 장단을 맞추며 왕초는 어깨춤을 추면서 품바타령을 시작하였다.

"두 이짜나 들고나 보니 이 등 저 등에 부혀 놓고 우릿 님 오시기만 기다린나. 에헤 훔바나 잘헌나. 데헤 훔바나 잘헌나."

코빵뺑이였으므로 헛바람이 새서 '에헤 품바나' 해야 할 데가 '에헤 훔바나'로 되고 '잘헌다' 해야 할 데가 '잘헌나'로 될 수밖에 없었으나 그 가락수와 어깨춤은 과연 일품이었다. 거지들은 두말없이 따라 하였다.

"두 이짜나 들고나 보니 이 등 저 등에 불켜 놓고 우릿 님 오시기만 기다린다. 에헤 품바나 잘헌다. 데헤 품바나 잘헌다."

선창하는 왕초나 따라 하는 거지들이나 사뭇 진지하였다. 처음에는 가락수나 어깨춤이 모두 서툴고 엉성하였으나 연습이 거듭됨에 따라 조금씩 나아져갔다.

"석 삼짜나 들고나 보니 삼천리라 이 강산 삼천만의 우리 동포 삼팔선이 원 말이냐. 에헤 품바나 잘헌다 데헤 품바나 잘헌다."

"넉 사짜나 들고나 보니 네나 내나 따라지 네 것 내 것이 따로 있나. 서로서로 얼러서 살아가세. 에헤 품바나 잘헌다. 데헤 품바나 잘헌다."

"오짜나 들고나 보니 오관참장 관운장 적토마나 비껴나 타고 제갈선생을 찾아간다. 에헤 품바나 잘헌다……."

이때 거지 하나가 거적문을 들치고 움막 안으로 들어섰다.

"쉬이, 소식이요오."

모두들 타령을 그쳤다.

"뭐라고?"

왕초가 물었다.

"거 왜 소리허는 방울 씨 있잖여요. 그 방울씨 양반이 돌아가셨다네요."

"뭐라고? 임방울 씨가 돌아가셨다고? 그게 정말이여?"

"신문에 났는디, 오늘 서울서 출상헌다고 온통 서울 바닥이 야단이라네요."

"허허어, 아까운 양반이 가시는구나."

왕초가 한탄조로 중얼거렸다.

"천하명창이 가시는구나."

"부처님 같은 분이 가시는구나."

"그 양반 은혜를 우리가 어찌 잊을꼬."

"굿하러 오실 때마다 우리 한티는 공짜 귀경을 시켜주셨는디."

다른 거지들도 각기 이렇게 한마디씩 중얼거리고는 약속이나 한 듯이 북쪽을 향하여 두 손을 합장하고 두 번 고개를 숙였다.

"천하명창 임방울 씨 인자하신 임방울 씨. 정말로 이 세상을 하직했단 말인가."

왕초는 마치 소리 가락을 엮어내듯이 점차 그 어조가 도섭조로 기울더니 마침내 상엿소리로 변하였다. 중모리 가락이었다.

"천지신명도 무심허고 염라대왕도 야속하시제. 우리 같은 무지렁이는 왜 아니 데려가고 아까운 그 양반은 데려가는고오."

이렇게 상엿소리를 메기자 거지들도 모두들 일어서서 상두꾼같이 제자리걸음을 좌우로 떼며 몸을 요동하기 시작하였다.

"어허노오 어허노오 어이가리 넘차 너화넘."

왕초의 상엿소리는 중중모리를 거쳐 어느새 자진모리로 넘어가고 있었다.

"어노어노 어허노오 어이가리 넘차 너화넘. 천하명창 임방울 씨 인자하신 임방울 씨 이 길로 가시면 언제나 오실꼬."

"어노어노 어허노오 어이가리 넘차 너화넘."

이윽고 상엿소리가 멎었다. 왕초 영감이 여느 때 같지 않게 가라앉은 목소리로 입을 뗐다.

"야덜아, 오늘이 마침 장날이닝개 오늘일랑은 밥을 못 빌더라도 마른 전으로 돌며 똥그랑땡을 좀 잡어와야 쓰겄다."

"똥그랑땡은 뭣 헐라고요?"

"우리가 비록 요 모양 요 꼴이제만 임방울 씨 생전의 은혜를 잊어서야 쓰겄냐. 동부리 상가댁에 부조라도 좀 혀야제. 그러닝개 야덜아, 오늘일랑은 밥을 못 빌더라도 마른 전으로 돌며 똥그랑땡을 좀 잡아와야 헌다 그 말이여. 한푼도 축내지 말고 가져와야 혀."

"알겄습니다요."

거지들은 입을 모아 대답하였다.

"망인(亡人)이 후덕하신 분이라 오늘 날씨도 좋구나."

어느새 움막 안에도 제법 햇살이 비쳐들고 있었다.

"해도 어지간히 올랐네요."

"그래, 슬슬 나가보자."

이리하여 각설이패들은 둘씩 셋씩 짝을 지어 송정리 장터를 향하여 벌이에 나섰다.

송정리 장터의 한 장국밥집 봉당에서 대준과 경문이 마주앉아 장국밥을 들고 있었다. 이따금 막걸리 잔도 주거니 받거니 하고 있었다. 연한 햇볕이 봉당 안까지 살갑게 비쳐들어 이른봄이기는 하지만 대준과 경문은 더운 장국밥과 반주로 걸친 술기운까지 곁들여 제법 훈훈한 느낌마저 들었다. 점심식사하기엔 아직 이른 시각이어서인지 봉당에는 겸상한 사람이 이 두 사람뿐이었다. 일흔 당년의 대준은 깡마른 몸집에 백발이 성성한 편이나 앉음새가 흐트러지지 않았고 허리도 꼿꼿하였다. 경문은 그보다 열 살 정도 연하로 보이고 다소 살집이 있어 보였다.

이때 각설이패 세 명이 주막집 봉당 저쪽 가마솥 앞에 앉아 커다란 유기 국자로 장국 가마솥 표면으로 떠오르는 거품을 연방 걷어내고 있는 주인 아낙에게로 다가갔다. 그 중에 누더기가 다 된 회색 중절모를 삐딱이 쓴 왕초가 한 발 앞으로 나서며 그 중절모를 거머쥐듯이 벗으며 절을 넙죽 하였다. 그리고 멜빵을 달아 어깨에 멘 낡은 주전자를 숟가락으로 두드리며 몸을 흔들어 장단을 맞추며 장타령을 하기 시작하였다. 나머지 두 사내도 같은 동작으로 왕초의 장타령에 합류하였다.

"작년에 왔던 각설이 죽지도 않고 또 왔소. 인심 좋은 광산장 터주마님을 찾아왔소오. 두루두루 얼러서 논할제. 상주 없어도 곡성장 생선 없어도 대구장 둘이 찾아가도 나만(남원)장 오늘 찾아도 지난(진안)장 탁배기 마셔도 청주장 술값 내고도 공주장 코풀었다 흥덕장 두루두루 얼러서 논할제 펄펄 뛰는 생선전 울긋불긋 황화전 얼그럭덜그럭 옹기전 호호 맵구나 고추전."

한참 이렇게 주워섬겨도 주인 아낙이 아무 반응을 보이지 않자 왕초가 빼닥이 머리에 얹은 예의 회색 중절모를 거머쥐듯이 벗고 다시 절을 넙죽 하였다.

"오란 데는 없어도 갈 데는 바쁘요. 인심 후한 터주마님 쉬이 가게 요량허시씨요."

"아직 마수도 안 혔어."

회색 중절모가 다시 절을 꾸벅 하며 말했다.

"적선이면 재수 대통이지라우."

"그릇 이리 내놔봐요."

주인 아낙이 국자에 장국을 떠서 왕초의 어깨에 멘 주전자에 부어주려 하니, 각설이패 셋이 입을 모아 합창하듯이 말했다.

"인심 후덕하신 터주마님. 오늘일랑은 똥그랑땡으로 적선 좀 허시씨요."

"갈수록 산이네."

"돌아가신 임방울 양반댁에 부조라도 좀 헐라고 그럽니다요."

역시 합창하듯이 말하였다.

"소리허는 임방울 양반댁에 부조를 헌다고?"

주인 아낙이 적이 놀란 듯이 말하며 동전 몇 닢을 회색 중절모의 깡통에 넣어준다. 각설이패들은 넙죽 절을 하고는 소리를 하며 나갔다.

"어허 품바 나간다 더허 품바 나간다."

이제껏 말없이 식사만 하던 대준이 숟갈을 지우고 길목 저편으로 사라져가는 각설이패 쪽으로 눈길을 주며 말했다.

"그나저나 아까운 사람이 갔어."

"글매 말이어라우. 아직 환갑도 안 되었을 틴디요."

경문이도 숟갈을 지우며 말하였다.

"인자 그런 명창 다시는 없을 게여."

대준이 감회 어린 어조로 중얼거렸다.

"마음씨는 또 얼마나 고운 분이었는디요."

주인 아낙도 끼어들었다.

"김제 장터에서 노래하다 쓰러진 지 꼭 반년 만에 가는구먼요. 이동백이다 송만갑이다 하는 선대의 명창들은 통정이네 감찰이네 이런 벼슬 이름이라도 탔는디, 방울이는 그도저도 타지 못했어라우. 시대가 달라졌으닝개 헐 수 없는 일이기는 하지만요."

"그까짓 몰락한 봉건왕조의 실속 없는 칭호가 무슨 소용일꼬마는 노상 광대로서 수모를 겪으며 살아온 그 사람으로서야 한이 되겠지."

"그나저나 내일 서울서 치른다는 장례식은 볼 만허겠습디다. 전국 각처의 남녀 소리꾼들이 모두 모여들어 상여를 메고 상엿소리를 메기며 장지로 간다던데요."

"달아맨 토끼가 이제야 이승의 사슬에서 풀려나는 셈이로구먼."

대준이 중얼거리니 주인 아낙이 물었다.

"달아맨 퇴끼라니요?"

"그 사람 별호가 달아맨 토끼였어. 상호가 꼭 그렇게 생기지 않았던가베."

경문이 아낙에게 말하였다.

"고창의 신재효가 광대가에서 이르기를 광대라 하는 것은 첫째가 인물이요 둘째는 사설이요 그 다음이 목청이요 그 다음이 너름새라 했지만, 광대로 태어나서 그런 걸 다 갖추기가 어디 그리 쉬운 일이겠는가. 애가 타고 피가 마르지. 그야말로 달아맨 토끼 신세지. 소리 속에 살다 간 임방

소리를 찾아서 17

울이야말로 바로 그 달아맨 토끼 뽄새였어."
대준이 앞산 쪽에 눈을 주며 중얼거렸다.

박대준이 처음 임방울을 만난 것은 어언 근 반세기 전의 일이었다. 20대의 청년이었던 대준은 한때 송정읍에 사는 외가의 아저씨뻘 되는 분 집에서 추수일을 도와주며 한 해 가을을 보낸 일이 있었다. 그때 그 집에서 잔심부름을 하고 있던 임방울을 만났다.
대준의 아저씨 김 주사의 집에는 식객으로 얹혀 있는 대준말고도 머슴 장씨와 잔심부름하는 임방울이 농사일을 보고 있었다. 김 주사네 집 마당에서는 연일 가을걷이를 하고 있었다. 오늘은 홀태질하는 아낙 일곱 명이 놉으로 불려왔다. 반원형으로 배열된 일곱 대의 홀태에 아낙들이 각기 늘어서서 연방 홀태질을 하면 깔아놓은 멍석 위로 노랗게 여문 낟알들이 우두둑 쏟아졌다. 이것을 머슴과 대준이 거두어 가마니에 쓸어 담아 새끼로 묶어 마당 한옆에 차곡차곡 쌓았다. 임방울이 하는 일은 마당 귀퉁이에 쌓여 있는 벼 더미에서 볏단을 들어다 홀태질하는 아낙들에게 날라주는 일과 훑어낸 볏짚을 묶어내는 일이었다. 볏짚을 마당 귀퉁이에 차곡차곡 쌓아올리는 일은 대준과 머슴의 몫이었다.
"구월 구일 지낸 지가 언젠디 웬 놈의 날씨가 이리 덥디야?"
바야흐로 한낮 가까운 햇볕은 가을날답지 않게 따가웠다. 한 젊은 아낙이 허리를 펴고 머리의 수건으로 땀을 닦으며 중얼거렸다.
"잠깐 한숨들 돌립시다."
나이 듬직한 아낙이 머슴 장씨쪽을 바라보며 동의를 구하듯이 중얼거렸다. 주인 김 주사는 아침나절에 읍내에 볼일이 있다고 나갔다.
"그럽시다. 곧 새참이 나올 때도 됐네요."

「쑥대머리」로 명성을 날릴 무렵의 임방울

대준이 말하였다. 이 말이 떨어지기가 바쁘게 방울이 일손을 팽개치고 볏단 그늘 쪽에 가서 벌렁 드러누우며 노래를 흥얼거리기 시작하였다.

"(중중모리)화가를 불러라. 화가를 불러들여 토끼 화상을 그린다. 동정 유리 청홍연 금수추파 거북연적 오징어로 먹 갈아 양두화필을 덥벅 풀어 단청채색 두루 묻혀 이리저리 그린다. 천하명산 승지강산 경개보던 눈그리고 난초지초 왼갖향초 꽃따먹던 입그리고 두견앵무 지지울제 소리듣던 귀그리고……."

이때 김 주사의 딸 산호가 행주치마 앞자락으로 손을 닦으며 부엌에서 나와 봉당 한옆 기둥에 기대서서 홀린 듯이 방울의 소리에 귀를 기울인다. 검정색 옥양목 통치마에 하얀 옥양목 저고리를 입은 그는 갸름한 얼굴에 눈매가 시원스러웠다. 길게 땋아내린 검은 머리 끝에 나풀거리는 빨간 갑사 댕기가 그의 수수한 옷차림과 대조되어 신선하게 드러나 보였다. 산호도 올해 열네 살, 방울과 동갑이었다. 소리하던 방울도 어느새 산호를 알아차린 듯 그쪽으로 눈길을 보내며 노래를 계속하였다.

"봉래방장 운무중에 내잘맡던 코그리고 만화방창 화림중에 펄펄뛰던 발그려."

아낙들도 모두들 벼 더미 그늘 쪽에 앉아서 노래에 귀를 기울였다. 대준과 장씨도 어느새 일손을 놓고 추임새를 시작하였다. 이때 부엌에서 산호를 부르는 산호 어머니 목소리가 들려왔다. 그러자 산호가 놀라며 빨간 갑사 댕기를 나풀거리며 안으로 뛰어들어갔다. 그제야 모두들 산호의 존재를 알아차리고 종종걸음 치며 부엌으로 들어가는 산호에게 시선을 주었다. 임방울도 소리를 중단하였다.

"판이 깨져부리네."

나이 지긋한 아낙이 아쉬운 듯이 말하였다.

"그나저나 목구성 한번 좋구나. 너 앞으로 명창 말 듣겄다. 타고난 목이다야."

대준이 감탄하여 말하였다.

"어디서 배웠디야?"

나이 지긋한 아낙이 물었다.

"배우기는 어디서 배워. 협률사패들이 흘리고 간 소리 주워들은 것이지라우 뭐."

장씨가 말하였다. 그러나 장씨의 말은 사실과 달랐다. 방울은 어려서부터 늘상 소리를 들으며 성장하였다. 죽치고 앉아서 제대로 소리를 배운 일은 없었지만 늘상 소리 속에서 살았다 해도 좋을 정도였다. 임방울은 소리하는 집안의 후예였다. 그의 집안에서 이렇다 할 명인 명창이 나지는 않았지만 그의 외숙인 김창환은 당대의 쟁쟁한 명창이었고 김창환의 아들, 그러니까 임방울에게는 외사촌이 되는 봉이, 봉학 두 형제도 제법 인근에 알려진 소리꾼들이었다. 나주에 사는 이들과 이따금 내왕이 있었고 그들의 소리를 들을 기회도 적지 않았다. 그러나 임방울은 장씨의 말에 대꾸를 하지 않았다. 이런 경우 말수가 적어지는 방울의 수줍은 성격 탓도 있었지만 집안의 내력을 이야기하고 싶지 않아서였다.

"좌우지간에 방울이 그 이름대로 네 소리는 과연 은방울 구르는 소리다야."

대준이 다시 칭찬하였다.

"네 본명은 승근이라며?"

장씨가 말하였다.

"예, 임승근(林承根)이어라우."

방울이 뒤꼭지를 긁으며 수줍은 듯 더듬거리며 말하였다.

"시방 몇 살이냐?"

대준이 물었다.

"열네 살이어라우."

"좋은 나이다마는……."

나이 든 아낙이 중얼거렸다.

"괜시리 소리 뽀채다가는 역마실성(驛馬失性) 들리기 알맞제. 일찌감치 마음잡고 일이나 뼈에 백히도록 혀. 세 끼 밥이라도 거르지 않으려거든 말이여."

장씨가 이렇게 못박듯이 말하자 대준이

"꼭 하고 싶으면 한번 해보는 거지요. 밑져야 본전밖에 더 돼요?"

"그까짓 광대 재인이 뭣이 좋다고."

"아, 광대면 어떻고 재인이면 어때요? 자기 재주 따라가는 것이지. 개명한 나라에서는 성악가가 대우받고 살아요."

장씨와 대준의 말에 귀를 기울이던 방울은 어느새 아버지의 모습을 떠올리기 시작하였다. 소리 뽀채다가는 역마실성 들리기 알맞다는 장씨의 말은 실은 아버지한테서도 귀에 못이 박이도록 들어온 말이었다.

임방울(林芳蔚)은 치욕적인 을사보호조약이 체결되기 1년 전인 1904년 4월 25일 전라남도 광산군 송정읍 수성리에서 태어났고 후에 도산리로 이주하였다.[1]

갓 태어난 임방울은 수월하게 자랐다. 그는 아기 때부터 배만 부르면 울지도 않고 잘 놀았다. 그래서 가족들은 혼자서도 방울방울 잘 논다 하여 그를 방울이라 불렀다. 이 '방울'이라는 애칭이 승근(承根)이라는 본명을 제쳐놓고 천하에 떨치는 예명(藝名)으로 굳어지리라는 것은 아무도 예측하지 못하였다. 방울은 아기 때뿐만 아니고 자라면서도 수월하고 유순한 어린아이로 성장하였다. 부모 말씀도 잘 듣고 동기간에도 고분고분 하였다. 그러나 한번 고집을 부리기 시작하면 여간해서 그 고집을 꺾을 줄 몰랐다.

아버지 임경학(林慶學)은 소리하는 집안의 후예였음에도 불구하고 자식들에게는 소리 공부를 시키지 않으려고 기를 썼다. 소리 공부 해봤자 천상 역마실성 들리기가 십상이요 남들한테는 광대라 하여 수모만 받게 마련이라는 것이었다. 광대로서 성공하지 못한 데서 오는 자격지심이 그런 생각을 갖게 하였는지도 모른다. 자식들만은 다른 길을 가도록 하려고 기를 썼다. 특히 임방울에 대하여는 이런 관심이 유별났다. 방울은 8남매 중에 막내였다. 그에 대한 아버지의 관심이 유별난 것은 그 때문인지도 몰랐다.

아버지는 어린 방울을 서당에 보냈다. 그러나 방울은 글공부에 별로 뜻이 없었다. 글자가 머리에 들어오지 않았다. 그의 외삼촌인 김창환(金昌煥)은 조선조 말기에서 1930년대에 이르는 이른바 오명창시대의 으뜸으로 꼽히는 명창이었다. 그의 아들 그러니까 임방울에게는 외사촌이 되는 봉이, 봉학 또한 이름 있는 소리꾼들이었다. 임방울에게는 글공부보다 외사촌 형들한테서 주워들은 소리 흉내내는 일이 더 재미있었다. 그런데 이상한 것은 서당에서 글을 익힐 때는 야속히도 익혀지지 않던 것이 소리로 익히는 경우에는 아무리 어려운 한문 구절도 저절로 술술 익혀지는 것이었다. 열네 살의 임방울이 「춘향가」니 「수궁가」니 하는 판소리에 나오는 어려운 한문 구절들을 막히지 않고 줄줄 엮어내는 것도 이런 연유에서였다. 물론 어려운 한문구가 소리로 나올 때 막힘없이 줄줄 나온다고는 하였지만 그 어음(語音)이 정확할 리는 없었다. 무슨 뜻인지도 모르고 소리 따라 외는 어음이니 정확하지 않은 것은 당연한 일이었다. 그리고 그런 점은 지난날의 많은 광대들이 간직하는 일반적 현상이기도 하였다.

"어디 한 번 내놔봐. 전에 보닝개 쑥대머리도 잘 허드만그려."

나이 든 아낙이 청하였다.

"그래 쑥대머리나 한 번 혀봐라."

아버지 생각에 잠겨 있던 방울은 그제야 수줍은 듯 뒷덜미를 긁적이며 "잘 될란가 모르겄소." 하며 잠시 목을 가다듬었다.

"(중모리)쑥대머리 구신형용(귀신형용) 정마북방으(적막옥방의) 찬자리에 생각나는 것이 임뿐이라. 보고지고 보고지고 한양낭군 보고지고 오리정 정별후로 일장서를 내가 못 보았으니……."

"좋다아."

대준을 비롯한 남녀 일꾼들이 일제히 추임새를 하였다.

이때 산호가 부엌에서 다시 나와 행주치맛자락으로 손을 닦으며 아까같이 봉당께 기둥에 기대어 홀린 듯이 방울의 소리를 듣기 시작하였다. 노래하는 방울의 시선이 어느새 산호에게로 가 있었고 산호도 방울의 시선을 외면하지 않았다. 노래는 계속되었다.

"부모보양(부모봉양) 글공부에 겨를이 없어서 이러는가. 연니신혼 금실우지 나를 잊고 이러는가 계궁항아 추월같이."

이때 김 주사가 대문 안으로 들어서다가 이 광경을 보고 주춤 걸음을 멈추고 잠시 한심스러운 듯이 바라보더니 방울을 향하여 호통을 쳤다.

"아, 이, 발구락을 뜯어서 곤쟁이젓을 담글 저석아. 좋은 밥 처먹고 무신 귀신 씨나락 까먹는 소리를 허냐 시방?"

그제야 아버지가 돌아온 것을 알아차린 산호는 고개를 움츠리며 부엌으로 종종걸음 쳐 달아났다. 대준이나 장씨를 비롯한 일꾼들은 각기 무뽑다 들킨 사람들같이 멋적은 듯이 서둘러 자기 자리로 돌아가 일을 시작하였다.

 이 광경을 죽 둘러보던 김 주사는 한심스럽다는 듯이 혼잣말을 했다.
 "그저 잠시만 틈을 줘도 이 꼴이니 원. 조막만한 것이나 철든 것들이나 모두가 한 타령이니 원."
 "새참 때도 되고 해서 잠시……."
 대준이 나서서 한마디 하려 하자 김 주사가 말문을 막고 나섰다.
 "시끄러. 너부터가 탈이여. 너부터 앞장서 꾀를 피니 누가 아쉬워서 일을 혀?"
 그러더니 주섬주섬 짚다발을 묶고 있는 방울을 향하여
 "방울이 너 이 조막손아, 남의 집에 고용살이를 들어왔으면 어떻든지 간에 보지란 보지란 나분대야 헐 일이제 서리맞은 뎅구렁이 가을 논두렁에 기어가듯 흐느적거리며 만날 씨부렁대는 소리가 무신 놈의 쑥대머리다 제립대머리다 귀신 씨나락 까먹는 소리만 허고 자빠졌냐 시방. 그러고도 네 주둥이에 세끼 밥이 제대로 들어갈 성부르냐 이놈아?"
하며 두어 번 꿀밤을 먹였다. 이때 산호가 새참 광주리를 이고 나오다가 이 광경을 보고 멈칫하더니 이내 광주리를 마당 한옆에 펴놓은 멍석 위에 내려놓고 아버지에게 다가가서 가만히 그의 소매를 잡아당기며 말했다.
 "아버지 새참 왔어요."
 김 주사도 슬그머니 누그러지며 "새참들 혀야제." 하며 새참 광주리께로 다가갔다.
 대준이도 서먹해진 분위기를 지우려는 듯이 "자, 어서들 오시지요." 하며 새참 광주리 가까이로 다가갔다. 장씨도 아낙들도 다가갔다. 방울은 내키지 않은 듯 앉은 자리에 그대로 고개를 숙이고 있었다. 이를 본 산호가 방울에게로 다가가서 말했다.

"얼른 와."

그제서야 김 주사도 방울 쪽을 돌아보았다.

"이리 안 오고 뭣 혀. 얼른 한술씩 따지고 치워야제."

그리고 산호를 보고는

"산호, 너는 거기 멀뚱이 서 있지만 말고 들어가 부엌일 거들어야제."

했다.

방울이 마지못하여 이쪽으로 다가와 대준의 옆에 앉았다. 산호도 아버지 말이 떨어지기가 바쁘게 얼른 부엌 쪽으로 들어갔다.

"많이들 들어요."

김 주사도 이렇게 한마디 하고는 안으로 들어갔다.

아낙들은 밥을 푸고 국을 떠서 부지런히 먹기 시작하였다. 대준과 장씨는 막걸리부터 한잔씩 따라 마셨다.

"그런디 박씨는 전문핵교까지 다녔담서 뭣 땜시 이런 고생길에 뛰어들었대여?"

장씨가 물었다.

"참말로 나도 그 속 모르겄데. 좋은 식자 갖고 뭣 땜시 이 고생이래여?"

나이 든 아낙도 한마디 거들었다.

"식자가 있으면 무슨 소용입니까? 나라를 빼앗겼으니 살아도 산 목숨이 아니고요……."

대준이 이렇게 말끝을 흐리더니 방울을 보며 가라앉은 소리로 말을 이었다.

"그나저나 방울이 너는 아무래도 다른 세상에서 살아야 할 사람 같다. 소리를 하면서 말이여."

방울은 수줍은 듯 뒷덜미를 긁적이며 더듬더듬 말을 이었다.

"아버지가 저를 농사꾼 만드시겠다고 이 댁에 보내셨지만 저는 도무지 일이 손에 잽히들 안 혀요. 아버지한티도 죄송허고 이 댁 김 주사 어른께도 죄송허지만요. 그냥 구름 흘러가듯이 훨훨 떠돌아 다니고만 싶어요. 저 허공 끝끝까지 날아가서 그 벼랑 끝에 훨훨 몸을 날려봤으면 싶어요."

"허허허 그래 네 말이 맞다. 네 말이 맞아. 나도 날개가 달렸으면 이놈의 고장 훌쩍 떠나 훨훨 천하를 날아다니고 싶다. 왜놈들 노는 꼴도 보기 싫고 그 밑에서 구박받는 동포의 참혹한 형상도 차마 눈 뜨고는 볼 수 없으니 만주로 시베리아로 너른 세상 훨훨 날아다니며 외방바람이나 쐬고 싶다."

"푸른 하늘 저 너머에는 넓으나넓은 허공이 있고 그 너머에는 아득한 벼랑이 있고 벼랑 그 끝끝만 벗어나면 훨훨 날아다닐 수 있을 것 같어요."

"어린 놈이 못 허는 소리가 없네그려. 네가 시방 장개가고 싶어서 그러는 것 아니여?"

말없이 국물만 후루룩후루룩 마시던 장씨가 한마디 거들었다.

"허기사 나이로 봐서 인자 그럴 만도 허지라우."

나이 지긋한 아낙이 말하였다.

"총각이 아까 새참 가지고 온 색시허고 눈치가 수상허든디?"

젊은 아낙이 방울에게로 눈길을 보내며 빙글거리며 말하였다.

"이 댁 김 주사 딸 말인감?"

"예, 그 색시 말이어라우. 김 주사네 무남독녀 외동딸이라데요. 어쩌, 내 말이 맞제?"

방울은 얼굴이 빨개져서는 뒤통수를 긁적이며 얼버무렸다.

"아니, 아니어라우. 괜시리……."

"아니긴 뭣이 아니여. 내 눈은 못 속여."

젊은 아낙이 재우쳐 이죽거렸다.

"흐음 그랬었구먼. 서로 사랑하는 것이야 좋지만서도……."

대준은 말끝을 흐렸다.

"좋기는 무슨……. 야 이 저석아. 오르지도 못헐 나무 쳐다보지도 말어."

장씨가 단호하게 말하였다. 이때 김 주사가 안에서 나왔다. 모두들 입을 다물었다.

"벌써 해거름이여. 여기 버려놓은 것은 서둘러 마무리져야제."

"부지런히 서둘면 어둡기 전에 끝날 것 같네요."

대준이 김 주사의 말을 받았다.

모두들 자기 자리로 가서 일을 하기 시작하였다. 일손이 바야흐로 무르익어가는데 정복의 순사와 캡을 쓰고 당꼬바지를 입은 형사가 들이닥쳤다. 형사는 불문곡직하고 가마니에 나락을 퍼 담고 있는 대준 앞으로 바싹 다가갔다.

"당신이노 박대준이지?"

"왜 그러시오?"

대준이 재빠르게 순사와 형사에게 시선을 굴리며 말하였다.

"묻는 말에 대답이노 해. 박대준이지?"

"글쎄 왜 그러느냐 말이오?"

"물어볼 말이노 있어서 그래. 주재소까지 따라와."

"무슨 이유로?"

"빠카야로(바보 자식). 가보면 알 것이노 아닌가?"

당꼬바지가 대준의 따귀를 갈기며 말하였다. 대준이 당꼬바지를 옆으로 확 밀어젖히며 몸을 날려 도주하려 하자 당꼬바지가 재빨리 대준을 뒤에서 껴안았다. 동시에 순사가 재빨리 몸을 빼치려고 거세게 요동하는 대준 앞으로 다가와 그의 양손목을 포승(捕繩)으로 묶고 줄을 뒤로 돌려 허리에 묶은 다음 그 끝을 바싹 거머쥐었다. 눈 깜짝할 사이의 일이었다. 이어서 당꼬바지는 김 주사를 손가락으로 가리키며 물었다.

"당신이노 이 집 주인인가?"

김 주사가 허리를 굽실거리며 대답했다.

"예, 그렇습니다요."

"내일 아침 아홉시까지 주재소에 와. 알았소이까?"

"예, 알았습니다요."

김 주사가 다시 허리를 굽실거리며 말하였다.

"요시, 이코(자, 가지)."

당꼬바지는 이렇게 말하고는 걸음을 떼었다. 그는 대준의 왼편에 붙고 늘어뜨린 포승 끝을 쥔 순사는 대준의 꽁무니에 따랐다. 김 주사를 비롯한 마당 안의 사람들은 넋 나간 듯이 멍하니 지켜보기만 하였다.

"무슨 일로 저런대유?"

한참 후에 나이 지긋한 아낙이 장씨를 쳐다보며 물었다.

"나도 영문을 모르겠소."

그때 김 주사가 쐐기를 박듯이 퉁명스럽게 말하였다.

"쓰잘데기없는 소리 그만들허고 허든 일이나 어서 마무리져야제."

일꾼들은 다시 하던 일을 시작하였다.

그날 밤이었다. 열사흘달이 우렷이 밝았다. 방울은 마당 가에 쌓아올린 짚 더미에 기대앉아 중천에 우렷이 떠 있는 열사흘달을 바라보고 있었다. 밤 기운이 제법 서늘하였으나 온종일 햇볕에 그을린 방울에게는 오히려 개운하여 좋았다. 달은 엷은 구름 사이를 헤치고 넓디넓은 하늘을 훨훨 날아가고 있었다. 담 밑에서는 아까부터 귀뚜라미가 극성스레 울어대고 있었다.

"추월(秋月)은 만정(滿庭)허여 산호주렴에 비치어들고 실솔은 슬피울어 나유원(羅帷園)에 흘러들제 청천(靑天)의 기러기는 월하에 높이떠서 뚜루루루 낄룩 울음을 울고오니."

문득 이런 구절이 흥얼거려졌다. 외사촌 형들이 공부하는 소리를 귀동냥으로 들었던 구절이다. 인당수에 빠졌던 심청이 황후가 된 후 어느 달 밝은 가을 밤에 소식 없는 아버지를 그리며 탄식하는 장면으로 접어드는 한 대문이다. 공양미 삼백 석에 몸을 판 심청이, 가련한 심청이. 그러나 심청이는 죽지 않고 황후가 되었다. 아버지도 만나고 아버지의 눈도 뜨이게 되었다. 그러자 뭉클한 것이 방울의 가슴을 치받고 올라오는 듯하였다. 집 생각, 어머니 아버지 생각, 누이와 형제들 생각, 그리고 무엇보다도 딱한 자기 처지에 대한 생각 등이 범벅이 되어 사뭇 세찬 물결처럼 그의 목울대를 치받고 올라왔다. 방울은 한참 동안 설움의 물결에 자신을 맡겨두었다. 소리 죽인 흐느낌이 새어 나왔다.

이때 방울은 누군가 자기 어깨를 가만히 흔드는 기척을 느꼈다.

"방울이 왜 그려?"

산호의 목소리였다. 어느새 산호가 다가와 있었던 것이다. 방울은 잠시 동안 오열을 추슬러야 했다. 방울이 오열을 추스르는 동안 산호는 아무 말없이 볏단 옆에 방울과 나란히 앉아 방울의 오열이 그쳐지기를 기다렸다. 달이 서쪽으로 기울면서 볏단에 기대앉은 두 사람을 어렴풋이 비추기 시작하였다. 동갑의 나이였으나 방울보다는 산호가 더 성숙해 보였다. 키는 방울이 약간 큰 편이기는 했지만 보기에 비슷하였다. 그것은 산호의 키가 유달리 커서 그런 게 아니라 방울의 키가 남자치고는 상당히 작은 탓에 그랬다. 실지로 방울에게는 자기가 동생 같고 산호는 철든 누이같이 여겨졌다. 오늘밤 같은 이런 경우 특히 그러하였다. 그리고 그런 느낌이 방울에게는 한량없이 편안하고 행복하였다.
"방울이, 우리 아버지 너무 노엽게 생각지 마. 성깔이 급혀서 그러시지 본심은 그런 분이 아니여."
"아녀, 그게 아니여. 내가 그 어른 본심을 모르간디? 괜시리 이것저것 생각이 나서 그러는 게지."
"그래, 그러면 됐어. 그런디 광주 오라버니는 왜 잽혀갔대여?"
산호가 물었다. 산호는 대준을 광주 오라버니라 불렀다. 대준이 광주에 살고 있었기 때문이다.
"대준이 형님이 동경 계실 때 무슨 사건으로 일본 경찰한티 쫓기고 있었다나벼."
일본 동경에서 대학을 다니던 대준이 조선인 유학생들과 비밀리에 서클 활동을 하다가 일경에게 탄로나 일부 학생은 붙잡히고 대준은 일경을 피해 조선으로 나와 광주 자기 집으로 가지 않고 산호의 집에 피신하여 있었던 것이다.
"아버지도 내일 파출소에 나오라고 했다며?"
"응 아홉시까지. 허지만 아버지는 별일 없을 거래."
"광주 오라버니는 어떻게 될까."
"글쎄 말이여. 고생 좀 허실 텐디."
"참말로 야속헌 세상."
"나라도 빼앗기고 구박만 당허니."
두 사람은 잠시 말이 없었다. 달이 어렴풋이 구름에 가리었다.

이윽고 산호가 방울의 손을 가만히 더듬어 찾으며 불렀다.
"방울이."
"응?"
"방울이, 나는 방울이 소리 들을 때가 제일 좋아. 방울이 소리는 봄날의 향기같이 내 가슴에 젖어 있어. 방울의 소리를 들으면 나는 선녀라도 된 것같이 구름 위에 둥둥 뜨는 것 같어."
"에이, 괜시리……."
"정말이여. 방울이 소리를 듣고 있노라면 나도 소리를 배워봤으면, 그래서 선녀처럼 방울이와 같이 구름 위로 둥둥 떠다녀봤으면 하는 생각이 불현듯이 일어."
"그 무슨 소리여. 당최 그런 소리 허들 말어. 아버지 어머니가 그런 말 들으시면 날벼락 떨어질 거여."
"그래 알았어. 괜히 한 번 혀본 소리여. 그러니 방울이, 제발 덕분에 마음잡고 우리 집에 있어줘 응?"
하며 방울의 두 손을 마주잡고 흔든다.

소리꾼으로 성공하지 못한 채 소작농으로 근근이 생계를 유지하던 임방울의 아버지 임경학은 방울만은 소리꾼을 만들지 않으려고 서당에 보냈으나 방울이 공부에 전혀 뜻이 없는 것을 알고는 차라리 아들을 농사꾼으로 만들려고 하였다. 그래서 논밭으로 끌고 다녀봤으나 농사일에도 영 마음을 붙일 것 같지 않았다. 생각다 못하여 아버지는 방울이를 김 주사에게 맡기기로 하였다. 김 주사와는 친근하게 알고 지내는 사이인데다가 그가 인근에 알려진 독농가요 또 꽤 광작(廣作)을 하는 터였으므로 그런 사람 밑에서 지내다 보면 제대로 농사꾼이 될 수도 있으리라는 생각에서였다.

"나도 낮이나 밤이나 산호 생각뿐이여."

방울이 조용히 말하였다. 산호도 맞장구 치듯이 속삭였다.

"나도 그려. 낮이나 밤이나. 앉으나 서나······."

두 사람은 다시 두 손을 마주잡고 흔들었다. 이윽고 방울이 슬그머니 손을 놓으며 말하였다.

"아무래도 내가 꿈을 꾸고 있는 게여."

"꿈을 꾸다니?"

산호가 물었다.

"낮에 장씨 아저씨가 나더러 그랬어. 오르지 못헐 나무 쳐다보지도 말라고 말이여."

"그것이 무슨 소리대여?"

"분수를 알란 말이겄제. 곰곰이 생각혀봤는디, 나 여기를 떠나야 쓰겄어."

"그것은 또 무슨 소리대여?"

"나, 농사짓고 땅에 묻혀 살 팔자는 도무지 아닌가부아. 농사꾼 만들려고 아버지가 나를 이 댁에 고용살이로 넣은 뜻도 알고 산호 아버지께서 유달리 나를 심하게 닦달하시는 뜻도 알지만 아무리 생각혀도 나는 안 되겄어. 먼 산의 뜬구름처럼 너른 세상으로 훨훨 날아다니고만 싶은 걸 어떻게 혀?"

"갈 사람 가버리면 나는 어찌하라고. 나는 나는 어찌하라고. 제발 마음 잡고 자리잡고 내 곁에 있어줘 응?"

산호는 방울의 두 손을 마주잡고 세차게 흔들었다. 이때 김 주사가 대문 안으로 들어서다가 이 광경을 목격하고 우뚝 멈춰 섰다. 인기척을 알아차린 두 사람도 얼른 떨어졌다. 산호는 종종걸음 쳐 안으로 들어가고

방울만 고개를 수그린 채 서 있었다. 한참 방울을 노려보던 김 주사는 마침내 방울의 덜미를 낚아채더니
 "하, 요런 놈의 꼴 좀 보소 잉. 아, 이, 발구락을 찢을 저석아. 니가 시방 어디를 넘보고 있냐 엉?"
하며 사납게 흔들어댔다. 방울은 김 주사가 잡아 흔드는 대로 흔들리면서 가만히 서 있었다.
 "주인 어른 제가 잘못혔습니다요. 대준이 형님 일을 묻기에 대답 좀 허느라고…… 제가 잘못혔구만이요."
 성미가 불꽃 같으면서도 매우 싹싹하기도 한 김 주사는 슬그머니 덜미 잡았던 손을 놓으며
 "어서 썩 들어가들 못 혀?"
하고는 안으로 들어가버렸다.
 그날 밤을 거의 뜬눈으로 새운 방울은 먼동이 트기 시작하자 행장을 차리고 가만히 문밖을 나섰다. 행장이라야 늘상 입던 바지저고리에 간단한 속옷가지를 싼 괴나리봇짐이 전부였다. 방울이 서둘러 대문 밖으로 나서려는데 새벽동자에 나온 산호가 방울의 모습을 보고 달려와 그의 옷자락을 잡았다. 두 사람은 잠시 두리번거리다가 어마지두에 짚 더미 뒤 담벼락께로 가서 몸부터 숨기지 않으면 안 되었다.
 "이게 무슨 짓이래여?"
 "내 이약혔지 안 혀. 곰곰 생각혀봤는디 여기를 떠나야 쓰겄어. 너는 세상에 나가 허고 싶은 일을 혀야 쓰겄어."
 "허고 싶은 일이 무슨 일인디?"
 "소리 공부허는 일이여. 나는 광대가 될 티여. 아버지는 한사코 못 허게 허셨지만 나는 이 길로 가야 쓰겄어. 너른 세상에 나가 내가 허고 싶은

일을 혀야 살 것 같어. 대준이 형도 말혔어. 사람은 자기가 허고 싶은 일을 일구월심으로 혀야 헌다고 말이여."

잠시 대화가 끊겼다.

"내일 아버지가 아시면 야단이 날 틴디. 그리고 방울이 아버지 어머니께서도 종당에는 아시게 될 테고……."

"산호 아버지한티는 편지를 써놨어. 죄송허게 됐다고 말이여. 내일 아침에 기동하시면 읽어보실 수 있도록 그 어른 신발 안에다 넣어놨어. 그리고 아버지한티는 당분간 찾지 말라고 편지를 올리겠어."

"가려는 디가 어딘디?"

"산호만 알고 있어. 나주에 사시는 박재실이라는 선생님한티 찾아가볼 끼여. 내 미리 알어봐놨거든."

산호가 골똘히 생각하더니 고개를 번쩍 들고 방울의 두 눈을 똑바로 쳐다보며 말하였다.

"그러면 나도 따라가겠어. 천리라도 만리라도 따라가겠어. 방울이 뒤를 따라가겠어."

"그건 안 되야. 말도 안 되야."

방울은 두 손을 훼훼 저으며 힘주어 말하였다.

"아니어. 아니어. 나는 꼭 따라가겠어."

산호가 막무가내로 떼를 쓰듯이 말하였다.

"나 이제 가더라도 아주 가는 것 아니여. 기필코 성공하여 꼭 산호 찾으러 올 끼여. 그때까지만 기다려줘."

다시 대화가 끊겼다. 산호가 고개를 숙이고 다시 생각에 잠기더니 다시 고개를 들고 방울을 찬찬히 바라보며 말하였다.

"방울이 뜻이 그러하니 더 붙잡지는 않겠어. 동서남북 어디를 가더라도 항상 몸조심허고 부디 성공하여 나를 찾아줘. 그때까지 나는 기다리고 있을게."

하더니 손을 뒤로 돌려 머리에 닿은 빨간 갑사 댕기를 풀어 곱게 접어 방울에게 주었다.

"이것이 나의 정표여. 내 마음으로 알고 받아줘."

방울은 산호가 주는 갑사 댕기를 잠시 두 손으로 받들더니 조끼 속봉창에 고이 간직하였다. 그리고 자기도 봇짐을 뒤적이더니 명주 손수건을 꺼내었다.

"이것은 내 정표, 내 마음으로 알고 받아줘."

산호도 명주 손수건을 받든 다음 품에 간직하였다. 이어서 두 사람은 약속이나 한 듯이 두 손을 펴서 서로 깍지끼고 상하로 두세 번 흔들더니 깍지를 풀었다. 방울은 잠시 안채 쪽을 살피더니 서둘러 발걸음을 떼었다. 산호는 두어 걸음 방울의 뒤를 따르다가 이내 담벼락께로 돌아와 두 손으로 얼굴을 가리며 조용히 그 자리에 쪼그리고 앉아 어깨를 들먹이기 시작하였다.

어느새 동이 희번히 터오르고 있었다.

달아맨 토끼가 되어

방울이 부지런히 걸어서 박재실의 집에 당도한 것은 짧은 가을 해가 어느새 서녘으로 꽤 기울기 시작한 무렵이었다. 그가 마당에 들어서니 안에서는 한창 소리 연습하는 소리가 들렸다. 방울이 기척을 하고 안으로 들어서니 소리가 멎으며 일제히 방울 쪽으로 시선이 쏠렸다. 오십 줄은 되어 보이는 선생인 듯한 분이 아랫목에 발을 개고 앉아 있었고 방울과 비슷한 또래의 총각 두 사람이 윗목에 쪼그리고 앉아 있었다.

방울은 선생 앞으로 다가가 무릎을 꿇고 큰절을 올리고 더듬거리며 찾아온 연유를 말하였다. 선생은 잠시 방울의 고향이며 나이, 가족 사항 등을 대강 묻더니

"소리 공부 아무나 하는 것 아니여."

하며 방울을 찬찬히 살펴보기 시작하였다.

"죽기 아니면 살기로 한번 혀보겠어라우."

"그동안 어디서 소리 공부 헌 일은 있는 게여?"

"공부한 일은 없고요 귀동냥으로 좀……."

하고 말끝을 얼버무리니 선생은

"그러면 어디 아무거나 한 대목 혀부아."

하더니 자기 앞에 놓인 북과 채를 윗목의 얼굴 갸름한 총각에게 밀어주며 말하였다.
 "몽실이 너 북을 잡아봐라."
 몽실이 북통을 잡고 둥더둥딱 한 번 울리더니 북을 바로잡았다. 방울은 잠시 목을 가다듬은 다음 소리를 뽑기 시작하였다.
 "쑥대머리 귀신형용 적막옥방의 찬자리에 생각나는 것이 임뿐이라. 보고지고 보고지고 한양낭군 보고지고 오리정 정별후로 일장서를 내가 못 보았으니 부모봉양 글공부에 겨를이 없어서 이러는가."
 소리가 중간쯤 진행되었을 때 선생의 표정이 다소 누그러지는 듯하더니 손을 한 번 저어 그만 해도 좋다는 표시를 했다.
 "청은 그만허면 쓰겄는디…… 정말 한번 혀볼 끼여?"
 "예."
 "중파맥이 헐 요량이면 당초에 작파허는 게 좋아."
 "죽기 아니면 살기로 혀보겄어라우."
 여기서 선생은 잠시 생각하더니
 "그러면 내 시키는 대로 혀야 혀."
 "예."
 선생은 방울의 대답하는 소리를 듣고 나서 마루로 나와 "날 봐." 하며 아내를 불렀다. 저녁을 짓던 아내가 행줏자락으로 손을 씻으며 부엌에서 나왔다.
 "새로 공부꾼이 한 사람 왔으닝개 저기 헛간 좀 치워놔."
 "헛간에서 어떻게요? 경문이랑 몽실이랑 같이 한 방을 쓰면 안 되야요?"
 부인이 의아해하며 말하자

박재실 선생 밑에서부터 오랫동안 함께 소리 공부를 한 임방울의 벗 조몽실

"거, 모르는 소리 그면 허고 시키는 대로 혀."

선생은 단호하게 말하였다. 부인은 더 이상 아무 말 못 하고 헛간 쪽으로 갔다.

선생은 다시 소리방으로 들어섰다.

"서로 인사들 혀라."

방울은 북을 잡았던 조몽실과 인사를 나누었고 이어서 살집이 있어 보이는 이경문하고도 인사를 나누었다.

"너희들은 모두 비슷한 또래들이닝개 합심혀서 공부 열심히들 혀야 헌다. 알겄제?"

"예."

세 사람은 대답하였다. 조몽실은 방울보다 네 살 위였고 이경문은 방울과 동갑이었다. 이어서 선생은 소리를 가다듬더니 말하기 시작하였다.

"소리라 하는 것은 물길 흘러가는 이치와 같은 게여. 물길은 흐름 따라 때로는 잔잔하기도 하고 때로는 험준하기도 하고 때로는 사운대고 때로는 용트림하기도 하고 너울거렸다 뒤틀었다 잔잔했다 험악했다 온갖 형상을 다 이루는 법인디 목청도 그 이치를 깊이깊이 헤아려서 숙달한 뱃사공이 망망창해를 헤쳐가듯이 때로는 물결에 부딪치고 때로는 물길을 거사리되 애오라지 어루고 달래면서 헤쳐가야 하는 법이여."

선생인 박재실은 당대의 명창인 김창환(金昌煥), 이동백(李東伯), 송만갑(宋萬甲) 같은 사람들과 같이 명성이 도저하지는 않았지만 한때는 협률사를 이끌고 다니기도 하여 남도 일대에서는 제법 알려진 소리꾼이었다. 그러나 협률사로서는 그다지 재미를 보지 못하고 몇 해 전부터 이를 작파하고 이곳에 터를 잡고 제자들을 기르는 일에 전념하기 시작하였다.

금성산의 다냥한 남쪽 기슭에 자리잡은 박재실의 집은 정남향으로 안채가 들어서 있었고 안채에서 기역자 형국으로 행랑채가 동향으로 들어서 있었다. 댓돌에서 남쪽을 내려다보면 10여 리 상거에 고즈넉이 나주 고을이 자리잡고 있었고 그 남쪽으로 환히 트인 나주평야가 펼쳐져 있었으며 그 평야를 남북으로 가로질러 영산강의 상류인 나주천이 흐르고 있었다.

안채는 선생 내외가 쓰는 안방과 몽실과 경문이 쓰는 소리방 그리고 부엌으로 된 삼 칸 집이었고 행랑채는 헛간과 측간으로 된 허름한 건물이었다. 나주 고을까지는 10리가 짱짱하였고 가까운 마을과도 반 마장 정도의 거리가 있는 외딴집이었다. 주야로 북을 치며 소리를 질러대도 이웃의 눈치를 볼 필요가 없었으므로 이런 외딴집이 무방하기는 하였다.

그날로 행랑채 헛간의 한쪽을 말끔히 치우고 맨흙바닥에 짚을 두툼히 깔고 그 위에 다시 멍석을 겹으로 깔았다. 문짝이 없었으므로 까대기를 쳐서 문짝을 대신하였다.

선생의 뒤를 따라 방울이 새로 치운 헛간방으로 들어서니 아직 해가 지지 않았는데도 헛간 안은 어둑어둑하였다. 남쪽으로 어른 손바닥 남짓한 창문이 하나 나 있기는 하였으나 한낮이 아니어서 그런지 거의 있으나마나 하였다. 그 어둠에 눈이 익숙해지기까지에는 한참을 기다려야 하였다. 그러나 그런 나름으로 외풍 같은 것은 없을 터이므로 워낙 심한 강추위만 아니면 한겨울도 그럭저럭 넘길 수 있을 것 같았다.

두 사람이 빠듯하게 운신할 정도의 좁은 공간에 선생과 제자는 마주앉았다. 선생은 방울을 똑바로 바라보며 입을 떼었다.

"너 여그서 삼 년 동안 나올 생각 말어. 알겠어?"

이곳이 앞으로 삼 년 동안 임방울이 먹고 자고 해야 할 방이요 소리를 익혀야 할 도장(道場)이기도 하였다.

방울은 선생에게 고개 숙여 큰절을 하고는
　"예."
라고 낮지만 분명하게 대답하였다. 이렇게 해서 임방울의 새로운 인생이 시작되었다.
　다음날 아침을 마친 뒤부터 공부가 시작되었다. 선생은 먼저 몽실과 경문의 소리방으로 들어갔다. 선생은 아랫목에 앉았다.
　"경문이 너 어제 배운 디 혀부아."
　말하자면 복습 검사를 하는 셈이었다. 소리 공부는 언제나 복습 검사로부터 시작되었다. 경문이 목을 뽑았다 움츠렸다 헛기침도 두어 번 하더니 자세를 갖추었다. 그 사이 몽실은 북을 자기 앞으로 당겨 덩더둥딱 울려보고는 무릎 앞에 고정시킨 다음 경문 쪽으로 시선을 주었다.
　"천하가 태평하면 언무수문하려니와 시절이 분요하면 포연탄우 만날 줄울 사람마다 아는배라. 진나라 모진정사 맹호독사같이 심하더니마는 사슴조차 잃단말가. 초야의 영웅들은 질족자의 뜻을 두고 곳곳에 일어날 제 강동……."
　하더니 소리가 막힌다. 선생은
　"강동의 성낸범과 패택의 잠긴용이……."
라고 막힌 데를 이어준다. 경문이 이를 받는다.
　"강동의 성낸범과 패택의 잠긴용이 각자기병 힘을모와……힘을모와……."
　"벌써 까묵었냐? 각자기병 힘을모와 진나라를 멸할적에."
　"각자기병 힘을모와 진나라를……진나라를……."
　또 막힌다.
　"건성으로 허니 소리가 익혀져? 아침나절에 나머지 대목까지 다 익혀야 혀. 알것제."

"예."

"몽실이 너."

선생이 이번에는 북을 치는 몽실이를 보며 말하였다. 몽실이 잠시 목을 가다듬고 경문이 북을 잡았다.

"함평천지 늙은몸이 광주고향을 보랴허고 제주어선 빌려타고 해남으로 건너갈제 흥양의 돋은해는 보성의 비쳐있고."

「호남가」를 막힘없이 엮어냈다. 선생의 표정이 다소 누그러졌다.

"소리에 공력이 들어야 혀. 공력이 붙을 때까지 백 번이고 천 번이고 되풀이허라 그 말이여. 알것제?"

"예."

몽실이 대답하였다. 경문은 「홍문연가」를, 몽실은 「호남가」를 각기 연습하기 시작하였다.

선생은 방울이 있는 헛간방으로 향하였다. 북을 사이에 두고 선생과 제자가 마주앉았다. 거의 두 사람의 이마가 마주 닿을 정도로 헛간방이 비좁았다.

"너 어제 쑥대머리를 혔었제?"

"예."

"거, 누구한티 배운 게여?"

"그냥 귀동냥으로 줏어들은 소리여라우."

방울은 봉이, 봉학 등 외사촌형들한테서 자주 소리를 들었고 더러 따라 부르기도 하였으나 그런 이야기를 하지는 않았다. 그의 수줍은 성품 탓인지도 몰랐다.

"그야 어떻든지 간에 그 쑥대머리부텀 혀보자. 쑥대머리는 옥에 갇힌 춘향의 가긍한 정상을 노래한 대문인개 그걸 마음에 두고 소리를 혀야 혀."

선생은 이렇게 말하고는 북을 둥더둥딱 울린 뒤 무릎 앞에 고정시켰다. 방울은 잠시 목을 가다듬고 소리를 시작하였다.

"쑥대머리 귀신형용 적막옥방의 찬자리에 생각나는 것이 임뿐이라. 보고지고 보고지고 한양낭군 보고지고 오리정 정별후로 일장서를 내가 못 보았으니."

여기까지 하였을 때 선생은 북채로 북통을 딱딱 두드리며

"그만 그만."

하였다. 방울이 소리를 멈추었다.

"소리가 그렇게 간드러져서야 원. 목안엣소리로 사람 귀를 간지럽게만 헐라고 허면 못 쓰는 벱이여. 숨을 길게 잡고 저 아랫배에서 소리를 뽑아 올려야 혀. 통성(通聲)으로 내질러야 헌다 그 말이여. 자, 따라 혀봐. 쑥대머리 귀신형용."

"쑥대머리 귀신형용."

"쑥대머리의 '쑥대' 할 적에 그냥 곧게 쑤욱대애 하면 못 써. 끝을 살짝 들어올려서 쑤욱대애 혀야 넘실거리는 결이 생기는 법이여. 혀봐. 쑤욱대애."

"쑤욱대애."

"쑥대머리 헐 적의 '머리'도 마찬가지여. 쑤욱대애 헐 적에 끝을 살짝 들어올렸으닝개 머어리이 헐 적에는 끝을 또 살짝 내려야 서로 아귀가 맞을 것 아니여? 어디 혀봐, 쑤욱대애 머어리이."

"쑤욱대애 머어리이."

"숨을 더 길게 잡어. 쑤욱대애 머어리이."

"쑤욱대애 머어리이."

"옳제. 잘 되얏다. 쑥대머리 귀신형용."

"쑥대머리 귀신형용."

"쑥대머리와 귀신형용도 그런 이치로 아귀를 맞춰 나가야 허는 법이여. 잘 들어봐. 쑥대머리 귀신형용."

"쑥대머리 귀신형용."

"그래 잘 되얏다. 쑥대머리 귀신형용 적막옥방의 찬자리에."

"쑥대머리 귀신형용 적막옥방의 찬자리에."

"이때도 마찬가지여. 쑥대머리 귀신형용과 적막옥방의 찬자리에도 서로 아귀를 맞추어 나가야 허는 벱이여. 그게 음양의 이치여."

"쑥대머리 귀신형용 적막옥방의 찬자리에."

"그래그래 잘 되얏다. 아침엘랑은 그 대문만 잘 연습혀 봐."

하더니 선생은 일어나 밖으로 나갔다.

방울의 새 생활은 이렇게 시작되었다. 경문과 몽실을 거쳐 방울에게 찾아온 선생이 한 대문씩 불러주는 가락을 받아 부르는 일과가 끝나고 나면 온종일 그 어두컴컴한 헛간방에서 목청껏 그것을 되풀이 되풀이 외워야 하였다. 쑥대머리를 다시 시작하는 것이었다. 귀동냥으로 주워들은 가락이 공부에 도움이 되기는커녕 오히려 선생의 꾸중거리가 되었다. 그의 목청에 어느새 나쁜 버릇이 붙어 있어 그 버릇부터 잡아야 한다는 것이었다. 그러나 그것은 쉬운 일이 아니었다. 조금만 방심해도 그 버릇이 튕겨 나와 선생의 소리를 받는 일을 방해하였다. 그건 말하자면 예기치 않은 데서 만나게 되는 허방(함정) 같은 것이었다. 그런 허방에 빠지지 않으려고 조심조심 나가다 보면 어느새 소리가 헷갈려 제멋대로 비틀거렸다. 그럴 경우 선생은 불꽃같이 화를 내었다.

날씨가 제법 차가워지기 시작하던 어느 날이었다. 오늘도 선생은 경문과 몽실이를 거쳐 방울에게 쑥대머리 한 대문을 일러주고 읍내에 볼일이 있다고 나가고 없었다. 방울은 '오리정 전별후로 일장서를 내가 못 보았으니' 하는 대문을 되풀이해서 연습하고 있었다.

소리방에서도 몽실이 북을 잡고 경문이 소리를 하고 있었다.

"흥양의 돋은해는 보성에 비쳐있고 고산의 아침안개 영암을 둘러있다."

경문이 어렵사리 소리를 지르는데 몽실이 북통을 딱딱 두드렸다.

"그만 그만. 또 박이 삐었어. 고산의 아침안개 할 때 안개애가 붙임새로 다음 박으로 넘어가서 영암을 둘러있다 할 때의 '있'에서 척을 맺어줘야제."

"그래그래. 나는 그 대문에서 까딱하면 박이 뻰단 말이여. 흥양의 돋은해는 보성에 비쳐있고 고산의 아침안개 영암을 둘러있다."

"조오타."

몽실이 추임새를 한 번 넣더니 공부에 싫증이 나는 듯 북채를 툭 내던지고는 턱으로 헛간 쪽을 가리키며

"야, 그런디 저 저석은 왜 헛간에 가둬둔다냐?"

"그야 낸들 알 수 있냐?"

"야무지게는 생겼드라만. 보지란 보지란 허고 말이여."

"글쎄, 몇 조금이나 갈지 원."

"보지란 보지란 나분대는 모양새나 호동그란 그 눈매나 영락없는 토끼뽄새여. 용궁에 잡혀온 토끼 말이여."

"용궁에 잡혀온 토끼?"

"그래 용궁에 잡혀온 토끼. 죽을 둥 살 둥 모르고 바둥대는 그 달아맨 토끼."

"달아맨 토끼? 그려그려. 영락없는 달아맨 토끼여. 허허허."

경문과 몽실은 뱃살을 움켜쥐고 깔깔대며 웃었다. 그때 이후로 경문과 몽실은 방울을 부를 때는 짐짓 달아맨 토끼라고 부르곤 하였다. 그리고 그러한 호칭이 한 입 건너 두 입으로 번져서 결국에는 방울이 평생 거느리고 다녀야 하는 별호가 되고 말았다.

원래 별호란 지속적인 교분을 갖는 특정한 사회나 계층의 사람들, 예컨대 한 마을 사람들, 한 회사 사람들, 혹은 한 반의 학생들 사이에서만 통용되는 것을 특징으로 한다. 별호 당사자의 사람됨을 이미 충분히 알고 있는 사람들끼리라야만 그에게 주어진 별호와 그 당사자의 사람됨을 쉽게 연결시킬 수 있기 때문이다. 그리고 별호란 첫째로 그 표현이 엉뚱하고도 기발해야 하며 둘째로 그 당사자의 사람됨을 생생하게 드러내는 것이라야 한다. 그래야만 특정한 사회나 계층의 사람들 사이에서 널리 호응을 얻어 별호로 정착될 수가 있다.

임방울이 이 달아맨 토끼라는 별호를 거느리고 국악인들 사이에서 평생을 살아가지 않으면 안 되었던 것도 이 별호가 앞서 말한 두 가지 조건을 충족시킬 수 있었기 때문이다. 아닌게아니라 임방울의 휘둥그런 눈하며 갸름한 얼굴이 어딘지 토끼를 연상시키는데다가 죽을 둥 살 둥 모르는 그의 부지런한 성품 또한 오랏줄에 묶여 용왕 앞에 달아매여 온 토끼를 연상시키기에 충분하였다. 이렇게 그는 별호 하나를 달고 평생을 살게 되었지만 뒷날 그 자신도 누구 못지않게 남의 별호를 기발하게 지어서 사람들을 웃겼다.

어떻든 방울은 별호 그대로 달아매인 용궁의 토끼처럼 죽을 둥 살 둥 모르고 소리 공부에 매달렸다. 그러는 동안에 날이 가고 달이 갔다. 어느새 가을이 지나고 추운 겨울도 가고 이듬해가 되었다. 봄기운이 어렴풋이 느껴지는 어느 날 정오 무렵이었다. 여느 때와 마찬가지로 선생은 경문이, 몽실이 그리고 방울이 순으로 소리 공부를 시키고 읍내에 볼일을 보러 나갔고 공부꾼들 또한 여느 때와 마찬가지로 소리 공부를 하고 있었다. 정오를 갓 지난 무렵인데 갑자기 읍내 쪽에서 요란스러운 무슨 외침 소리가 감감하게 들려오더니 뒤이어 콩 볶듯한 총소리가 들려왔다. 공부꾼들은 모두 마당으로 뛰쳐나왔다.

"웬 총소리대여?"

몽실이 말하였다.

"읍내에서 독립만세 부른 것 같은디?"

경문이 말하였다.

"그래, 며칠 전에 서울서 만세를 불렀다더니 마침내 나주서도 만세를 부르는가부네. 우리도 나가봐야 헐 것 아니여?"

몽실이 말하였다. 이때 부인이 황급히 말하였다.

"괜헌 소리 그만 허고 어여 들어와 밥들이나 먹어."

이런 이야기를 말없이 듣고만 있던 임방울도 창졸간에 어떻게 했으면 좋을지 갈피를 잡을 수 없었다. 몽실이의 말이 옳은 것 같았다. 그러면서도 선뜻 결단이 서지 않았다.

"뭣들 혀, 밥 먹으라니께."

부인의 두번째 재촉에 세 사람은 결국 안으로 들어오고 말았다.

모두들 점심상을 받고 있는데 선생이 상기된 모습으로 돌아왔다.

"읍내에서 웬일이래요?"

부인이 물었다.

"만세들을 불렀어. 며칠 전에 서울서 만세를 불렀다는 소문이 파다하더니 나주서도 오늘 장날에 쇠전 거리에서 불렀어. 그러자 일본 경찰과 헌병대가 총을 쏘아 해산을 시켰어. 사람이 많이 상한 모양이여. 참말로……."

 선생은 이렇게 말하고는 무슨 생각에 젖는 듯하였다. 이윽고 선생은 다시 입을 열었다.
 "너그덜이나 나나 생각이 다를 리는 없으리라. 허나 너그덜은 공부꾼이고 나는 너그덜 가르치는 선생잉개 그 일을 그냥 계속허자. 그 일도 뜻이 있는 일이닝개 말이여. 어뗘 내 말대로 허겄제?"
 몽실이, 경문이, 방울이 세 사람은 아무 대답이 없었다.
 "왜 아무 대답이 없대야? 선생님 말씀대로 헌다고 대답허지 않고."
 부인이 옆에서 거들었다. 그제서야 세 사람은 대답하였다.
 "예."
 이렇게 해서 다시 공부가 시작되었다. 그 봄도 지나고 여름이 되었다.
 "보고지고 보고지고 한양낭군 보고지고 오리정 정별후로 일장서를 내가 못 보았으니……."
 방울은 조금 전에 선생한테서 받은 대문을 몇 번이고 몇 번이고 되풀이하였다. 이마에는 구슬땀이 송송 맺히고 삼베 적삼도 땀에 젖었건만 무명 수건으로 연신 얼굴을 훔쳐내며 그는 쉬지 않고 소리를 되풀이하였다.
 몽실과 경문은 며칠 전에 소리 공부를 마치고 이곳을 떠났다. 몽실과 경문이 떠난 뒤 그들이 쓰던 소리방을 방울이 쓸 수 있도록 사모님이 들어서 선생의 승낙까지 얻어냈다. 그러나 당자인 방울은 한번 삼 년을 작정한 곳이니 공부가 끝날 때까지 그대로 있겠다고 완강히 버티어서 사모님도 어쩌지를 못하였다. 선생도 부인한테서 이 말을 전해 듣고
 "아먼 그래야제. 사내 자식이 한번 작정을 혔으면 죽든 살든 가닥을 내야제"
하였다.

그동안에 방울은 쑥대머리 한 대문만 붙들고 늘어져야만 하였다. 선생은 아침나절에 헛간방에 들러 이제까지 배운 데를 한두 번 되풀이하게 한 다음 새로 한 구절을 일러주고는 하루 종일 그것을 되풀이해서 익히도록 일렀다.

  "보고지고 보고지고 한양낭군 보고지고 오리정 정별후로 일장서를 내가 못 보았으니 부모봉양 글공부에 겨를이 없어서 이러는가. 연이신혼 금슬우지 나를 잊고……나를 잊고……."

  혼자서 북을 쳐가며 쑥대머리를 외던 방울이 문득 소리를 멈추었다. 그러고는 벌렁 뒤로 누워버렸다. 한참 동안 어두컴컴한 천장을 응시하였다. 거무스름하게 그을은 서까래들이 앙상하게 드러나 보였다. 그의 손이 저고리 앞섶께를 헤치려 하면서 다시 벌떡 일어났다. 고이 접어 가슴에 간직하였던 붉은 갑사 댕기를 양손으로 받들듯이 꺼내어 반듯하게 편 다음 찬찬히 바라보았다. 다시 벌렁 누워서 구겨질세라 조심스럽게 그것을 자기 볼에 갖다가 대었다. 아슴푸레하게 산호의 머릿결 냄새가 풍겨오는 듯하였다. 방울은 잠시 그 냄새를 놓치지 않으려는 듯이 미동도 하지 않고 누워 있었다. 이윽고 벌떡 일어나 그것을 다시 접어 저고리 앞섶 안에 간수한 다음 다시 처음과 같이 단정히 앉아 연습하기 시작하였다.

  "연이신혼 금슬우지 나를 잊고 이러는가 계궁항아 추월같이 번뜻이 솟아서 비치우져."

  날씨가 제법 더운 날이어서 이마에 땀이 솟기 시작하였다. 윗목에 떠다 놓은 냉수를 벌컥벌컥 마시고는 다시 북통 앞으로 앉았다. 이때 까대기를 들치고 부인이 안을 들여다보며 말하였다.

  "방울이, 밖에서 누가 찾어."

  "누군디라우?"

"웬 젊은인디 밖에서 기다리닝개 얼른 나갔다 와."

그 정도의 출입이라면 선생이 알아도 괜찮으리라는 보증같이도 들렸다. 방울이 사립문 밖으로 나와 보니 박대준이 빙그레 웃으며 서 있었다.

"아이고, 대준이 형님이 웬일이시다요?"

방울이 다가가 두 손을 마주잡으며 인사를 하였다. 대준도 마주 손을 잡았다.

"그래, 너도 그동안 잘 있었냐?"

"저야 늘 그렇지라우. 그런디 그때 붙들려 가서 고생 많이 허셨지라우?"

"고생은 뭐. 나만 당하는 일이냐? 꼭 반년 먹고 나왔다."

"참말로 고생 많으셨네요."

하고는 대준의 옷차림을 아래 위로 살피더니

"그런디?"

대준이 전과는 사뭇 다른 막일꾼 옷차림을 하고 있었던 것이다.

"응, 농사일 작파하고 철공소에 들어갔다."

"대장깐 말씀이요?"

"말하자면 신식 대장깐이라 할까. 요 앞 동네에 볼일이 있어 왔다가 네 소식 듣고 와봤다. 네 소문이 자자하더라. 소리 잘한다고 말이여."

방울은 수줍은 듯이 뒤통수를 긁으며

"거, 뭐, 잘허기는 무슨……아무튼 농사일보담은 덜 고되시겠지만……."

하며 말끝을 흐렸다. 높은 학교까지 다녔다는 대준이 농사일이다 대장장이다 이런 일에 뛰어드는 연유를 방울로서는 도무지 알 수 없었으나 그렇다고 그걸 드러내어 물어보기도 거북하였다.

"그저 그렇지 뭐."

"그런디, 김 주사 어른은 지난번에 무사하셨어요?"

"그 아저씨야 뭐 무슨 죄가 되냐. 그 날로 바로 풀려났지."

대준은 이렇게 말하고는 빙그레 웃으며

"정작 네가 듣고 싶은 소식은 따로 있지?"

하였다.

"아, 거, 뭐."

방울은 금세 얼굴이 빨개지며 뒤통수를 긁었다.

"너 떠난 뒤로 몇 달 동안 산호는 매우 괴로워하였던 모양인데 요즈음은 다소 마음을 추스른 눈치더라."

"어디 앞았대요?"

"너 보고 싶어 난 병이겠지 뭐."

"말없이 도망치듯 나왔다고 김 주사 어른이 야단치셨을 턴디요."

"장씨한티 네가 떠난 일을 물어보시고는 장씨가 자기도 전혀 눈치채지 못했다고 하니까 차라리 잘 됐다고, 그놈은 항우 장사라도 못 말릴 놈이라고 하시더란다."

대준이 이렇게 말하며 껄껄 웃고 나서

"아저씨 말로는 너그 아버지도 네가 소리 공부하러 떠난 것을 알고는 죽든 살든 저 알아 할 일이니 내버려둬야겠다고 하시더란다."

"김 주사 어른께도 죄송허고, 아버지 어머니께는 정말 큰 죄를 지었어요."

"이왕 여기까지 왔으니 공부 열심히 해서 큰 광대가 되면 그것으로 되는 게여, 알겠지?"

이때 안에서 방울이, 하고 부르는 소리가 들렸다. 행여 읍에 나간 선생이 돌아오지나 않을까 조바심이 나서 사모님이 부른 소리였다.

"너를 부르는가부다. 어서 들어가봐라.

"이것 어쩐다지요? 저 함부로 바깥 출입을 못하게 돼 있거든요."

"그래, 그 이야기도 들었다. 그건 그렇고, 나 당분간 너를 못 보게 될 것 같다."

"못 보게 되다니요? 그 무슨 말씀이다요?"

대준은 못 들은 척

"지난번의 만세운동도 결국 좌절되어버렸고, 우리가 할 일은 달리 방도를 찾아야 할 것 같다. 그래서……."

"예?"

"자, 그럼 몸 성히 공부 잘 해라."

대준은 신작로 쪽을 향하여 서둘러 걸음을 옮겼다.

어느새 한여름이 되었다. 선생과 제자는 오늘 아침에도 북통을 사이에 두고 마주앉았다.

"손가락에 피를 내어."

선생이 먼저 불렀다.

"손가락에 피를 내어."

방울이 따라 불렀다.

"사정으로 편지헐까."

"사정으로 편지헐까."

"간장의 썩은눈물로 임의화상을 그려볼까."

"간장의 썩은눈물로 임의화상을 그려볼……."

이때 선생이 북통을 딱딱 두드렸다.

"간장의 썩은 눈물로 할 적에는 '썩은'에다가 기운을 모두고 임의화상을 그려볼까 할 적에는 '화상'에다가 기운을 모두어야제. 소리란 고저청

탁(高低淸濁)이 분명혀야 혀. 높낮이가 뚜렷혀야 허고 맑고 흐림이 분명혀야 헌다 그 말이여. 그래가지고는 어디 임의 화상이 그려져?"

"간장의 썩은눈물로 임의화상을 그려볼까. 간장의 썩은눈물로 임의화상을 그려볼까. 간장의 썩은……."

방울이 되풀이 되풀이 연습하는 소리를 듣더니

"그래, 그럭저럭 되었다. 이 대목 아침나절에 잘 익혀둬."

선생은 일어서며 이렇게 말하고는 안방으로 들어가는 듯하였다. 방울은 선생을 배웅하고는 이내 북통 앞에 앉아 다시 공부를 시작하였다.

"간장의 썩은눈물로 임의화상을 그려볼까. 간장의 썩은눈물로 임의화상을 그려볼까. 썩으은, 썩으은, 화아사앙을, 화아사앙을, 간장의 썩으은……."

방울은 되풀이하다가 비틀 하더니 모로 쓰러졌다. 부인이 마침 마당에서 빨래를 널다가 이를 알고 달려왔다. 방울을 반듯이 눕힌 다음 물수건으로 이마를 식혔다. 방울도 얼마 후에 정신을 차렸다.

이윽고 안방 쪽에서

"왜 그려?"

하는 선생의 목소리가 들렸다.

"방울이 쓰러졌어라우. 공부도 쉬엄쉬엄 혀야제 원."

부인도 이렇게 말하며 안방으로 돌아왔다.

"인자 괜찮혀?"

"별일은 없겄네유. 그나저나 금방 장마철이 닥칠 틴디 웃방이 비었으닝개……."

장마철도 닥쳤으니 비어 있는 소리방으로 방울을 옮기도록 하자는 뜻을 비쳤다.

"그 이약은 왜 또 꺼내는 게여? 지가 그대로 있겠다고 혀서 그러는 것인디."

"너 알아서 혀라고만 혔지, 딱 부러지게 옮기라고 허들 안 허닝개 그랬지라우. 왜 유독 방울이한티만 야속하게 그러신대유?"

"이쁜 자식 매 한 대 더 대라는 말이 있어. 소리도 소리지만 사내자식이란 끈기를 길러야 허는 법이여. 유기그릇도 방짜를 만들려면 두드려야 하는 것과 같은 이치제. 광대 되기가 어디 그리 쉬운가. 큰 광대가 되려면 엄동 설한 삼복 더위 눈이 오나 비가 오나 여축없고 끄떡없이 견뎌내는 끈기가 있어야제. 그런 고초 겪어보지 않고 어찌 틀시런 목을 얻을 수 있으며 어찌 큰 광대 된다고 허리."

선생은 여기까지 말하고 혼잣말같이 중얼거렸다.

"이놈은 예사 재목이 아니여. 방짜감이여. 내 이놈을 기어히 방짜로 만들 끼여."

다시 고된 나날이 계속되는 어느 날이었다. 아침나절에 쑥대머리 한 대문을 일러준 선생은 볼일이 있다고 읍내에 나가고 방울은 여느 때와 마찬가지로 헛간방에서 받은 소리를 익히고 있었다. 낮 기운 무렵인데 우편배달부가 문 밖에서 기웃거렸다.

"이 집에 임방울 씨라는 분이 있어요?"

"예, 있어라우."

뜰방에서 배추를 다듬던 부인이 말하였다.

"여기 편지요."

사모님한테서 편지를 받은 방울은 편지 겉봉을 살피고는 벌떡 일어섰다.

"집에서 온 편지여?"

부인은 글을 읽지 못하였던 것이다.

"아, 거……예."

방울은 뒤통수를 긁적이며 얼버무렸다. 부인은 더 묻지 않고 하던 일을 계속하였다. 편지를 건네받은 방울은 헛간방으로 돌아와 편지 겉봉을 다시 한 번 살피더니 떨리는 손으로 겉봉을 뜯고 편지를 읽기 시작하였다. 산호한테서 온 편지였다. 꼬박꼬박 연필로 박아 쓴, 편지지 한 장의 안팎을 빽빽이 메운 편지였다.

"작별한 이후 광주 오라버니한테서 소식은 일차 들었사오나 유수 같은 세월이 어느덧 반년을 넘어 흘렀나이다. 그동안 기체후일향만강(氣體候一向萬康)하오신지, 뜻하신 소리 공부도 일취월장 성공의 길로 향하고 있는지, 소식 몰라 궁금답답 마음 졸이고 애가 타나이다. 소녀는 일구월심 우리 님 소리 공부 성공만을 축수하고 축수하며 상봉의 날만을 손꼽아 기다리며 사모의 정을 달래고 있나이다. 하오나 그리움은 사무쳐 앉아 있어도 임의 생각이요 길을 걸어도 임의 생각이요 어지러운 꿈속에서도 문득문득 떠올랐다 안타까이 사라지는 것은 임의 모습뿐이옵니다."

여기까지 읽어가던 방울은 벌떡 일어나 헛간방 안을 왔다갔다하며 실성한 사람같이

"어지러운 꿈속에서도?"

라고 중얼거렸다. 그러고는 한곳에 멈춰선 채 다시 읽기 시작하였다.

"소녀의 간절한 소망은 임의 소식 알고자 함이며 일구월심 상봉할 날만 손꼽아 기다리나이다."

편지는 여기서 끝나 있었다. 편지를 다 읽고 난 방울은 다시 방 안을 왔다갔다하며

"상봉할 날만? 상봉할 날만?"

하고 중얼거렸다. 그러다가 구석지에 있는 보따리에서 편지 용구를 꺼내어 연필을 잡고 골똘히 생각에 잠기었다. 이어 엎드리어 몇 자 끼적거리더니 고개를 살레살레 흔들었다. 이윽고 헤쳐놓은 보따리를 다시 주섬주섬 꾸려 구석지에 밀쳐둔 다음 옷매무새를 대충대충 바로하고 밖으로 나왔다.

"방울이 왜 그려?"

부엌에서 나오던 부인이 행장을 차리고 나선 방울을 보더니 물었다.

"사모님. 저, 잠깐 다녀와야 쓰겄네요."

"어디를?"

"잠깐이면 되어라우."

방울은 어디라는 말은 하지 않고 이렇게만 대답하였다.

"선생님이 아시면 어쩔라고 그려?"

"죽기 아니면 살기지라우."

절을 꾸벅 하며

"금방 다녀올께라우."

하고는 부인이 소맷자락을 붙잡는 것도 뿌리치고 밖으로 내닫기 시작하였다.

방울은 정신없이 뛰기 시작하였다. 나주에서 송정리까지는 한나절길이 짱짱하였다. 장정이 서둘러 걷는다 해도 반나절길이 겨웠다. 그러나 방울은 그런 것을 따질 겨를이 없었다. 방울은 숨이 턱에 닿을 때까지 달리다가 숨이 영 끊어질 지경이 되면 걷다가 하여 마침내 산호의 집 마을 입구에 다달은 것은 밤이 꽤 이슥한 시각이었다.

산호의 집을 향하여 줄곧 달려오면서도 방울은 기껏 여기까지 왔다가 이 밤에 산호는 만나지도 못하고 외로이 밤을 새우게 되리라는 걱정 같은 것은 아예 하지도 않았다. 내가 이렇게 달려가니 산호는 으레 미리 알고 기다리고 있으려니 하는 믿음뿐이었다.

그러나 정작 산호의 집이 가까워지자 걱정과 믿음 사이에서 그의 가슴은 사납게 방망이질하기 시작하였다. 그는 지난번 산호의 집을 떠나올 때 마지막으로 만났던 짚 더미가 쌓여 있는 쪽으로 돌아가 뛰는 가슴을 쓸어내리며 돌담 너머로 산호네 집 안마당을 살펴보았다. 그는 자기 믿음이 옳은 것이었음을 확인할 수 있었다. 연분홍 치마에 하얀 모시 적삼을 받쳐 입은 산호가 이제 막 안채의 댓돌을 내려서 방울과 마지막으로 만났던 짚 더미 쪽으로 다가오고 있었다. 그리고 어느 한순간 산호 쪽을 뚫어져라 바라보는 자기의 시선 속으로 산호의 눈길이 빨려들어왔다고 느껴지자 방울은

"산호."

하고 불렀다. 큰 소리로 외쳐댔는지 입 안에서 웅얼거리기만 하였는지 스스로는 전혀 의식할 수조차 없었으나 어쨌든 산호의 걸음걸이가 분명 조심스러운 종종걸음으로 변하고 있었다. 뒤미처

"방울이."

하는 현묘한 악기 소리와도 같은 산호의 목소리가 꿈결에선 듯 저승길에선 듯 방울의 귀에 아련히 들려오는 듯하였다. 그 소리에 빨려들어가듯이 그는 손발이 사시나무처럼 후들거리는 것도 의식하지 못한 채 어렵사리 돌담을 타고 넘어 바람결같이 이쪽으로 종종걸음 쳐 다가오는 산호를 두 손으로 받아 안아야 했다. 두 사람은 얼싸안은 채 약속이나 한 듯이 짚 더미 아래로 주저앉으며 초열흘 달빛으로부터 어마지두에 몸을 숨겼다. 소리 죽인 두 사람의 숨소리가 두 사람의 귀에는 대장간의 속빠른 풀무 소리처럼 들렸다. 그들은 그렇게 한참 동안을 말하지도 움직이지도 않은 채

앉아 있었다. 이윽고 숨결이 조금씩 고르게 흐르기 시작하자 산호가 조용히 말하였다.

"달빛으로라도 방울의 얼굴을 좀 봐야 쓰겄어."

"그려, 나도 산호 얼굴을 찬찬히 봐야겄어."

방울과 산호는 안쪽의 기척을 한번 살피려는 듯 약속이나 한 듯이 얼굴을 가지런히 안쪽으로 향하였다가 이내 서로 손을 마주잡으며 마주보기 시작하였다. 한참 동안 그들은 아무 말이 없었다. 이윽고 산호가 입을 열었다.

"잠도 안 오고 무덥기도 혀서 잠시 바람쐬러 나왔는디, 이렇게 방울이 올 줄을 누가 알았어?"

"무엇이 씌어댔던개비제? 나는 산호가 나와 있을 줄로만 알고 뛰어왔거든……."

"정말로 무엇이 씌어댔는개비여."

두 사람은 다시 아무 말없이 서로 마주보기만 하였다.

"보고 싶었어."

산호가 속삭였다.

"그려, 나도."

방울도 속삭였다.

"꿈에 볼 때는 늠름하고 늠름하더니, 어찌 이리 야위었대야?"

산호가 방울의 모습을 이리저리 달빛 아래 살펴보며 말하였다.

"아, 거, 뭐."

방울이 혼잣말같이 중얼거렸다.

"소리 공부가 고된개비여, 그렇지?"

"고생 않고 뭔 일이 되겄어? 사서라도 허는 고생인디."

그들은 다시 한참 동안 말이 없었다.

"보고 싶어 못 살겄어."

산호가 문득 중얼거렸다.

"나도 그려. 미칠 지경이여."

방울도 중얼거렸다.

"방울이 늘상 외던 보고지고 보고지고 하는 말을 이제야 알 것 같여."

이러한 산호의 말에 방울은 쿡, 쿡 웃었다.

"요즈음 그 쑥대머리를 다시 배우는디 선생님한티 만날 혼줄만 나."

"왜 혼줄이 나? 그렇게도 잘허는디."

"선생님한티는 잘허는 게 잘허는 게 아닌개비여. 성에 차지 않으신개비여."

"참말로 알다가도 모르겄네, 그 속."

두 사람은 다시 침묵 속에 잠겼다.

"그런디, 무슨 걱정이 있는 개빈디, 그렇지 산호?"

이윽고 방울은 산호의 얼굴을 찬찬히 들여다보며 말하였다. 산호에게서 가벼운 한숨이 새어 나오는 듯하였다.

"걱정은 무슨……걱정은 없는디 다만, 아버지 어머니께서 이따금 내 혼사 이야기를 하셔. 그것이 마음에 걸려서 그려."

"혼사 이야기라니? 누군디?"

"사람이 있어서가 아니고, 이제 내 나이가 찼다는 이야기제."

"나는 또 무슨 소리라고. 그런 이야기 정말로 나오면 산호는 어쩔 셈인디?"

그러자 산호는 찬찬히 방울의 얼굴을 바라보더니

"그 무슨 야속헌 소리대여? 댕기 풀고 깍지끼고 굳게 굳게 맹세헌 언약은 어쩌고 그런 소리를 다 헌디야?"

방울은 황급히 두 손을 훼훼 내저으며

"아니여, 그게 아니랑개? 철석 같고 태산 같은 우리 두 사람의 언약을 못 믿어서 그러는 것이 아니여."

"그러면 뭣 땜시 그려?"

"다만."

"다만?"

"부모님들이 작정허고 엄하게 분부허시면 거역허기가 어려울 것 아니여? 그것이 염려가 되야."

"우리 언약이 철석 같은디 왜 그런 걱정을 혀? 아무리 부모님의 분부가 엄하다 해도 진정으로 아뢰고 눈물로 하소연하면 부모님도 아마 누그러지실 거여. 지성이면 감천이라고 안 혀?"

"그려 그려, 지성이면 감천이제. 나 안심허고 소리 공부에 힘쓰겄어."

"그려 그려. 나도 방울만 믿어."

두 사람은 다시 손을 마주잡고 아래 위로 저었다. 두 사람만의 맹세의 의식이었다. 이윽고 산호가 말하였다.

"너무 오래되었으니 인자 가야 쓰겄어."

"그래 인자 가야 쓰겄구만."

방울이 일어섰다. 달이 서녘으로 꽤 기울어져 있었다.

방울이 숨이 턱에 닿게 달리다 숨을 추스르며 걷다 하여 선생의 집에 당도한 것은 해가 어지간히 중천 가까이 솟은 뒤였다. 부랴부랴 대문 안에 들어서던 그는 장승처럼 발이 얼어붙어버렸다. 안채 댓돌 아래에 대빗자루를 세워 들고 염라대왕처럼 버티고 서 있는 선생의, 화가 머리 끝까지 치솟은 모습이 눈에 들어왔기 때문이다.

불문곡직이었다. 선생의 대빗자루가 한 번 하늘로 치솟더니 이내 방울의 어깻죽지와 등줄기와 허리와 종아리에 함부로 쏟아져 내리기 시작하였다. 「흥부가」 중에 놀부가 양식 얻으러 온 동생 흥보를 치는 대문을 명창 박봉술(朴奉述)은 '좁은 골 벼락치듯 강짜싸움에 기집치듯 담에걸친 구렁이치듯 후닥딱 철벅' 하는 식의 자진모리 가락으로 묘사하고 있거니와 선생의 매질 또한 이에 못지않은 자진모리 가락이었다. 물론 놀부의 매질하는 장면에서는 어딘지 해학적인 분위기를 느끼게 되는 데 반하여 선생의 매질에서는 그의 성깔로 보거나 전후의 사정으로 보나 도시 그런 해학적인 분위기 같은 것이 깃들일 여유가 없었겠지만. 그리고 그런 점이 판소리가 지닌 묘미와 판소리 광대가 치러내야 하는 실제 인생의 쓰라림 사이의 차이라고 할 수 있겠지만 어떻든 손에 든 대빗자루 하나가 다 몽그라질 때까지 선생의 맷손은 멎지 않았다.

마침내 선생도 지쳤다. 꼼짝하지 않고 맞고 서 있는 방울의 회를 쳐놓은 듯한 어깻죽지며 종아리를 이윽히 훑어보던 선생은 들었던 대빗자루를 슬그머니 땅바닥에 떨어뜨리며 한마디 중얼거렸다.

"심지가 그래갖고 어찌 명창 되기를 바래여."

선생의 목소리가 꽤 많이 떨렸다. 그러나 그것은 어깻숨을 몰아쉴 정도로 과격한 몸놀림을 한 데서 연유되는 것만은 아닌 듯하였다. 그보다는 훨씬 더 간절한 내면의 어떤 갈증 같은 것에서 연유되는 그러한 떨림 같았다. 그의 목소리의 떨림이 임방울의 젊은 가슴속을 헤집고 들어왔다. 죄스러운 마음이 그를 엄습하였다. 늙어가는 선생의 모습이 오늘따라 안쓰럽게 느껴졌다.

임방울 이전에도 선생을 거쳐간 공부꾼은 여럿 있었고 이즈음에도 두어 사람이 소리 공부를 위하여 이 집에 들랑거리고 있었다. 그러나 그 누구에게도 선생은 임방울에게처럼 헛간 안에 붙잡아두거나 호된 닦달을 하거나 하지는 않았다. 성깔이 본시 불꽃 같아서 꾸중을 할 때는 누구에게나 눈에서 불꽃이 번쩍 할 정도로 엄하게 대하기는 하였지만, 그래도 임방울에게처럼 그렇게 엄하게 다잡지는 않았다. 그것은 그만큼 방울에게만은 욕심이 앞선 탓이라 할 수 있을 것이다.

처음 선생이 자기에게만 유독 엄하게 닦달하는 기미를 알아차리고는 야속하게 여긴 적도 있기는 있었지만 이내 그 모두가 애오라지 자기를 아끼는 스승의 마음의 표시임을 깨달은 이후로는 한때나마 스승의 깊은 뜻을 헤아리지 못한 자신의 옅은 소견머리를 모질게 꾸짖기까지 했다. 그러한 선생의 마음을 오늘 유달리 아프게 한 자신의 소행을 생각하니 가슴이 메어지는 듯하였다.

"지가 죽을 죄를 졌구만이라우."

방울이 떨리는 목소리로 말하였다. 터지려는 울음을 간신히 삼키며 하는 말이어서 그런지 감기에 걸리기라도 한 사람처럼 목소리가 많이 갈려 있었다. 선생은 그러고도 한참 동안이나 고개를 숙이고 어깨를 들먹이며 울음을 삼키고 있는 제자의 피멍진 몰골을 샅샅이 눈으로 더듬더니 아무 말없이 안방으로 들어가버렸다.

"어이구, 그 양반 성깔이라니."

삼십여 년을 살아오는 동안에 남편의 불꽃 같은 성깔을 알 대로는 다 알고 있는 터라 한참 소동이 벌어졌을 때는 남편의 맷손 한 번 붙잡아 만류하지 못하고 봉당 앞에서 어마지두에 떨고만 있던 부인이 이제야 방울 앞으로 나서며 한마디 하였다.

"그러닝게 내가 뭐랬어? 그 양반 알먼 벼락 날 것이락 안 혔어? 어서 들어와 저녁이나 먹게."

그제서야 방울도 목놓아 시원스레 울음을 터뜨릴 수 있었다.

다시 또 날이 가고 달이 가고 해가 바뀌었다. 방울의 뼈를 깎고 살을 말리는 정진은 계속되었으나 선생은 번번이 혀만 끌끌 찰 뿐이었다. 그동안 귀동냥으로 이 소리 저 소리 얻어듣는 가운데서 생긴 나쁜 버릇은 그럭저럭 바로잡혀서 선생의 가락을 어느 정도 제대로 받아들일 수 있게는 되었다.

그러나 그의 목청은 아직 군목에 지나지 않는다는 것이었다. 소리도 샘물과 같은 이치이다. 원래의 물줄기에서 솟아나는 샘이라야 가뭄을 타지 않는 법이지 건수(乾水)는 아무리 풍풍 솟아도 조금만 가물면 이내 바닥이 나고 만다. 아랫배에서 통성(通聲)으로 뿜어 올리는 소리라야 평지를 갈 때나 가파른 고개를 넘을 때나 여축없이 끄떡없이 도도한 흐름을 이루는 것이다. 군목으로 내지르는 소리는 듣기에 시끄럽기만 하였지 소리 속에 힘줄이 박히지 않아서 고개가 조금만 가팔라도 이내 자지러지고 만다. 힘줄이 박히지 않은 군목으로 고갯길을 넘으려니까 종당에는 목안엣소리로 자지러지게 되는데 그것은 잠시 듣는 이의 귓전을 간지럽힐 뿐이지 가슴에 사무치게 파고들지는 못한다.

자기 소리의 샘을 파는 일, 그것은 젊은 임방울이 죽기 아니면 살기로 이루어내야 할 지난한 과제였다. 그러나 아무리 아랫배에 힘을 모으고 또 모아봐도 군목만 야단스럽게 터져 나올 뿐이지 나긋나긋했다가 경각에 팽팽해지고 웅장했다가는 금세 유연하게 솟구치는 그런 힘줄 박힌 통성은 솟아나지 않았다.

오늘도 선생과 제자는 북통을 사이에 두고 마주앉았다. 선생이 장단을 치며 소리를 뽑기 시작하였다.

"내가 만일에 임을 못보고 옥중원혼이 되거드면."

"내가 만일에 임을 못보고 옥중원혼……."

방울이 여기까지 따라 불렀을 때 선생은 북을 딱딱 두드렸다.

"아 이 미련헌 저석아, 뚝심만 믿고 상씨름헐라고 허냐 시방? 이 대문은 춘향이 닥쳐올 죽음을 생각하고 울부짖는 대문인개 그런 비장헌 맛이 우러나야제 너같이 고함만 질러서야 되겄어? 아랫배에 힘을 모두고 아래턱을 당겨서 기운을 모두어부아. 네 소리는 옹기 깨지는 소리제 어디 그게 소리여?"

선생은 답답하다는 듯이 윽박질렀지만 그러나 줄곧 통성을 질러대느라고 목이 쉰 방울의 청은 주눅이 드는 셈인지 자꾸 안으로 기어들기만 하였다. 낮을 때는 평지를 걸어가듯이 한가하면서도 웅숭깊게, 높을 때는 험산준령을 타고 넘듯이 사무치면서도 넉넉하게 청을 뽑아야 한다지만 녹슨 쇠붙이같이 굳어진 그의 청을 솟구쳐 올렸다가 경각에 끌어내렸다가 하기가 마치 구십 노인이 돌절구 다루기보다 힘겨웠다.

이런 고된 씨름을 계속하던 어느 날 그의 목에서 피가 터졌다. 전에도 몇 번 당해본 일이어서 별로 대수로울 것은 없었다. 목이 터지고 나면 조금씩 득음(得音)의 경지에 다가간다고 하지만 그것도 그에게는 빈말같이만 여겨졌다. 목이 터지고 나면 부득불 목이 가라앉을 때까지 며칠은 연습을 하더라도 통성을 질러서는 안 되는 것이었다. 이번에는 몸살기까지 겹친 듯 머리가 욱신거리고 몸이 찌뿌드드했다.

그날 저녁때였다.

"공부도 좀 쉬엄쉬엄 혀야제."

하며 부인이 사기대접을 들고 까대기를 들치고 들어왔다.

"몸살기는 어뗘?"

"인자 다 나았네요."

방울이 흥얼거림을 멈추고 대답하였다.

"이거나 어서 마셔부아. 잘 삭아서 하나도 냄새가 안 나는구먼."

부인은 들고 온 사기대접을 방울 앞에 놓으며 말하였다. 곰삭은 똥물이었다. 체로 밭쳐 걸러온 곰삭은 똥물이 잘 익은 청주 빛깔 같았다. 비 맞지 않은 똥통에서 여러 날 동안에 곰삭은 똥물 윗부분은 걷어내고 그 안의 말갛게 된 부분을 떠온 것이었다. 이는 왕년에 골병이나 얼병든 사람에게 마시게 하는 민간 단방약이었다. 전날 소리 공부하는 사람들도 이를 비방으로 이용하였다. 소리 공부하느라고 목이 상하고 몸이 철골이 되면 이것을 마시고 기운을 챙겼다. 그러나 어떻든 궁핍한 시절의 흔적임은 분명하다.

옛날 소리꾼 중에는 더러 심산유곡의 폭포 아래에 가서 소리 공부를 시작하여 자기 청이 그 폭포 소리를 이겨낼 수 있을 정도의 통성을 얻은 연후에야 산을 내려왔다고 한다. 「춘향가」 중에는 형장(刑杖) 맞아 사경(死境)을 헤매는 옥중의 춘향이가 비오는 야삼경(夜三更)에 비몽사몽간(非夢似夢間)에 나타난 온갖 잡귀잡신들이 푸념하고 넋두리하며 우는 소리를 듣고 소스라쳐 잠을 깨는 장면이 있다. 이를 귀곡성(鬼哭聲)이라 하는데 이 대문을 특히 잘 부른 것으로 이름난 한말의 명창 이날치(李捺致)는 그 귀곡성을 익히기 위하여 공동묘지를 찾아가 몇 날이고 몇 밤이고 그곳에서 기거하며 비오고 번개치는 야밤중에 귀신·도깨비 우는 소리를 듣고서야 비로소 귀곡성을 터득했다 한다. 그의 귀곡성을 듣게 되면 누구나 전신에 다가오는 귀기(鬼氣)로 하여 소름이 오싹오싹 끼쳤다고 한다. 판소리는 이런 초인적인 집념의 사람들에 의해서 그 정수가 이어져왔다. 명창 임방울의 생애에서도 그런 집념의 표현을 볼 수 있다.

작정한 3년도 거지반 다 되어가는 어느 날이었다. 바깥 날씨가 유달리 화창한 듯하였다. 절기는 바야흐로 만화방창(萬花方暢)의 춘삼월 좋은 철이었다. 그러나 어느덧 성년에 접어드는 임방울의 가슴속에는 먹구름이 일 뿐이었다. 삼 년의 그 피나는 고생이 결국 물거품으로 돌아가는가 생각하니 차라리 죽고만 싶었다. 사실 3년 동안의 세월은 나이 어린 임방울에게는 말할 수 없이 가혹한 수련의 나날이었다. 햇볕도 제대로 들지 않은 까대기 안에서 기거를 하며 쉬지 않고 소리를 질러대야 하는 그 생활은 무엇보다도 먼저 자기 자신과의 엄중한 싸움에서 이겨야 하는 생활이었다. 삼복 더위에 시달려야 했고 엄동 설한에 시달려야 했다. 산호를 그리워하는 마음, 부모님에 대한 죄스러운 생각 등을 모두 가슴 깊숙이 묻어두고 소리 속에서 나날을 보내야 하는 생활이었다. 무엇보다도 견딜 수 없는 것은 바깥 나들이를 제대로 할 수 없는 일이었다. 바깥 나들이를 엄히 단속하는 스승의 분부를 감히 어길 수가 없었다. 산호를 만나고 돌아와서 선생에게 크게 경을 치르고 난 이후로는 변솟길말고는 바깥 구경할 생각 같은 것은 아예 않기로 스스로에게 다짐하였다. 선생에게서 경을 치르는 것이 두려워서라기보다 한번 작정한 3년을 기어이 채워내리라 각심(覺心)한 바를 스스로 깨뜨리고 싶지 않아서였다.

그동안 그는 단가(短歌)를 둘 떼었고 완창하려면 장장 여덟 시간이 걸리는 「춘향가」를 일단 떼었다. 그러고는 그것을 처음부터 몇 번이고 되풀이해서 익혔다. 밥 먹고 잠자는 시간말고는 애오라지 소리를 익히는 일에 바쳤다. 드러누워 잠을 청하는 시간에도, 변솟길 나들이하는 시간에도 그는 소리를 흥얼거렸다. 소리란 천 번이고 만 번이고 되풀이해 익혀서 그것이 완전히 몸에 배어야만 저절로 제 길을 찾아가는 법이라는 스승님의 간곡한 교훈을 깊이 명심한 탓에서였다. 뒷날 그가 때와 장소를 가리지 아니하고 밥 먹을 때와 잠잘 때말고는 노상 흥얼거리는 버릇을 갖게 된 것도 이때의 생활에서 연유하였다.

그리고 그동안에 그는 흔히 말하는 득음(得音)을 하였다 할 수도 있었다. 타고난 그의 청구성도 청구성이지만 일구월심의 공력이 뒤따랐으니 그 소리에 힘줄이 박힐 것은 당연한 이치였다. 이제는 평지를 갈 때도 제법 한가하면서 웅숭깊은 걸음걸이를 할 수 있었고, 험산준령에 부딪친다 해도 단숨에 솟구쳐 오를 만한 근기를 갖추었다고 할 수 있었다. 그래서 그런지 군목 지르지 마라, 목안엣소리 궁굴리지 마라, 그다지도 시시콜콜 타박하던 선생의 꾸중이 요즈음에는 뜸해진 것이 사실이었다.

소리 공부하러 이 집에 드나들던 여러 제자들도 어느새 누구라 할것없이 그의 소리를 맨 윗줄에 올려놓았고, 원근의 마을 사람들까지도 그를 두고 새 명창 났다 하여 품을 버리고 찾아와 그의 소리를 듣고는 혀를 내두르기 일쑤였다.

그러나 정작 선생은 달랐다. 그의 소리를 듣고 나서는 언제나 고개를 살래살래 흔들었다. 아직도 소리에 신명이 실려 있지 않다는 것이었다. 신명이 실려 있지 않은 소리는 아무리 평지와 고개를 마음대로 넘나들며 통성을 휘두를 수 있다 해도 결국에는 얼이 빠진 소리에 지나지 않다는 것이었다.

사람이 소리를 끌고 가는 일이야 어지간한 성음에다 어지간한 공력만 쌓으면 누구나 할 수 있는 일이라는 것이다. 그러나 그 정도의 소리에는 신명이 실리지 않는다는 것이었다. 소리의 흐름에 신명이 넘실거리게 하려면 사람이 소리를 끌고 가서 되는 게 아니고 소리가 사람을 싣고 가야 한다는 것이었다. 소리가 스스로 도도한 흐름을 이루어가야 사람도 거기에 얹혀 저절로 타내려갈 수 있는 것이지, 사람이 소리의 흐름을 끌고 가려 해서는 안 된다는 것이었다. 무슨 장사라고, 사람이 도도한 소리의 강물을 끌어올릴 수 있느냐는 것이었다. 그것은 뚝심만 믿고 상씨름판에 뛰어드는 것과 같은 이치라는 것이었다.

"소리라 허는 것은 물길과 같은 게여. 물줄기 따라 때로는 잔잔허고 때로는 험준허고 때로는 조잘대고 때로는 용트림허고 너훌거렸다 뒤틀었다 온갖 형상을 다 이루는 것이 물길이여. 소리의 흐름도 그 조화 속을 깊이깊이 헤아려서 숙달헌 뱃사공이 파도를 타고 가듯이 때로는 물결에 부딪치고 때로는 물결을 거사리되 애오라지 어르고 달래면서 망망창해를 헤쳐 가야 헌다 그 말이여. 알겠제? 그것이 소리의 흐름이라는 게여. 소리의 흐름을 잘 탈 줄 알아야 명창 말을 듣게 된다 그 말이여."

3년 전 방울이 처음 선생님 댁에 찾아왔을 때 몽실이랑 경문이랑 같이 있는 자리에서 하시던 말씀을 거의 그대로 되풀이하는 것이었다.

그러나 사람이 소리의 흐름을 타내려갈 수 있는 비법이 어떤 것인지는 선생도 딱히 집어내어 말할 수 있는 것 같지는 않았다. 말로 전할 수 있는 것이었다면 진즉에 전하였을 터이지만 이 비법만은 어떤 말로도 전달이 가능한 것은 아닌 듯하였다. 그래서 비법이라 하는지도 몰랐다. 그저 각자 제 나름으로 터득하는 도리밖에 없는 듯하였다. 젊은 임방울은 그 비법을 터득할 방도를 알지 못하고 있었다. 여기에 제자의 고초가 있었고 스승의 갈증이 있었다.

3년 전 임방울이 소리 공부를 하겠노라고 이곳을 찾아와 귀동냥으로 익힌 쑥대머리를 불렀을 때 선생은 속으로 기쁨을 누를 길 없었다. 그의 소리를 다 듣고 난 선생은 그저, '청은 그만허면 쓰겄는디' 예사롭게 한 마디 하고 말았지만 속으로는 이제야 비로소 사람을 하나 만나는구나 하는 흥분을 누를 길이 없었다. 카랑카랑하게 결이 서 있으면서도 천성적인 윤기에 넘치고 상청·하청이 마음대로 넘나드는 그의 청을 처음 접했을 때 선생은 큰 재목을 하나 만났다는 믿음을 굳혔다. 그 성음이 지나치게 카랑카랑하게 결이 서 있는 점이 자칫하면 양성(陽聲)으로 기울 염려도 없지는 않아 다소 마음에 걸리지 않은 바는 아니었으나, 그 대신 성음에 타고난 윤기가 넉넉하니 그 윤기로써 어느 정도는 그런 흠을 진득이 눌러앉힐 수 있을 듯하였다. 또 그 카랑카랑한 결만 하더라도 장차에 일구월심으로 달구어내기 나름으로는 구수한 수리성으로 다듬어내는 데 좋은 재목이 될 수 있을 것 같기도 하였다.

문제는 그 재목을 어떻게 갈고 다듬느냐에 있었다. 그 재목이 달구어지고 다듬어져서 타고난 제구실을 할 수 있게 되기까지의 피나는 고초를 사람이 얼마나 견뎌낼 수 있을 것인가에 있었다. 이놈만은 하늘이 내린 재목임이 분명한데 이놈이 그런 고초를 감당할 수 있을지가 문제였다. 이놈만은 어떻게 해서든지 붙들어 앉혀서 정성으로 달구고 다듬어내리라 하였다. 그동안에도 더러 싹수가 보이는 제자가 노상 없었다고는 할 수 없었으나 이런 재목을 만나기는 난생 처음 일이었다. 더구나 그 싹수를 점쳐둔 몇몇 제자들마저도 제구실을 해낼 만하게 뻗어난 놈이 하나도 없었노라는 것이 이따금 둘레 사람들에게 털어놓는 선생의 푸념이었다. 대개는 심지가 틀스럽지 못하여 그 피나는 고초를 치러내지 못하고 지레 지쳐버리거나 그렇지 않으면 끊지 않고 넘기부터 한다는 격으로 통성도 얻기 전에 노랑목(놀량목)부터 쓰려들기가 일쑤였다.

처음 임방울이 찾아와 소리 공부를 하겠노라 뜻을 비쳤을 때 끝까지 해보겠느냐, 중파맥이할 테면 미리 작파하는 게 좋다, 두 번 세 번 다짐을 둔 것도 말하자면 그동안 여러 제자들한테서 델 대로 데어본 가슴인 탓에서였다. 지난 3년 동안 분부와 닦달이 유독 방울에게 그다지 자심했던 것도 그의 타고난 성깔 탓도 없었다 할 수는 없지만 임방울의 재목됨이 유달리 출중함을 안 탓이라 하는 편이 옳다. 공력도 틀스럽게 다져져야 할 것은 물론이려니와 소리꾼 될 사람이 피나는 고초를 이겨내는 근기를 길러두지 않으면 밑뿌리가 허한 나무와 같아서 거목으로 자라기 전에 언젠가는 허망하게 쓰러지고 만다는 것을 선생은 경험으로 잘 알고 있었다. 말하자면 소리와 사람이 아울러 다져져야 소리도 사람도 능히 풍우를 견뎌내는 것이다.

처음 얼마 동안은 아닌게아니라 염려스럽지 않은 바 아니었다. 이놈이 도무지 끝까지 제 고초를 이겨낼 것 같지 않았던 것이다. 그러나 한 해 가을 말없이 하룻밤을 새우고 돌아왔을 때 대빗자루 하나가 다 몽그라지도록 호된 닦달을 하고 나서부터는 그의 몸가짐이 달라진 것을 보고 선생은 이제 그 점은 마음을 놓을 수가 있었다. 게다가 그 공력이 하도 극진하여 옆에서 지켜보는 선생 스스로도 놀라지 않을 수 없었다. 일 년 지나고 이 년 지나면서부터 그의 소리가 날로 달라져가는 것을 보면서 선생은 이제 조선땅에 새로운 큰 광대 하나 생겨날 게 분명하다는 굳은 믿음을 갖게 되었다. 임방울을 두고 인근에서 새 명창이 났다는 소문이 나돌기 시작한 것은 이 무렵부터의 일이었다.

이 무렵부터 정작 선생에게는 새로운 갈증이 일기 시작하였다. 한말의 판소리 집대성자인 신재효(申在孝)는 자작 단가인 광대가(廣大歌)에서 광대가 갖추어야 할 네 가지 요건을 들었다. 첫째는 인물치레, 둘째는 사설치레, 그 다음은 득음(得音)이요, 그 다음은 너름새라 하였다. 광대는 첫째 인물이 헌칠해야 하고, 둘째 사설 내용이 좋아야 하고, 셋째는 목청을 잘 구사할 수 있어야 하고, 끝으로 연기 동작이 뛰어나야 한다는 것이었다. 문학과 음악과 연극이 혼연일체가 되어야 하는 종합예술로서의 판소리의 연창자인 광대, 소리꾼인 동시에 모노 드라마의 연기자이기도 한 광대의 요건을 적절하게 지적한 말이라 하겠다. 이제 그 타고난 성음에다 알 것 다 알고 익힐 것 다 익힌 위에 피나는 공력으로 갈고 닦음이 도저한 임방울은 신재효가 말한 요건을 제대로 갖춘 광대라 해도 과히 지나친 말이라 할 수는 없을 듯하였다.

그러나 선생으로 볼 때는 이제 새로운 욕심이 생기는 것이었다. 그 욕심은 어쩌면 자기 평생에 이루지 못한 소원을 사랑하는 제자를 통해서 성취해보려는 데서 비롯된 것이라 할 수 있을지도 모른다. 욕심이 생기면 생길수록 제자에 대한 닦달이 자심해져갔다. 말하자면 방울의 소리는 채 올려야 할 마지막 고비에 이르러서 아직도 주춤거리고 있는 것이라고 선생은 생각하였다. 방울의 소리에는 아직 신명이 실려 있지 않다는 것이었다. 신명이 실려 있지 않은 소리는 생기 없는 화상과 같다는 것이었다. 이를테면 그의 소리는 화룡점정(畵龍點睛)의 일보 직전에서 꾀를 파고 있는 셈이었다.

"아 이 미련헌 저석아, 뚝심만 믿고 상씨름헐라고 허냐 시방?"

한 해 지나 두 해째도 반절 가까이나 지난 무렵부터 선생의 타박은 항시 이 말뿐이었다. 그러나 그러면 어떻게 해야 한다는 것인지, 방울로서는 도시 종잡을 수가 없었다. 뚜렷한 무슨 방도가 없기로는 선생 자신도 마찬가지였다. 그런 무슨 뚜렷한 방도가 있었다면 진즉에 전수하였을 것이었다.

이런 실랑이가 반년 가까이 계속되는 사이에 마침내 선생도 제자도 지치고 말았다. 오늘 아침의 일이었다. 이제껏 획수 하나 구절 하나에도 시시콜콜 트집잡고 타박하던 선생이 오늘은 까대기 안으로 들어서자마자

"소리가 뚫릴 때도 되얏는디 왜 그런다냐? 법제고 뭣이고 상관 없으닝개 어디 오늘은 늬 부르고 싶은 대로 한 번 마음놓고 불러부아라. 원이나

없게."

하며 북통을 끌어당기고 북채를 잡았다. 방울은 잠시 어리둥절한 채 선생의 눈치만 살피며 앉아 있을 수밖에 없었다. 근래에 들어서는 대개 다른 제자를 불러서 북채를 잡게 하던 선생이 오늘 따라 손수 북채를 잡고 나서는 것도 오랜만의 일이려니와 무엇보다도 법제고 바디고 상관없으니 마음대로 불러보라는 말도 너무 뜻밖이었기 때문이다. 그도 그럴 것이 선생은 본시 서편제의 어엿한 문래(門來)로서 제자 가운데 어느 누구라도 그의 바디에서 조금만 어긋나도 호령이 추상 같은 분이었기 때문이다. 물결도 강줄기를 따라야 범람하지 않는 것과 마찬가지로 소리도 제 법제를 따라가야 제 소리의 길을 찾게 된다는 것이었다. 광대가 제 법제를 어기는 것은 사문난적(斯文亂賊)에 해당한다는 것이었다.

그렇게 엄한 선생한테서 이런 느닷없는 말을 듣게 된 방울은 가슴이 덜컥 내려앉았다. 선생의 속뜻이 어디 있는지 도시 종잡지 못한 채 방울은 선생의 눈치만 살피고 있었다. 이제 결판이 나는구나 하는 생각이 퍼뜩 머리를 스쳤다. 어떻든 이제 피할 수 없는 지경에 이르렀다고 그는 생각하였다.

"쑥대머리 귀신형용 적막옥방의 찬자리에."

젖 먹던 힘까지 짜내어 쑥대머리를 불러보았다. 그러나 느닷없는 선생의 분부와 북장단으로 주눅이 들어 그런지 방울의 청은 자꾸 속으로 기어들어가는 듯하였다. 천방지축으로 엮어가던 쑥대머리가 채 중간께로 들어서기도 전에 선생이 북채로 북통을 딱딱 치며 소리를 멈추게 하였다. 그러고는 잠시 임방울의 얼굴을 찬찬히 바라보더니 슬그머니 일어서며

"틀렸구나, 틀렸어. 재목 될 줄 알았는디……."

중얼거리고는 까대기를 들치고 휭하니 대문 밖으로 나가버렸다.

방울은 그러고도 한참을 우두커니 앉아 있었다. 그의 이마에서는 비지땀이 스며 나오고 있었다. 훈훈한 바깥 날씨 탓도 있었지만 그보다도 그의 가슴에서 솟구치는 불길 때문이었다. 뒷산에서는 꾀꼬리가 극성스럽게 울어대고 있었으나 그 소리도 귀에 들어오지 않았다. 이제는 결판을 낼 때가 되었구나 하는 생각이 퍼뜩 들었다.

그때 부인이 밥상을 가지고 들어왔다.

"밥이나 먹지그려. 끼니때가 져웠구먼."

부인이 밥상을 내려놓으며 말하였다. 방울은 저도 모르게 고개를 치켜들며 부인의 치맛자락에 매달렸다.

"사모님, 저 바깥바람 좀 쐬고 올라요."

"그 양반 아시면 또 큰 야단날 틴디?"

부인이 펄쩍 뛰었다. 산호 집에 갔다가 돌아와 선생한테 크게 경을 치른 일을 부인인들 잊을 리 없었다.

"인자는 죽기 아니면 살기지라우."

방울은 어느새 일어서려 하고 있었다. 마음씨 여린 부인은 그의 간청을 뿌리치지 못하였다.

"그 양반, 읍에 갔다 온다고 나가셨으닝개 그새 그러면 얼른 댕겨와."

그러나 방울은 일어서다가 잠시 비틀거리더니 도로 주저앉았다. 아침부터 선생님 앞에서 내내 꿇어앉아 있었는데다가 오랫동안 헛간방에서만 기거해온 운동부족 탓으로 현기증이 일었던 것이다. 부인이 그의 어깻죽지를 부축해주어야만 했다. 방울은 부인의 부축을 받아 간신히 뒷산 언덕빼기에 기어올라 양지바른 잔디밭에 기대앉을 수 있었다. 어두운 까대기 안에서만 갇혀 살다가 다냥한 봄볕을 받으니 눈이 부시어 어지러웠다. 부인이 알아차리고 삿갓을 갖다 머리에 씌워주었다.

참으로 오랜만에 마음놓고 오금을 펴보았다. 우선 살 것 같았다. 쭉 뻗은 그의 발치께 이쪽 저쪽 할것없이 이름 모를 꽃들이 흐드러지게 피어 있었다. 그리고 시선이 미치는 곳마다 물오른 나뭇가지들이 연초록의 새싹을 피어내고 있었다.

눈 아래로는 고만고만한 야산 자락들이 어깨를 구부린 채 중중거리며 그의 오지랖께로 연이어 다가오는 듯하였다. 그동안 얼어 붙어 있었던 개천이 다냥한 봄볕에 생기를 되찾은 듯 어깨를 잇대어 다가오는 야산 자락 사이를 누비며 재잘거리며 흘러내리고 있었다. 그 시냇물 줄기가 산모퉁이를 휘돌아 십 리 상거의 저만치에 요요히 흐르는 나주천과 합류하는 지점에 읍내 마을이 고즈넉이 펼쳐져 있었다.

그리운 산호의 모습이 아련히 떠올랐다. 품에 고이 간직한 산호의 갑사댕기를 조심스레 꺼내어 반듯이 편 다음 볼에 조심스레 갖다대었다. 산호의 머릿내가 어렴풋이 느껴지는 듯하였다. 달포 전에 안부 편지를 받은 이후로는 아직 편지 내왕이 없었다. 이것 저것 다 집어치우고 당장에라도 산호한테 달려가고 싶은 생각이 불현듯이 일었다. 그러나 이내 고개를 저었다. 이대로 산호를 만날 수는 없다는 생각이 일었다.

산호와 헤어져 이곳으로 온 것이 엊그제 같은데 벌써 3년이 다 되어가고 있었다. 3년의 세월이 다 되어가는데 자기 공부는 매양 그 타령이니 이제 어느 하늘 아래를 떠돌아야 할지 망연하기만 하였다. 그때 한 무리 시원한 바람이 불어왔다. 오랫동안 까대기 안에 갇혀 살던 그로서는 그 정도의 바람도 감당하기에 다소 숨이 가파르기는 하였으나 오랜만에 맞아보는 봄바람은 역시 시원하고 달콤하였다.

그때까지 줄곧 귓전을 스쳐가기만 하던 꾀꼬리 울음소리가 그제서야 귀에 들어오기 시작하였다.

"머리 곱게 빗고 건넛산 가끼요. 머리 곱게 빗고 건넛산 가끼요……."

"저 꾀꼬리란 놈이 머리 곱게 빗고 건넛산은 뭘라고 갈락허는지 알기나 혀, 이 저석아?"

어느 봄날 뒷산에서 지악스럽게 울어대는 꾀꼬리 소리를 들으시고는 어린 자기를 실눈으로 바라보며 이렇게 말씀하시던 할머니의 모습이 문득 떠올랐다. 이제는 자기도 그 이치를 알 수 있을 것 같았다. 할머니는 오래 전에 세상을 뜨셨다. 가난하고 고단했던 지난 날들이 일시에 그의 가슴에 물밀려왔다. 아버지의 모습, 어머니의 모습, 동기들의 모습이 범벅이 되어 그의 뇌리를 가로질러 갔다.

"머리 곱게 빗고 건넛산 가끼요, 머리 곱게 빗고 건넛산 가끼요."

바야흐로 꾀꼬리 울음소리가 자지러지고 있었다. 그의 가슴속 먹구름은 어느새 천둥번개로 변해가고 있었다. 천둥번개 저쪽에 허공이 뚫려 있었고 그 너머는 깜깜한 벼랑이었다. 그 벼랑 끝에 몸을 날려버리기는 그리 힘들지 않을 것 같았다.

"머리 곱게 빗고 건넛산 가끼요."

문득 산호의 모습이 떠올랐다. 산호가 보고 싶었다. 산호, 산호, 속으로 외었다. 그러자 뜨거운 두 줄기 눈물이 볼을 타고 흘렀다. 그는 오랫동안 흐르는 눈물을 내버려둔 채 설움의 강물에 몸을 맡기고 있었다.

그렇게 두어 식경을 지나고 나니 마음이 좀 가라앉았다. 봄볕도 어느새 설핏 기울기 시작했다. 오랜 열병에서 깨어나기라도 한 듯 그의 체내에서는 어떤 발랄한 생기가 샘솟기 시작했다. 죽기 아니면 살기다 하는 생각이 문득 일었다. 가슴의 먹구름 사이로 허공이 보이고 그 너머는 벼랑이었다. 허공 그 너머를 향하여 몸을 날리는 심정으로 힘껏 외쳐보았다.

"쑥대머리 귀신형용 적막옥방의 찬자리에 생각나는 것이 임뿐이라."

그러자 그의 전신에 알 수 없는 전율이 타고 흐르기 시작했다. 처음 '쑤욱대애머어리이' 할 때는 여전히 목이 꺽꺽하고 힘에 겨웠다. 그러나 '보고지고 보고지고'를 거쳐 '오리정 정별후로'를 지나면서부터는 막혔던 둑이 터지기라도 한 듯 목청이 폭포처럼 쏟아지기 시작했다. 처음 미친 듯이 터져 나오던 그 폭포 줄기는 '이화일지 춘대우로 내눈물을 뿌렸으니' 할 즈음에는 그 기세가 치솟았다 숙였다 하면서 도도한 흐름을 이루었다. 때로는 높고 청아하게 용트림하기도 하고 때로는 한가하면서도 웅숭깊게 춤을 덩실거리기도 했다. 그것은 가장 슬프면서도 가장 즐거운, 전신을 타고 흐르는 황홀한 전율과도 같았다.

언덕빼기에 비스듬히 기대 누워 있었던 그는 어느새 벌떡 일어서 있었고 머리에 씌어져 있었던 삿갓도 벗겨져서 저 아래 나무 등걸에 걸쳐져 있었다. 이제 다냥한 석양의 봄볕도 눈에 부시거나 어지럽지 않았다. 그는 다만 사방을 향하여 네 활개를 거침없이 펼쳐 너름새를 놓아가며 그 황홀한 전율의 흐름에 자신을 맡기면 되었다.

그 흐름은 계곡을 감돌고 허공을 맴돌면서 온 누리에 여울져 번져갔고 그는 그 누리의 중심에 있었다. 가슴에 사무쳤던 슬픔의 덩이들이 이제야 현란한 실오라기로 줄줄이 풀리면서 도도한 흐름으로 이어져가는 이치를 그는 실감할 수 있었다. 아아, 바로 이것이다. 그는 목청이 제 스스로 신들려 춤추며 너울거리며 신명의 강물이 되어 흘러내려가는 것을 의식하며 거기 얹혀서 타 내려갔다.

그날 저녁때였다. 밥상을 물리고 뒤로 나앉으며 선생이 혼잣말같이 중얼거렸다.

"핫따, 그놈 참 명창이든디."

남편이 물린 저녁상을 들고 나가려던 부인이 무슨 뜬금없는 소릴꼬 하는 듯이 상을 들고 선 채 남편 쪽을 돌아보았다.

"아, 해거름녘에 우리 집 뒷산 언덕빼기에서 웬 놈이 쑥대머리를 시들어지게 잘 허든디, 이녁은 그 소리 듣들 못 혔어?"

선생이 이번에는 부인을 쳐다보며 물었다. 부인은 속으로 뜨끔하였으나 입을 다문 채 잠시 어마지두에 서 있기만 하였다. 그나저나 읍내에 가신 양반이 언제 또 그 소리는 들었다는 말인지, 부인으로서는 궁금하지 않은 바도 아니었다. 읍내에서 일을 마치고 돌아오는 길에 강정몰께를 돌아드는데 바람결에 소리가 들려오길래 하도 놀라운 소리여서 쑥대머리 한 대문이 다 끝날 때까지 그 자리를 뜨지 않았다는 것이었다. 강정몰께라면 뒷산에서 거지반 십 리 상거의 거리인데 아무리 바람 타고 흘러간 소리라지만 그 근기는 놀라운 것이 아닐 수 없었다. 특별히 소리 속에 밝다고까지는 할 수 없을지 몰라도 그래도 남편 곁에서 늘상 보고 듣고 하여온 가늠은 없지 않은 부인으로서는 그 거리까지 번져 나갈 수 있는 소리의 근기가 어느 정도의 것인지를 짐작 못 하지는 않았다.

"이 근방 소리꾼이라면 대개는 짐작허는디, 그놈이 누군지는 도무지 알 수가 없거든. 어떻든지 간에 그놈 솜씨 덮을 놈 이 근방에는 없을 티닝개."

선생은 이렇게 말하며 다시 한 번 부인을 쳐다보았다. 그게 누구인지 짐작 못 하겠느냐는 눈치 같기도 하였다. 평생에 누구에랄 것 없이 잘한다는 소리 한 번 터놓고 하는 법 없던 남편이 오늘따라 칭찬하기에 침이 마르는 줄을 모르는 것을 보고 부인도 어느새 덩달아 마음이 헤퍼져서 말했다.

"그게 방울이 소리제 누구 소리여라우."

"방울의 소리라니?"

선생이 재우쳐 물었다. 부인은 잠시 망설이는 듯하였으나 이윽고

"영감이 읍내 나간 새에 방울이가 바람 좀 쐬고 왔으면 쓰겄닥 혀서 그러락 혔더니 뒷산에 가서 목을 좀 풀어보는 갑습디다."

"뭣이 어쪄?"

선생이 벌떡 일어섰다. 방문을 열고 뜰방으로 내려서더니 거기 쌓여 있는 장작개비부터 꼬나잡았다.

"이 씰개 빠진 녀러 저석아, 이리 냉큼 나오들 못 혀?"

방울이 있는 까대기 쪽을 향하여 소리쳤다. 방울이 거적문을 들치고 허둥지둥 마당으로 뛰어나온 것과 선생이 우르르 달려가서 그의 뒷덜미부터 움켜잡은 것은 거의 동시의 일이었다. 이번에도 물론 자진모리 가락의 매질이 시작될 참이었으나 이번만은 지난번의 경우와는 형편이 달랐다. 일이 이렇게 벌어지자 제일로 난처해진 것은 부인이었다. 공연히 입을 나불거려서 큰 분란을 일으키게 되었다는 자책감도 없지 않은 부인은 지난번처럼 보고만 있을 수 없었다. 뒤미처 남편의 뒤를 따라 쫓아나온 부인은 달려들어 남편의 치켜든 맷손을 붙들고 늘어졌다.

"내가 나갔다 오락혀서 그리 된 것잉개 인자 그만 고정허시씨오."

부인과 선생 사이에 잠시 실랑이가 있고 나서 선생의 치켜든 맷손이 스르르 내려왔다.

"사내 저석이 한번 작심을 혔으면 어떻든지 간에 가닥을 내야제 방정부터 떨어?"

한참 동안 어깻숨만 몰아쉬던 선생이 이렇게 말하고는 안방으로 들어가버렸다. 임방울은 잠시 어리둥절한 채 그대로 서 있었다. 나도 이번만은 뭐라 한 말씀 드리려고 했는데, 하는 생각이 퍼뜩 머리를 스쳤다. 그러나 그 말이 무슨 말인지는 딱히 집히지 않았다. 그래, 어떻든지 간에 가닥

을 내야 혀, 그는 생각하였다. 이번만은 자기도 뭐라고 한 말씀 드려야 할 것 같았는데 그럴 겨를 없이 일이 싱겁게 풀려버리자 잔뜩 사리고 있던 그의 사대육신이 붕 허공에 뜨는 느낌이었다. 그러자 마음속에 허공이 뚫리고 그 너머의 벼랑이 선명하게 눈앞에 다가서기 시작하였다.

"기껏 명창 소리라고 입에 침이 마르더니, 참."

부인이 혼잣말같이 중얼거렸으나 임방울은 그게 무슨 말인지 종잡을 수가 없었다.

그날의 벌로 임방울은 남은 기간을 곱으로 채우고서야 그 까대기 방에서 풀려날 수가 있었다. 그 기간은 그가 까대기 방에서 보낸 그 숱한 나날들 가운데서 가장 어둡고도 밝은 기간이었다. 어떤 날은 노래가 저절로 신명에 얹혀 훨훨 날아가는 것 같았다가 또 어떤 날은 아득한 벼랑에 부딪치기라도 한 듯 제자리에서 터덕거렸다. 그러나 이제, 그가 기다리고 기다리던 득음(得音)의 날을 눈앞에 두고 있다는 것을 스승이나 제자는 다같이 느끼고 있었다. 그만큼 그 기간은 초조하면서도 보람찬 기간이었다.

마침내 선생을 하직할 날이 왔다.

3년 전 신새벽에 산호의 집을 뛰쳐나올 때 지고 왔던 봇짐을 등에 진 임방울이 까대기문을 들치고 마당으로 나선 것은 초가을 아침 해가 이제야 동산 마루에 제 모습을 다 드러낸 무렵이었다. 방울의 기척을 알아차리고 선생과 사모님이 방문을 열고 나와 뜰방에 내려섰을 때, 방울은 땅바닥에 무릎을 꿇고 선생에게 큰절을 올렸다. 그리고 사모님에게도 똑같이 큰절을 올렸다.

"방울아, 그동안 고생이 많았제?"

"아니어라우 선생님."

"방을 두고도 너만 유독 여름에 덥고 겨울에 추운 헛간에 가두어둔 일을 야속히 여기든 안 혀?"

"아니어라우 선생님. 안 그렇습니다요."

"그러면 됐다. 그러면 어서 가봐라. 공창식(孔昌植) 선생한티는 잘 이야기혀놨으닝개 그 양반이 잘 알아서 거둬주실 게여."

"예."

방울이 하직하고 돌아서 걸음을 떼는데 선생이 불렀다.

"방울아."

"예."

방울이 돌아서며 대답하였다.

"국창 김명환 선생이 네 외숙 되신다면서?"

"예."

"그런디 왜 여태 그 말을 안 혔어?"

"예?"

방울이 수줍은 듯 뒷덜미를 긁적였다.

"암 그래야제. 네 앞은 네가 가름혀야제. 어서 가부아."

방울이 하직하고 돌아서 몇 걸음 떼었을 때 선생이 다시 불렀다.

"야, 방울아."

"예?"

"인자는 소리에 시김새가 깃들여야 허는 벱이여. 내 말 알아 들었어?"

"예? 시김새요?"

"그래 시김새. 차차 알게 될 게여. 어서 가부아."

"예."

임방울은 다시 인사하고 돌아서 걷기 시작하였다. 시김새라, 소리에 시김새가 깃들여야 한다? 아무래도 모를 말이었다. 그러자 그가 내닫는 길이 한없이 멀고 아득하게 느껴지기 시작하였다.

나라는 망하여도

 임방울이 전남 화순군(和順郡) 능주면(綾州面) 범우골로 명창 공창식(孔昌植)을 찾아간 것은 임방울이 박재실을 하직하고 나온 지 그럭저럭 반년 가까이나 지난 이듬해 봄의 일이었다.
 박재실을 하직하고 나온 뒤 임방울은 일단 고향 집으로 향하였다. 3년 동안 선생 집에서 거의 바깥 세상과 담을 쌓고 살다시피 지나온 터라 선생 댁에서 풀려나자 우선 부모님과 동기간이 있는 송정읍 동부리의 고향 집으로 발걸음을 옮겼다.
 흰 무명베 바지저고리에 괴나리봇짐을 진 모습으로 고향 집 사립문을 밀치고 들어섰을 때 방울이 제일 먼저 만난 이는 뜰방에 편 명석에 앉아 가을 푸성귀를 다듬던 어머니였다. 방울은 푸성귀를 다듬고 있는 어머니를 보고는 달려가 어머니의 두 손을 마주잡고 나서
 "어머니."
하고 부르고는 명석 위에 엎드려 큰절을 올렸다.
 "아이고, 승근이가 왔구나."
 어머니는 두 손을 아들에게 맡긴 채 아들의 얼굴부터 살피었다. 소리 공부를 한 3년에다가 김 주사네 집에 얹혀 있던 기간까지 합치면 그럭저

럭 4년 만에 보는 아들의 얼굴이었다. 방울은 본래 체구가 다소 작은 편이었고 또 체질이 야윈 편이기는 하였지만 그런 나름으로 이제는 제법 총각티가 완연해져 있었다. 그러나 어머니 눈에는 총각티가 완연한 아들의 대견스러운 모습보다는 유달리 야윈 막내의 몰골이 먼저 비쳤다.
"얼굴이 왜 그리 그릇되었냐?"
"아니어라우. 나 밥 잘 먹고 잠 잘 자고 그렇게 지냈어라우."
"시끄럽다, 이놈아. 얼굴허며 행색이 여간이라야제."
"배 안 곯고 잠 잘 자고 편안히 지냈당개 그러네. 어머니는 참."
"자 어서 방으로 들어가자. 아버지, 방에 계신다."
어머니와 아들은 옷을 털고 일어서 방으로 들어갔다.
목침을 베고 잠시 누워 있던 아버지 임경학이
"승근이가 왔어?"
하며 일어났다. 방울이 큰절을 올렸다.
"얼굴이 그릇됐구나. 고생이 많았던 게지?"
"아니어라우. 잘 지내기는 혔는디 소리 공부하느라고 아무래도……."
"그려. 그랬겄제 아무튼 고생혔다."
하고는 별 말을 하지 않았다. 그동안 소리 공부를 못마땅하게 생각하여 타이르기도 하고 말리기도 하였지만, 본래 고분고분하고 유순하기 그지없으나 한번 고집을 부리기 시작하면 아무도 말리지 못하는 방울의 어릴 적부터의 성미를 모르지 않은 아버지는 결국 제 갈 길 제 가게 하는 수밖에 없다는 생각을 굳힌 지 오래이다. 또 근자에는 명창이 되리라는 소문도 자자하게 전해오고 하여 차라리 그게 제 팔자려니 치부하고 있던 터라 그 이상 아들을 책망하고 닦달하고 할 생각은 아예 없어졌다. 아무튼 이렇게 해서 방울의 소리 공부는 그런대로 아버지 어머니의 사후 승낙을 받

1986년 9월 12일 광산군 주관으로 고향인 송정읍 송정공원에 세워진 임방울 기념비 제막식

은 셈이 되었다.

 방울의 마음 같아서는 한 사흘 쉬고 바로 집을 나서려 했으나 며칠 더 쉬었다 가라는 아버지 말씀을 거역하지 못하여 며칠 더 머물렀다. 그런데 이번에는 어머니가 약이라도 좀 지어 먹여 보내야겠다 하여 어머니가 지어 온 보약을 먹느라고 여러 날이 걸리고 하여 집에 돌아온 지 그럭저럭 달포가 지났다.

 그런 어느 날이었다. 어머니가 방울이 기거하는 툇방으로 건너 왔다. 집에는 마침 방울과 어머니밖에 없었다.

 "너 또 소리 공부 떠난담서?"

 "예, 인자 몸도 대충 추슬렀으닝개 내일이라도 떠나야 쓰겄네요."

"뭣이 급혀서 그렇게 서둘러? 그런디 공창식 선생인가 허는 이는 워디 기신대여?"

"능주에 사신대요. 하매 저 오기를 기다리실 턴디."

"그나저나 너도 인자 장가를 들어야 헐 것 아니냐?"

방울은 속으로 뜨끔하였다. 산호와의 관계를 혹 알고 이러시는 것이 아닌가 해서였다.

"장가는 벌써 무신 장가요?"

"벌써라니, 니 나이 인자 열일곱이여. 마땅헌 혼처가 마침 나서서 그런다."

어머니가 산호와의 일을 알고 그러시는 것 같지 않은 것만은 우선 다행이었다.

"어머니, 소리 공부도 혀야 허고, 저는 아직 멀었어요."

"장가를 가면 소리 공부를 못 헌다냐? 다 저 허기 나름이제?"

"아직 멀었으닝개요 그런 걱정 아직 허지 마세요."

"너는 고분고분허다가도 한번 고집을 피우기 시작하면 황소 고집이니 참 그 성질 너그 아버지 빼박았다."

이런 일이 있은 다음날 아침이었다. 소리 공부를 떠날 셈이었는데 잠자리에서 일어나려 하니 도저히 일어날 수가 없었다. 온몸이 불덩어리처럼 펄펄 끓고 머리가 빠개질 듯이 아프고 목이 바싹바싹 타들어가는 듯이 말랐다. 끙끙 앓고 있는 방울의 이마를 짚어본 어머니는

"오매 이게 웬일이대여, 온몸이 불덩어리네여."

"마음이 풀리닝개 몸살이 온 모양이구먼. 김 주부한티 가서 패독산이나 두어 첩 지어 와야 쓰겄구먼."

아버지는 대수롭지 않다는 듯이 그렇게 말하였다. 그러나 패독산을 지

어다 먹여도 소용이 없었다. 금계랍을 비롯하여 단방약 같은 것도 아는 대로는 다 구하여 써보았으나 효험이 없었다. 어머니, 아버지를 비롯한 온 식구들이 방도를 몰라 걱정을 하고 있는데 앓기 시작한 지 나흘 만에 방울의 얼굴에 팥알같이 빨긋빨긋한 반점이 생기기 시작하였다.

"마마손님이 왔구먼. 어서 대문에 금줄 치고, 너그들은 이 방에 얼씬허지도 말어."

그제서야 아버지는 자녀들에게 주의를 준 다음

"날 봐, 임자는 뒷방에 군불 좀 많이 지피소."

라고 아내에게 당부하고 큰아들에게

"큰애야, 너는 얼른 약방에 가서 김 주부 좀 모시고 와. 승근이가 마마손님을 맞은 것 같다고 허고 말이여."

라고 분부하였다. 얼마 후에 당도한 김 주부가 방울의 이마를 짚어보고 맥을 짚어보고 앞가슴과 아랫도리를 잠시 헤쳐 보았다.

"마마손님이 틀림없구먼이오."

"손님이요?"

"아이고 그러면 우리 방울이가 곰보가 된단 말씸인 게라우?"

큰형과 어머니가 연이어 물었다.

"손님은 손님인디 다행히 아주 점잖은 손님잉개 걱정들 마시씨요. 인자 고비는 넘겼소. 며칠 지나면 저 팥알 같은 반점이 가라앉고 얼굴에 까뭇까뭇한 딱지가 앉을 티잉개 명심허고 환자가 그걸 손대지도 긁지도 못허게 허시씨요. 그리고 자녤랑은 약 몇 첩 지어줄 티잉개 날 따라오소."

라고 큰아들에게 말하였다.

다행히 방울이 맞은 손님은 점잖은 손님이었다. 한 보름 지나서부터는 조심스런 기동을 하기 시작하였고 한 달쯤 지난 뒤에는 바깥 출입도 하게

전남 광산군에서 발행한 기념비 제막식 초청장.
세월은 가도 그가 남긴 자취는 전설이 되어 살아 있다.

되었다. 그러나 손님은 역시 손님이었으니 얼굴에 어렴풋이 마마자국이 생겼다. 말하자면 살짝곰보였던 것이다. 뒷날의 명창 임방울은 이 살짝곰보의 모습으로 평생을 살아야 했다.

　살짝곰보의 모습으로 방울이 다시 흰 무명베 바지저고리에 괴나리봇짐을 등에 지고 화순 능주의 범우골로 공창식을 찾아 나선 것은 어느새 만화방창한 봄날이었다.

　방울이 물어 물어서 찾아간 능주 범우골의 공창식의 집 역시 나주 박재실의 집과 비슷하게 산기슭에 자리잡은 외딴집이었다. 바야흐로 따스한 봄날이어서 뒷산에서는 온갖 새들이 제 짝을 찾느라고 극성스레 울어대고 있었다. 소리 공부하는 사람들이 심산 계곡 같은 데를 즐겨 찾아가고 소리 선생이 곧잘 외진 산기슭 같은 데에 터를 잡는 것은 그럴 만한 이유가 있었다. 첫째는 이런 조용한 데서 공부하는 것이 세속에 시달리지 않아서 좋다는 것, 공기 맑고 경치 좋은 곳에서 생활하니 심신에 좋을 뿐 아니라 특히 성대 보호에 좋다는 것, 그리고 늘상 크게 소리를 질러대도 이웃의 눈치를 볼 필요가 없다는 것 등이 그 이유라 할 것이다. 방울이 찾아간 공창식의 집에는 마침 아무도 없었다. 물어 볼 만한 이웃도 사람도 없어 잠시 어떻게 해야 할지 두리번거리고 있는데 뒷산 쪽에서 극성스레 울어대는 뭇 새 소리에 섞여 노랫소리가 어렴풋이 들려왔다. 방울은 그 노랫소리를 따라 오솔길을 헤집고 숲 속으로 더듬어 들어갔다. 노랫소리가 차츰 분명해졌다. 방울은 귀를 기울였다.

　"산천은 험준허고 수목은 총잡(叢雜)헌디 만학(萬壑)에 눈쌓이고 천봉(千峯)에 바람이 칠적에 화초목실(花草木實) 없었으니 새가어이 울랴마는 적벽의 객사원귀(客死怨鬼) 고향이별 한조(恨鳥)들이 조승상을 원망허여 지지그려 우더니라. 도탄(塗炭)에 싸인군사 고향이별이 몇햴런고.

귀촉도 귀촉도 불여귀라 슬피우는 저촉혼조(蜀魂鳥). 여산군량(如山軍糧) 쇠진(燒盡)허여 촌비노략(村匪擄掠)이 한때로구나. 솟텡솟텡 저흉년새 백만웅사(百萬雄師)를 자랑터니 금일패군(今日敗軍)이 어인일고. 히삐쭉 히삐쭉 저삐쭉새. 자칭영웅 간곳없고 각기도생(各己圖生)을 꾀로만 판다. 꾀꼬리 수리루리루 저꾀꼬리새. 초평대로(草平大路)를 마다허고 심산총림(深山叢林)을 볼기약 까욱까욱 울고가는 저까마귀. 가련타 주린 장졸들 냉병(冷病)인들 아니들랴. 병에좋다고 쑥국 쑥쑥국……."

「적벽가」중의 새타령이었다. 방울은 직감으로 공창식 선생의 소리로구나 생각하였다. 그만큼 그 소리에는 서편제 특유의 묘미라 할 수 있는 처절하면서도 애련한 감칠맛이 십분 발휘되고 있었다. 방울은 소리에 빨려들어가듯이 소리 나는 쪽을 향하여 조심조심 다가갔다. 이윽고 양지바른 잔디밭에 앉아 고목 그루터기를 북채로 두드리며 소리를 하는 주인공을 찾을 수 있었다. 박재실 선생보다는 다소 연세가 높은 분 같았다. 사람이 다가가는 것을 아는지 모르는지 선생의 소리는 변함없이 계속되었다. 새타령이 막바지께로 나아가고 있었다.

"험난끝에 겁낸장졸 갈수록이 얄망궂네 복병을 보고서 도망을 하여라. 이리로가며 팽당그르르르 저리로가며 햇뜩햇뜩 사설많은 저할미새. 적벽화전(赤壁火戰) 패군지장 순금갑옷을 어디다 끌러두고 살도맞고 창에도 찔려 기한(飢寒)에 골몰이되어 내단장(單章)을 불워말고 상처독혈(傷處毒血)을 쪼아주마. 속텡빈 고목을 안고 뾰쪽한 저 긴 부리로 오르며 때그르르르 내리며 때때그르르르 또드락 끔벅지끗 때그르르르르 저딱저구리난 처량허다. 각새소리는 조조가 듣고서 탄식헌다."

새타령이 끝났을 때 방울이 선생의 눈에 띌 수 있도록 한걸음 더 선생 앞으로 다가갔다. 그리고 잔디밭에 무릎을 꿇고 큰절부터 올렸다.

송정공원에 세워진 임방울 기념비의 일부.
평생을 더불어 살았던 북이 세워져 있고 고인의 사진도 보인다.

"선생님께 인사 올립니다요."

"자네가 누구더라?"

선생은 이마의 땀을 닦으면서 물었다.

"예, 박재실 선생님께서 찾아가 뵈라고 혀서 찾아온 임방울입니다요."

"임방울?……오라, 재실이가 입에 침이 마르도록 칭찬하던 임방울이가 바로 너로구나. 너 올 줄 알았다."

선생은 우선 말부터 놓았다. 그리고 잠시 임방울의 행색을 살폈다.

"헌디 여기는 어찌 알고 올라왔느냐, 집에는 지금 아무도 없을 틴디?"

소리 공부하는 아이들은 이웃 고을 잔칫집에 보냈고 부인은 읍내에 갔으므로 물어볼 만한 사람도 없었을 터인데 어떻게 알고 여기까지 찾아왔는지 궁금해서 물었던 것이다.

"댁에 아무도 안 계셔서 두리번거리고 있었는디, 마침 이쪽에서 노랫소리가 들려 가만히 귀를 기울이니 아무래도 선성(先聲)으로 듣던 선생님 소리가 분명헌 듯해서 이렇게 올라왔습니다요."

"그래, 그렇겠구나. 헌디 어찌 이리 늦었느냐?"

"예 진즉 올락 혔는디 마마손님 땜시 그만 늦어졌습니다요."

"흐음, 그랬었구먼."

선생은 아직도 선명한 방울의 마마자국을 잠시 살피며 말하였다. 그리고 방울의 이모저모를 다시 한 번 살피고 나서 질문을 던졌다.

"헌디, 너, 소리는 배워서 뭣 헐 티여, 나라도 망허고 없는 터에?"

'나라도 망하고 없는 터에 소리 공부는 해서 무엇 허나?' 이 물음은 어린 방울에게도 오랜 숙제처럼 늘상 뇌리에서 떠나지 않던 문제였다. 나라가 망한다는 것은 모든 것을 다 빼앗기는 것을 의미하는 것임을 어린 임방울은 나름으로 실감하고 있었다. 치욕적인 을사보호조약이 체결되기 1년 전에 그는 출생하였고, 7세 되던 1910년에 나라를 일제에 빼앗겼다. 일제의 총칼에 의한 통치를 반대하여 조국의 자주독립을 외친 3·1독립운동이 일어난 것이 그의 나이 16세인 1919년의 일이었다. 민족 최대의 염원이 바로 조선의 독립이었고 그래서 삼천리 강산의 모든 동포들이 들고 일어나 독립만세를 외쳤건만 침략자 일본은 총칼로써 무참하게 이를 무찔렀다. 그것이 바로 작년의 일이었다. 삼천리 강산에는 어두운 좌절감이 짙게 드리울 수밖에 없었고 어린 임방울 역시 여기서 예외일 수 없었다. '나라가 이 지경이 되었는데 소리 공부는 해서 무엇 하나?' 이런 생각이 줄곧 그의 머리에서 떠나지 않은 것은 당연한 일이었다.

 잠시 침묵이 흘렀다. 이윽고 임방울은 수줍은 듯 뒷덜미를 긁적이고 나서 더듬거리면서도 비교적 또렷하게 대답하였다.

 "그래도 동포와 같이 노래라도 부르며 살고 싶습니다요."

 그것은 임방울이 마음속으로 오래오래 생각한 끝에 얻어낸 결론인 듯하였다.

 "뭐라? 하 이놈 봐라. 그래 네 말이 기특허다. 두보의 시에 나라는 망했어도 산하는 남아 있다(國破山河在)라고 하였느니라. 나라는 망했어도 노래만은 간직하며 살자 그 말이렷다. 허허 기특헌지고."

 선생은 이렇게 말하고는 껄껄 웃었다.

 "박재실 선생님께서는 평소에 선생님 말씀을 많이 하셨습니다요. 선생님을 여러 가지로 형님같이 모시고 지내신다고라우. 박 선생님을 하직하고 나올 때 박 선생님께서 선생님을 꼭 찾아 뵙고 사사하라 하셨습니다요. 그래서 이렇게 찾아왔습니다요."

 "그래, 재실이헌티서도 너를 보낸다는 전갈이 왔다. 그건 그렇고 그동안에 재실이한티서 무엇을 배웠느냐?"

"춘향가를 뗐습니다요."

"그려? 그럼 어디 한 대목 혀부아."

박재실 선생을 처음 뵈었을 때도 그러시더니, 라고 임방울은 속으로 생각하면서

"예, 사시절가를 혀보겠습니다요."

라고 대답하고는 잠시 목을 가다듬었다. 선생은 북채를 잡고 아까 새타령을 할 때와 같이 고목의 그루터기 앞으로 다가가 앉았다. 장단을 맞출 모양이었다.

"춘하추동 사시절에 허송세월 다보낼제 망부사(望夫詞)로 울음운다 망부사로 울음운다. 동풍이 눈을녹여 가지가지 꽃이피니 작작(灼灼)하구나 두견화는 나비를보고 웃난모양은 아름답고 서러워라. 눌과같이 듣고보리. 꽃이지고 잎이피니 녹음방초 시절이라. 꾀꼬리난 북이되야서 유상세지(柳上細枝) 늘어진디 구십춘광(九十春光) 짜는소리 아름답고 설어워라. 눌과함께 듣고보리."

춘향이 옥중에서 덧없이 사시절을 보내면서 임을 그려 탄식하는 장면이었다. 진양조로 느릿느릿 하소하는 이 사시절가는 이에 뒤이어 나오는 쑥대머리와 아울러서 옥중가라 한다. 이 대문은 서편제 춘향가의 애절한 가락을 가장 전형적으로 나타내는 부분이기도 하다.

"명불허전(名不虛傳)이라더니 과연 듣던 바와 같구나. 잘 헌다. 앞으로 공력 들여야 헐 디는 공력 들이기로 허고. 어떻든지간에 각심허고 닦으면 명창 말 듣겄다."

사시절가가 끝났을 때 그루터기를 두드리며 장단을 맞추던 선생은 또 한 번 임방울의 모습을 살피고는 껄껄 웃었다. 공창식 선생과 임방울의 만남은 이렇게 시작되었다.

"자, 내려가도록 허자. 소리 공부하는 애들이 둘 있는디 어제 이웃 고을 잔칫집에 내보냈었는디 지금쯤 하매 그 애들도 돌아왔을 게다."

선생은 이렇게 말하고는 일어서서 앞장서 집 쪽으로 내려가기 시작하였다. 방울도 뒤따라 내려가며 아까 선생 댁을 찾았을 때 아무도 없어서 이상하게 여겼는데 이제야 그 궁금증이 풀렸다. 선생의 집 가까이에 이르니 툇방 쪽에서 '산천은 험준허고'로 시작되는 「적벽가」 새타령을 합창으로 연습하는 소리가 들렸다. 선생은 툇방 문을 열고 안으로 들어가며 임방울 쪽을 돌아보더니 들어오라는 손짓을 하였다. 임방울도 따라 들어갔다. 소리 공부하던 두 사람은 모두 소리를 중단하고 일어나 선생을 영접하였다. 그 중의 한 사람이 앞으로 나서며 말하였다.

"아니, 너 방울이 아니여?"

"몽실이가 여기 있었구나."

몽실과 방울은 반갑게 두 손을 마주잡고 흔들었다. 이를 본 선생은 말하였다.

"아 참, 너그 두 사람은 서로 아는 사이겠구나. 둘 다 재실이한티서 배웠다닝개."

"예."

방울과 몽실은 답하였다. 선생은 나머지 한 사람에게 말하였다.

"자아, 너도 서로 인사들 혀라. 이 애는 임방울이라고 박재실 씨한티서 공부허다 온 사람이다."

"임방울입니다요."

"나는 장판술이오."

인사가 끝나자 선생이 말하였다.

"인자 서로 사이 좋게 공부들 혀라. 그리고 방울이 너는 저쪽에서 춘향가를 뗐다며?"

"예."

"야덜은 시방 적벽가 새타령을 시작헐 참이닝개 내일부터 그걸 같이 공부허도록 혀라.'

"예."

방울은 대답하였다. 선생이 안방으로 들어간 다음 몽실이 방울에게로 다가와 그의 손을 잡았다.

"야 이 달아맨 퇴끼, 참말로 반갑다야."

"그려, 정말 반갑다. 헌디 그동안 어떻게 지냈냐?"

방울도 몽실의 손을 잡고 흔들며 말하였다.

"박 선생님 댁에서 나온 뒤로 광주의 협률사에 1년쯤 따라다니다가 얼마 전에 이리 왔다."

"참, 경문이는 시방 어디서 무엇 허냐?"

방울은 몽실과 한 방에서 공부하던 경문이 생각이 나서 이렇게 물었다.

"경문이는 나허고 같이 광주 협률사에 한 반년쯤 따라다니다가 작파허고 저그 고향인 함평으로 간다고 떠난 후로 아직 소식이 없구먼."

다음날부터 공부가 시작되었다. 소리방에 들어선 선생은 말하였다.

"원래 새타령에는 민요 새타령이 있고 적벽가 새타령이 있다. 새애가 아 날아든다아 오온갖 잡새가 날아든다아, 이렇게 중중모리로 나가는 것은 민요 새타령이고 앞으로 공부헐 것은 적벽가 새타령인디, 민요 새타령은 화창한 봄날 흥에 겨운 뭇 새들이 날아들어 춤을 추고 노는 장면잉개 흥겹고 율동미 넘치게 중중모리로 부르지만 적벽가 새타령은 적벽강 싸움에서 원통하게 몰사당한 조조 군사들이 원조(怨鳥)가 되어가지고 화초도 목실(木實)도 없고 앵무새 원앙새 같은 것이 도저히 날아다닐 수도 없는 엄동설한임에도 불구하고 조조를 원망하며 부르는 대문잉개 아주 비장하면서도 애원성(哀怨聲)이 넘치게 불러야 허는 법이여. 알겠제."

"예."

네 사람은 대답하였다.

공창식은 박재실과는 여러 가지로 대조적이었다. 박재실이 매사에 꼼꼼하고 성깔이 불꽃 같은 분이었던 것에 반해 공창식은 활달하고 엄할 때는 엄해도 비교적 대범하고 너그러운 편이었다. 공부시키는 방식도 달랐다. 박재실은 한 사람 한 사람씩, 그리고 한 구절 한 구절씩 꼼꼼하게 가르쳐 나가는 방식이었는데 공창식은 대체로 어지간한 수준이면 서너 사람씩 함께 몰아쳐서 합창으로 받도록 하였다. 한 구절 한 획수를 시시콜콜 따져서 타박하던 박재실과는 달리 공창식은·어지간하면 대범하게 넘어갔다. 그래서 진도가 사뭇 빨랐다. 그러나 일정하게 진도가 나가면 몇 번이고 몇 번이고 그것을 되풀이하게 하였다. 하기야 박재실한테서 공부하던 사람들은 대개가 새로 시작하는 사람들이었으나 공창식한테서 공부하는 사람들은 대체로 일정한 기초 수련을 쌓은 사람들이니 각기 공부시키는 방식이 이렇게 다를 만도 하였다.

"산천은 험준허고 수목은 총잡헌디."

"산천은 험준허고 수목은 총잡헌디."

선생이 선창하자 장판술, 조몽실 그리고 새로 들어온 임방울은 입을 모아 따라하였다.

"만학에 눈쌓이고 천봉에 바람이칠제."

"만학에 눈쌓이고 천봉에 바람이칠제."

이런 식으로 전하고 받고 전하고 받고 하는 사이에 점심때가 되었을 무렵에는 새타령의 거의 반절 정도가 진행되었다. 박재실 밑에서 한 구절

한 구절을 넘어갈 때마다 터덕거리며 진땀을 빼던 경우에 비하면 단숨에 날아가는 듯한 속빠름이었다. 이런 식의 공부에 처음 접하는 임방울로서는 따라가기가 오히려 어지러울 정도였다.

"오늘 오후부터 내일 아침까지는 이제까지 공부한 부분을 주욱 익혀 나가야 혀. 알겠제?"

"예."

세 사람은 입을 모아 대답하였다.

"소리라는 것은 서예의 흐름과 비슷헌 게여. 서예에서는 우선 한 획 한 획을 곧고 바르게 그을 줄 알아야 허고 다음으로는 그 한 획 한 획을 잘 아울러서 분명한 한 글자를 이룰 줄 알아야 허지만 그 다음으로는 그 모든 낱낱의 글자들이 일사불란한 하나의 흐름으로 이어지게 해야 과연 명필이라 허는 벱인디, 소리도 그 이치와 마찬가지여. 인자 너그들은 각기 제 나름의 소리의 흐름을 이루어 나가야 헌다 그 말이여. 알겠제?"

"예."

세 사람은 입을 모아 대답하였다. 그러나 대답은 하고서도 임방울로서는 한 획 한 획을 아울러서 하나하나의 글자를 이루고 이를 다시 일사불란한 하나의 흐름으로 이어 나가야 한다는 선생의 말씀이 도무지 하늘의 구름 잡는 일같이만 느껴졌다. 각기 제 나름의 소리의 흐름을 이루어 나가야 한다는 것은 또 어떻게 하는 것을 말하는지, 이 또한 도무지 종잡을 수 없는 말이었다. 그렇다고 섣불리 물어볼 수도 없었다. 물어보았자 그 동안 박재실 밑에 있을 때의 경험으로 미루어 이런 식의 문제에 어떤 속 시원한 해답이 나올 성싶지 않았기 때문이었다. 그저 선생이 시키는대로 열 번이고 백 번이고 되풀이하는 수밖에 없고 그러는 가운데서 저절로 무엇인가 터득되리라는 막연한 기대에 의지하는 수밖에 없었다. 어떻든 아침나절에 선생한테서 소리 받는 공부가 끝나면 오후부터는 밤이 되어 자리에 들 때까지 줄곧 그 받은 소리를 몇 번이고 몇 번이고 되풀이하여 익혀 나가야 했다.

선생은 아침나절에는 이곳에 숙식하는 세 사람을 가르치고 오후에는 대체로 읍내에 나갔다. 임방울이 나중에 알게 된 일이지만 공창식이 오후에 나가는 곳은 읍내 권번(券番)이었다. 공창식은 오후에는 그곳에서 몇 명의 기생들에게도 소리를 가르치고 있었다.

권번이란 기생을 양성하고 또 그들을 관리하는 곳이었다. 이곳에서 기생들에게 소리와 춤 그리고 가야금, 거문고 등 악기의 연주법을 가르치는 한편 그들의 연희 활동을 주선하기도 하는 민간 조직체였다. 조선조시대에는 음률에 관한 일을 관장하던 장악원(掌樂院)이 있었고 각 고을에는 관기(官妓)를 관장하던 교방청(敎坊廳)이라는 것이 있었으나 조선왕조의 몰락 이후 그런 기관도 자연 소멸되었는데 임방울이 소리 공부를 시작한 1920년경부터 경향 각지의 주요 도시에 권번이 민간 관장으로 생겨나서 기생들의 교육과 관리 그리고 그들의 이권을 대변하는 일을 맡아 하였다. 권번은 일제의 전쟁 말기에 이르러 우리 문화말살정책이 혹독해지고 판소리를 비롯한 우리 국악 전반에 대한 탄압이 시작되면서 폐쇄되기에 이른다.

「적벽가」새타령을 선생한테서 받기 시작한 지 한 달쯤 지난 날 아침 선생은 소리방에 들어서더니 말하였다.

"오늘은 어디 한 사람씩 혀보기로 허자. 우선 판술이 너부텀 허고 북은 몽실이 니가 잡어."

"예."

두 사람은 대답하고 몽실은 북을 앞으로 당겨 고정시키며 둥더둥딱 울려보았고 판술은 잠시 목을 가다듬은 다음 소리를 뽑기 시작하였다.

"산천은 험준하고 수목은 총잡한디 만학은 눈쌓이고 천봉에 바람이칠 제 화초목실 없었으니 새가어이 울랴마는 적벽의 객사원귀 고향이별 한 조들이 조승상을 원망하여 지지그려 우더니라 …….”

소리가 해맑고 편안하고 수월스레 흘러가는 그러한 목청이었다.

한 대문이 끝났을 때 선생이 말하였다.

"너 같은 청을 양성(陽聲)이라 허는디 듣는 사람은 편허기는 허지만 깊은 맛이 안 우러나는 벱이여. 깊은 맛이 우러나게 허려면 청에 결을 세워야 헌다 그 말이여. 흐르는 물에도 결이 일어야 출렁거리는 운치가 생기듯이 소리에도 크고 작은 결이 넘실거려야 목구성이 생긴다 그 말이여. 알것제.”

"예.”

"다음에는 몽실이가 허고 판술이 니가 북을 잡어부아.”

"예.”

몽실이 새타령을 부르기 시작하였다. 몽실의 목청은 판술이와는 대조적으로 아주 되게 붙이는 소리였다. 그 소리의 가락수에 맛은 있었으나 그 목청이 워낙 탁한 편이었다. 소리가 끝났을 때 선생은 말하였다.

"네 목청은 네 힘에 부친 목청이여. 청은 자기 힘에 감당할 만하게 잡어야 허는 법이여. 자기 힘에 부치게 너무 청을 되게 잡으면 소리가 팍팍해서 하는 사람도 고생스럽거니와 듣는 이도 답답헌 법이여. 그런 목청을 떡목이라 허는디 그렇게 가도 안 되고, 자기 힘에 알맞는 청을 잡아야 헌다 그 말이여. 알것제.”

"예.”

"이번에는 방울이 너 혀부아.”

"예."

 장판술이 북을 잡고 울려본 다음 무릎 앞에 고정시켰고 방울이 잠시 목을 가다듬은 다음 소리를 하기 시작하였다.
 "산천은 험준하고 수목은 총잡한디 만학은 눈쌓이고 천봉에 바람이칠제 화초목실 없었으니 새가어이 울랴마는 적벽의 객사원귀 고향이별 한 조들이 조승상을 원망하여 지지그려 우더니라."
 소리가 끝났을 때 선생은 말하였다.
 "니 목청도 판술같이 양성 비슷한 점도 있으나 청구성이라 할 수 있어. 소리의 높낮이의 폭이 크고 성량도 풍부허니 말이여. 이제 꾸준한 수련을 곁들이면 아매 수리성을 겸허게 될 게여. 몇 번이고 몇 번이고 익히는 일에 힘을 써야 혀. 소리가 삭고 삭아서 곰삭을 때까지 말이여. 목이 약간 갈린 듯한 곰삭은 소리를 수리성이라 허는 벱이여. 천구성에 수리성을 겸하면 광대의 으뜸 성음이 되는 벱이여. 알었어?"
 "예."
 "소리를 익힌다는 말은 소리를 배운다는 뜻도 되지만 생것을 익힌다는 뜻도 되는 것이여. 그러닝개 익힐 습(習)이라는 것과 익힐 숙(熟)은 결국 소리 공부에서는 같은 이치다 그 말이여. 알겠제."
 "예."
 "시김새라는 것은 무엇입니까?"
 임방울은 문뜩 박재실 선생을 하직할 때 '소리에 시김새가 깃들여야 허는 법이여' 하시던 말씀이 생각나서 이렇게 물었다.
 "그래 그래. 익히고(習) 익히는(熟) 일이 바로 시김새가 깃들이게 하는 일이여."
 "예?"

"소리를 익히고(習) 익히는(熟) 것은 소리 공부에서는 같은 이치라 혔지?"

"예."

"소리를 익히고(習) 익히면(熟) 소리가 곰삭을 것 아니여? 이렇게 소리가 훌륭하게 곰삭은 소리를 '시김새가 붙은 소리' 또는 '시김새가 좋은 소리'라 헌다 그 말이여. 시김새가 좋다는 말은 '소리를 잘 삭이었다, 발효(醱酵)시켰다'는 말이여. 땡감을 잘 삭이면 달고 맛있는 홍시가 되듯이, 날김치를 잘 삭이면 맛있는 익은 김치가 되듯이 또는 밥과 누룩과 물을 알맞게 배합하여 잘 삭이면 향기로운 술이 빚어지듯이 소리도 익히고(習) 익혀서(熟) 삭이면 비로소 그 소리에 시김새가 붙게 된다 그 말이여. 알겄제?"

"예."

"그러닝개 하루 이틀의 공력으로 시김새가 붙는 것이 아니여. 김치를 삭게 하려 해도 일정한 기간을 기다려야 되고 땡감을 홍시로 삭게 하려 해도 일정한 시간이 걸리듯이 소리에 시김새가 붙게 하려면 숱한 기간의 꾸준한 공력이 있어야 헌다 말이여. 알겄어, 모르겄어?"

선생은 답답하다는 듯이 물었다.

"예, 알겄습니다요."

세 사람은 입을 모아 대답하였다. 그들은 선생의 말이 무슨 말인지를 모르지는 않았다. 그래서 입을 모아 대답을 하였다. 임방울로서도 이 점은 마찬가지였다. 그러나 어느 때쯤에나 얼마만큼의 고초를 치르고 얼마만큼의 외로운 자기와의 씨름을 치르고 나면 소리가 익고 익고 삭아서 시김새가 붙게 될 날이 올 것인지, 너무도 멀고 아득한 허공의 구름을 붙잡는 일 같기만 하였다. 그렇다고 달리 무슨 묘책이 없는 바에는 하는 데까지는 해보며 기다리는 수밖에 없으리라는 생각이 들었다.

동편제와 서편제

어느 날 공창식과 그 문하생들은 화순의 갑부 남국일의 집 잔치에 초대되어 갔다. 남국일은 판소리를 아주 좋아하였다. 그리고 판소리 하는 사람들을 여러 가지로 도와주기도 하였다. 이 자리에서 임방울 일행은 벽돌림으로 소리 한마디씩을 하게 되었다. 남국일의 집에서 흔히 하는 관례였다. 벽돌림이란, 잔칫집이나 술자리 같은 데에서 벽을 등지고 둘러앉은 사람들이 앉은 순서대로 차례차례로 노래를 하거나 고담(古談)을 하며 즐기는 것을 말한다. 지난날 긴긴 겨울밤 사랑방 같은 데서 흔히 볼 수 있는 풍경이었다.

제일 먼저 장판술이 「수궁가」 한 대문을 하고 몽실이 「춘향가」 중의 사랑가를 하였다. 다음이 임방울의 차례였다. 그는 요즈음 공창식 선생한테서 받은 「적벽가」 새타령을 하였다.

소리를 다 듣고 난 남국일은 방울에게 물었다.

"너 시방 몇 살이냐?"

"열일곱입니다요."

"그래. 거 소리가 제법이로구나. 어디 다른 것 한 대목 혀부아라."

그동안 다른 사람들이 할 때는 말없이 듣기만 하던 남국일의 이런 분부에 방울은 잠시 어리둥절할 수밖에 없었다. 그러자 옆에 앉아 있던 공창식이 말하였다.

"그래, 다른 것 한 대목 혀부아라. 옳제 쑥대머리를 허려무나."

그래서 방울은 정성을 다하여 쑥대머리를 불렀다.

"내가만일에 임을못보고 옥중원귀가 되거드면 무덤근처 있는 돌은 망부석이 될것이요 무덤근처에 섰난 나무는 상사목이 될것이니 생전사후에 이원통을 알아줄이가 뉘있드라는 말이냐 퍼버리고 앉아서 설리운다."

소리를 마쳤을 때 남국일은 방울을 가까이 불러 그의 손목을 잡으며

"참 잘헌다. 네가 임방울이랬제? 너 앞으로 소리 허겠다."

하더니 공창식을 바라보며

"여보 공 선생, 이 애 나한티 맡기시오."

하였다.

"남 선생님 마음에 드실 줄 알고 있었습니다."

"아, 나한티 맡기신단 말씀이요, 싫단 말씀이요?"

남국일로서는 마치 공창식한테서 제자를 빼오는 것 같기도 하여 미안한 마음도 없지 않아 이렇게 농 반 진담 반으로 재우쳐 물었던 것이다. 그러나 공창식은 방울을 위하여 잘된 일이라는 생각으로

"아, 여부가 있습니까? 선생님 뜻대로 허셔야지라우."

라고 흔연스럽게 말하고 웃었다.

남국일은 소리 공부하는 사람 중에 장래가 촉망되는 이를 골라 자기 집에 방을 주어 독공을 하도록 하기도 하고 더러는 소리 선생을 데려다가 공부를 시키기도 하였다.

아무튼 임방울과 남국일의 인연은 이렇게 해서 맺어지게 되었다. 임방울이 유성준(劉成俊)을 만나게 된 것도 남국일의 덕택이라고 할 수 있었

다. 임방울이 남국일의 집으로 들어가 독공을 시작한 지 얼마 되지 않은 어느 날 유성준이 남국일의 집을 찾게 되었기 때문이다. 이리하여 남국일은 임방울을 유성준에게 딸려보내 공부를 더 계속하도록 당부하였다. 남국일의 주선으로 인근의 절방에 소리방을 차린 유성준은 여기에 모여든 몇몇 사람들을 가르치게 되었다. 임방울과 함께 조몽실도 같이 따라가게 되었고 그밖에 성원목, 오수암도 같이 공부를 하게 되었다.

임방울이 유성준을 만나게 된 것은 임방울의 예술을 성숙하게 하는 데 아주 소중한 전기가 되었다. 그것은 무엇보다도 서편제의 스승들 밑에서 가르침을 받던 그가 처음으로 동편제의 스승을 만나게 되었다는 사실 때문이다. 여기서 판소리에서의 제(制)에 대하여 잠시 이야기하고 넘어가기로 하자.

판소리는 본래 구전(口傳)예술이므로 전승계보(傳承系譜)가 있게 되는데 그 가장 포괄적인 의미의 전승계보를 제(制)라고 한다. 동편제(東便制), 서편제(西便制), 중고제(中古制) 이 셋이 대표적이다. 원래 섬진강을 경계로 하여 그 동쪽, 대체로 전라좌도와 경상도 일대에서 주로 부르던 제가 동편제이다. 조선 영조 때의 명창 송흥록(宋興祿)을 비롯하여 박만순(朴萬順), 김세종(金世宗), 송우룡(宋雨龍), 송만갑(宋萬甲), 유성준(劉成俊), 강도근(姜道根) 등이 이 제의 명창으로 꼽힌다. 이에 대하여 섬진강 서쪽, 대체로 전라우도 쪽에서 주로 부르던 제를 서편제라고 하는데 조선조 말기의 박유전(朴裕全)을 비롯하여 이날치(李捺致), 정창업(丁昌業), 김창환(金昌煥), 정응민(鄭應珉) 등이 이 제의 명창으로 꼽힌다. 한편 충청도, 경기도 이남을 기반으로 한 것이 중고제인데 조선조 말기의 염계달(廉啓達), 모흥갑(牟興甲), 고수관(高秀寬) 등을 비롯하여 이동백(李東伯), 김창룡(金昌龍) 등이 이 제의 명창으로 꼽힌다.

동편제는 대체로 단순 소박하고 웅장한 가풍(歌風)이며 소리의 끝을 뚝 잘라 살짝 들어올리면서 맺는 경향이 많은 데 반하여 서편제는 기교가 비교적 다양하고 애련한 맛이 짙으며 소리의 꼬리가 길게 이어지는 경향이 많다. 원래 동편제는 웅장한 우조(羽調)가 주류이고 서편제는 애련한 계면조(界面調)가 중심을 이루었다고 하나 근래에는 상호 교류가 활발해져서 그런 구별이 많이 사라진 듯하다. 한편 중고제는 경기도 이남, 충청도의 민요인 경드름의 톤이 투영되어 있는 창조(唱調)이다. 그런데 이 중고제는 오늘날에는 제로서는 명맥이 끊긴 듯하다.

이 제(制)의 하위개념으로 바디라는 것이 있다. 제라는 것이 동편, 서편 하는 식으로 크게 구분되는 전승계보인 데 반하여 바디란 그 테두리 안에서의 개개의 전승계보를 말한다. 그러니까 같은 동편제나 서편제라 하더라도 그 아래에 사제간의 전승계보에 따라 무수한 바디가 있는 것이다. 바디라는 말은 받다(전수받다)에서 온 말인 듯하다.

임방울이 유성준 밑에서 「수궁가」 「적벽가」 등을 전수받을 당시만 해도 벌써 교통이 활발해지고 유성기 같은 것이 나오게 되었으므로 이른바 제니 바디니 하는 것이 서서히 무너지기 시작한 시기라 할 수 있지만 그러나 정작 판소리의 당사자들, 특히 판소리의 스승들은 이를 엄히 따지던 때였다. 가령 유성준과 함께 오명창(五名唱) 가운데 하나요 또 유성준의 스승인 송우룡의 아들이기도 한 송만갑이 겪어야 했던 딱한 사례는 그 무렵의 판소리 둘레의 분위기를 잘 반영하고 있는 듯하여 여기에 잠시 소개하기로 한다.

송만갑(1869~1939)은 전남 구례 출생으로 이른바 오명창의 한 사람이며 조선조 말에서 식민지시대에 걸친 걸출한 판소리 광대이며 동편제의 정통을 이은 대가이다. 그의 종조부(從祖父)가 바로 근조(近朝) 팔명창(八

당당한 풍채와 뛰어난 성음으로 명성을 떨친 중고제의 대가 이동백

이동백과 더불어 중고제의 쌍벽을 이루었던 명창 김창룡

名唱)의 으뜸이며 가왕(歌王)으로 불리는 송흥록(宋興祿)이며 조부가 송흥록의 아우인 광록(光祿)이며 부친이 우룡(雨龍)으로서 송만갑은 이러한 역대 명창을 배출한 동편제의 종가(宗家)인 송씨 집안의 후예이다.

송만갑은 조선조 말기에 이미 명창으로 이름을 떨쳐 자주 어전에서 노래를 불렀고 감찰이라는 직함을 받기도 하였다. 1902년 협률사가 발족할 당시에는 김창환 등과 함께 우리나라 최초의 근대적인 극장에서의 판소리 내지 창극 공연에 앞장서기도 하였고 이 협률사가 해체된 이후에는 동명(同名)의 협률사라는 공연단체를 조직하여 전국 순회공연을 하기도 하였다. 1933년에 성립된 조선성악연구회에 참여하여 이동백, 김창룡, 정정렬(丁貞烈), 오태석 등과 더불어 판소리의 보급, 창극의 발전, 후진 양성 등에 힘썼으며 명창들 중에서 가장 많은 제자를 배출시킨 것으로도 유명하다.

그는 효심이 지극하여 부친이 준치를 먹다가 가시에 걸려 탈이 나서 사망하게 되자 그 이후로는 어패류를 입에 대지 않았다고 한다. 그리고 부친 사망 이후로는 슬픈 사연의 「심청가」를 부르면 부친 생각이 난다 하여 이를 부르지 않았다고 전한다.

이렇게 효성이 지극하였지만 그는 소리에서만은 큰 불효를 저지른 사람이기도 하다. 역대 명창의 후예인 그가 선대로부터 소리를 전수받은 것은 당연한 일이다. 그런데 소리를 터득해가는 동안에 그는 차츰 자기 집안의 제(制)인 동편제의 정통적인 창법에 염증을 느끼기 시작하였다. 지나치게 제에 얽매인 그 창법이 그에게는 무미건조하게 느껴졌다. 이리하여 그는 집을 뛰쳐나가 여러 해 동안 독공으로 창법을 개발하여 독자적인 바디를 수립하였다. 말하자면 웅장 호방한 톤으로 일관하는 동편제 소리에다 서편제의 애련하고 처절한 감칠맛을 가미하였고 이를 다시 동편제의 정통적인 톤으로 환원시켰다. 이리하여 웅장하면서도 화려한 새 가풍(歌風)을 이루었다.

이렇게 되자 완강한 동편제의 보수파들은 그를 일러 송문(宋門)의 법통을 깨뜨리는 반역자라 하여 그를 규탄하였고 집안 어른들은 그를 집안 망치는 후레자식이라 하여 파문(破門)시켜버렸다.

그의 성음은 윤기 넘치는 수리성에다 비정하리만큼 카랑카랑한 철성을 겸한 것으로서 그 창법은 동편제의 정통적 창법인 웅장 호방한 톤을 주조로 하면서도 애련 처절한 서편제의 감칠맛도 교묘히 넘나들게 하되 모름지기 장작 패듯 사정없이 그 중두막을 분질러 자칫하면 지나친 애상으로 흐르기 쉬운 계면조의 잔가지들을 사정없이 잘라냄으로써 엄격한 절제를 부여하는 그러한 동편제의 창법이다.

요컨대 판소리사의 자리에서 볼 때 송만갑의 위치는 매우 중요하다. 그는 동편제, 서편제 하는 정통적 법제가 차츰 자유로운 교류를 시작하는 시점에서 이런 시대적 요청을 민감하게 포착하여 이를 성공적으로 구현시킨 광대라 할 수 있기 때문이다. 그리고 송만갑이 감당해야 했던 시련의 연장선상에서 우리는 임방울의 판소리사적인 위치를 자리매김할 수 있으리라고 생각한다.

유성준은 경상도 남해 출생으로 송만갑의 아버지인 송우룡에게서 사사한 가객이다. 송만갑보다는 나이가 상당히 아래였으며 송만갑처럼 이른바 도저하게 오명창으로 꼽히지는 않았지만 사람에 따라서는 유성준 역시 오명창의 한 사람으로 간주하기도 할 정도로 동편제의 두드러진 가객이었다.

임방울은 유성준 밑에서 소리 공부를 시작한 첫날부터 매우 인상적인 장면에 부딪치지 않으면 안 되었다. 거의 모든 소리 선생이 그러하듯이

동편제의 대가 송만갑. 그는 김창환 등과 판소리의 발전에 주도적인 역할을 하였다.

유성준도 공부에 들어가기에 앞서 각자 그동안 배운 것을 아무것이나 한 대목씩 해보도록 일렀다. 성원목에 이어 조몽실이 공창식한테서 전수받은 「심청가」 중에서 심청이 뱃사람을 따라가는 데를 하였다. 다 듣고 난 선생은

"목은 실해서 소리 허겄다만도 너무 간드러져서 쓰겄노? 서편 소리가 다들 그런데 그것 고쳐야 허는 기라."

하였다. 서편 소리라? 방울은 몇 번 들어보기는 하였지만 아직도 귀에 익숙지 않은 이 서편 소리라는 것이 어떤 것일까, 생각을 굴리고 있었다.

"이번에는 니 혀 보거래이. 니 이름이 임방울이라캤제?"

선생이 말하였다. 방울은 자세를 바로하고 목을 가다듬었다.

"예 저는 춘향가 사시절가를 혀보겄습니다요."

박재실한테서 받은 소리였다.

"(진양조)춘하추동 사시절에 허송세월 다보낼제 망부사로 울음운다 망부사로 울음운다. 동풍이 눈을녹여 가지가지 꽃이피니 작작하구나 두견화는 나비를 보고 웃난모양은 반갑고도 서러워라. 눌과같이 듣고보리."

사시절가가 끝나자 선생은

"목구성은 그만허면 쓰겄다만도, 니 소리도 너무 간드러져. 뭐 할라꼬 소리의 꼬리를 그렇게 길게 늘여 빼노 말이다."

하더니 북을 앞으로 당겨 고정시키고

"자, 들어보래이. 방울이 니가 헌 소리는 '동푸웅이이 누운으을 녹오겨어 가아지이 가아지이 꼬오치이 피이니이이이' 이런 식인데, 그렇게 소리의 꼬리를 한량없이 늘여 빼니 소리가 간드러지고 맥이 빠져버리는기라. 우리 동편에서는 그렇게 안 한단 말이다. 자 들어들 보래이. '동풍이이 누운을노겨 가아지가지 꽃이피여었으니' 하고 끝을 뚝뚝 잘라버리고 '꽃이

피여었으니'라고 소리를 맺을 때는 소리 끝을 살짝 들어올린단 말이다. 그래야만 소리가 간드러지지 않고 웅장하고 호방한 맛이 우러나는 기라, 알겠제."
하고 꽤 길게 설명하였다. 필요에 따라서는 직접 소리와 장단을 곁들이기도 하였다.

방울로서는 서편 소리니 동편 소리니 하는 말은 전에도 더러 들은 것 같기도 하였으나 동편 소리가 어떻고 서편 소리가 어떻고 하는 구체적인 설명을 들어본 일은 한 번도 없었다. 그래서 유성준 선생이 비교하여 들려준 서편 소리와 동편 소리의 특징을 귀담아들었다. 그러나 처음 듣는 말이어서 그런지 선생의 말씀에는 납득하기 힘든 점이 많았다.

그날 밤 공부가 끝나고 자리에 들었을 때 임방울이 몽실에게 물었다.

"어이 몽실이. 아까 선생님 말씀에 서편 소리니 동편 소리니 허시든디 그게 무신 말씀이여?"

몇 해 전에도 유성준 밑에서 몽실이「수궁가」일부를 전수받은 일이 있다는 것을 방울은 알고 있었으므로 이렇게 물었던 것이다.

"나도 잘 모르겠는디 동편 소리는 북도쪽 남원, 구례 근방에서 허는 소리고 서편 소리는 이쪽 남도에서 허는 소리래여."

"글쎄 그런 이야기는 전에 나도 들어본 것 같은디……."

방울은 이렇게 혼잣말같이 중얼거리고는 입을 다물었다. 그러나 동편이 어떻고 서편이 어떻고 하신 선생의 말씀에 대한 의문은 여전히 남아 있었다. 소리란 때에 따라서는 간드러질 수도 있고 웅장하고 호방할 수도 있어야지 어떤 것은 좋고 어떤 것은 버려야 하고, 그렇게 판을 가르듯이 가를 수는 없는 것이 아닌가.

이제까지 박재실이나 공창식한테서 제(制)니 바디니 하는 말을 자주 들어왔던 것은 사실이다. 그리고 그것을 한치의 어김없이 이어받아야 할 것으로 알아왔던 것도 사실이다. 그런데 그 바디보다 더 테두리를 크게 잡은 동편 소리가 어떻고 서편 소리가 어떻고 하는 말을 구체적으로 들어본 일은 한 번도 없었다. 더구나 어느 소리는 간드러져서 안 되고 어느 소리는 소리 끝을 사정없이 잘라버리고 소리를 맺을 때는 소리 끝을 살짝 들어올리고 해서 웅장 호방한 맛이 난다는 식의 말은 전혀 들어본 일도 없었다. 그런 새로운 말을 듣게 되니 젊은 임방울로서는 일종의 혼란이 일지 않을 수 없었다. 그리고 마음 한구석에는 씻을 수 없는 의문이 여전히 남아 있었다. 간드러진 것은 버려야 하고 웅장 호방한 것은 취해야 한다, 소리 끝을 길게 늘여 빼는 것은 나쁘고 그 끝을 사정없이 잘라내는 것은 좋다, 또 소리 맺을 때는 한결같이 그 끝을 살짝 들어올려야 한다, 하는 말씀에는 아무리 생각해도 무조건 다 납득할 수만은 없을 듯하였다.

그러나 어떻든 유성준 선생의 말씀 한마디 한마디는 젊은 임방울에게는 새로운 충격이 아닐 수 없었다. 그는 이제 판소리의 새로운 영역 속으로 발을 들여놓은 듯한 긴장감을 느끼지 않을 수 없었다.

임방울을 비롯하여 조몽실, 성원목 등은 다음날부터「수궁가」를 공부하기 시작하였다. 유성준의 공부시키는 방식은 공창식의 경우와 거의 같았다. 즉 선생이 먼저 한 대문 부르면 모두들 따라 하고 두세 번 반복한 다음 어지간히 받은 듯하면 다음 대문으로 넘어가고 넘어가고 하는 식이었다. 따라서 진도가 꽤 빨랐다. 공창식 밑에서 받을 때보다도 빨랐다. 그만큼 이번에 모인 사람들은 그 나름으로 수련을 쌓은 사람들이기도 하였다.

용왕이 영덕전을 새로 짓고 큰 잔치를 벌여 며칠 즐긴 끝에 병을 얻었는데 여러 가지로 치료를 해도 차도가 없어 근심하던 차에 한 도사가 찾아와서 집맥(執脈)을 하고서 하는 말이 토끼의 간을 먹으면 나으리라고 일러주고는 홀연히 떠나버렸다. 그러나 수로 만리를 건너 인간 세상에 나가 토끼 간을 구해오겠다고 선뜻 나서는 신하가 없어 용왕이 탄식하는데 별주부 자라가 어전에 나와 토끼를 잡아오겠다고 아뢴다. 용왕이 그의 충성을 칭찬하며 어서 잡아오라고 하여 자라가 용왕에게 하직하고 창해 만리 육지로 나오게 된다.

　선생이 한 대문씩 선창하면 제자들이 합창으로 받고 받고 이런 식으로 공부가 순탄히 진행되어가고 있었다. 첫날 선생의 말씀을 듣고 일으켰던 마음의 혼란이 가신 것은 아니었다. 가시기는커녕 날이 갈수록 오히려 더 심해져가고 있음을 실감해야 하였지만 그래도 그 문제는 일단 접어두고 열심히 선생의 소리부터 받고 보자 하는 쪽으로 일단 마음을 굳히고 열심히 소리받는 데 정성을 기울였다.

　어느새 삼복 한더위에 접어들었다. 땀을 뻘뻘 흘리며 공부꾼들은 아침에 선생한테서 받은 대문을 합창으로 익히고 있었다. 한낮이 되자 숨이 턱턱 막힐 지경으로 더웠다.

　"(중중모리)수정문밖 썩나서 고고천변일륜홍(皐皐天邊日輪紅) 부상(扶桑)에둥둥 높이떠 양곡(暘谷)에 자던안개 월봉(月峰)으로 돌고 어장촌(漁場村) 안개짙고 회안봉(廻雁峰) 구름이 떴다. 노화(蘆花)낱낱 눈되고 부평(浮萍)은 물에둥실 어룡(魚龍)은 잠자고 잘새펄펄 날아든다."

　여기까지 읽었을 때 장단을 치던 원목이 북채를 옆으로 툭 내던지고 뒤로 벌렁 드러누우며 말하였다.

　"야 이거 더워 미치겠다."

　"정말 미치겠다. 냇가에 나가서 목욕이라도 허고 와야 살겠다."

　몽실도 소리를 그치고 말하였다.

　"그래 목욕이나 허고 오자."

원목이 맞장구를 쳤다. 그들은 일어서 밖으로 나갈 채비를 하였다.

"야 달아맨 토끼, 너 목욕 안 갈래?"

몽실이 물었다.

"선생님은 읍에 가셨으닝개 저녁때나 오실 것이여."

원목도 한마디 거들었다. 무명수건으로 연거푸 땀을 닦아내며 소리를 익히고 있던 방울이 잠시 소리를 멈추고는

"어서들 갔다와. 나는 괜찮혀."

하고는 원목이 팽개친 북채를 챙겨 들고 북을 자기 앞으로 당겨 고정시키면서 말하였다.

"핫다, 그 저석 독헌 놈이네. 내버려두고 우리만 가자."

원목이 말하였다.

"그래. 저놈은 보통 놈 아니여."

몽실이 밖으로 나서며 말하였다. 그동안의 경험으로 보아 방울이 한번 싫다고 하면 더 권해봐도 소용없다는 것을 몽실은 잘 알고 있었다.

"동정여천파시추(洞庭如天波始秋) 금성추파(金聲秋波)가 여기라. 앞발로 벽파(碧波)를 찍어당겨 뒷발로 창랑을 탕탕. 요리조리 조리요리 앙금둥실 높이떠 사면바라보니 지광(地廣)은 칠백리 파광(波光)은 천일색(天一色)인디 천외무산십이봉(天外巫山十二峰)은 구름밖에가 멀고 해외소상(海外瀟湘)은 일천리 눈앞의 경(景)이로다."

방울은 스스로 장단을 쳐가며 아침나절에 선생한테서 받은 부분을 되풀이해서 익히고 있었다.

어느새 긴긴 여름 해가 설핏하니 서녘으로 기울기 시작할 무렵인데 선생이 밖에서 돌아왔다. 선생은 들어서자마자 소리방을 기웃하고 들여다보았다. 방울이 혼자서 땀을 뻘뻘 흘리며 공부하고 있었다.

"아니, 이놈들은 어디 갔노?"

선생이 방울에게 물었다. 방울은 그제야 선생이 돌아온 것을 알고 일어나 인사를 한 다음

"잘 모르겄는디요."

라고 대답하였다. 선생은 잠시 사방을 살폈다. 이때 뒷방 툇마루 밑에서 드렁드렁 코고는 소리가 들렸다. 목욕 갔다 돌아온 원목과 몽실은 이 절에서도 제일 시원한 뒷방 툇마루 밑에 거적을 깔고 세상 모르고 자고 있었던 것이다. 선생은 회초리를 챙겨 들고 다가가서 잠자는 두 사람을 사정없이 후리치며 호통을 쳤다.

"얼른 이리 나오지 못허겄노?"

두 사람은 질겁을 하고 기어 나와 소리방으로 뛰어들어갔다. 뒤미처 소리방으로 따라 들어온 선생은 아랫목에 앉으며 꾸짖었다.

"그동안을 못 참아서 낮잠들이가?"

"하도 더워서 잠시……."

원목이 중얼거리자 선생의 호통이 떨어졌다.

"하 요놈 보거래이. 말대꾸까지 허네."

"잘못했습니다요."

두 사람은 입을 모아 빌었다.

"오늘 배운 데 차례로 해."

두 사람은 서로 눈치만 보는데 선생은

"몽실이 니 먼저 해."

하였다. 몽실이 잠시 목을 가다듬었다.

"고고천변일륜홍 부상에둥둥 높이떠 양곡에 자던안개 월봉으로 돌고 어장촌 안개짙고 회안봉……."

십 대 후반, 소리 공부하는 동료들과 함께(흰 두루마기 차림이 임방울).

여기에서 막혔다.

"내 그럴 줄 알었제. 이리 나와."

몽실이 앞으로 나와 종아리를 걷어 올렸다. 선생은 사정없이 매질을 가하였다. 사십 대 후반에 접어드는 선생은 성질이 불같았다.

"원목이 니 해보거래이."

이번에는 원목에게 시켰다. 원목도 두어 구절 나가다가 막혀서 종아리를 맞았다.

"방울이 니도 해보거래이."

선생이 몽실에게 북을 밀어주며 말하였다.

"예."

방울이 대답하고 잠시 목을 가다듬은 다음 소리를 시작하였다.

"치어다보니 만학천봉이요 내려굽어보니 배사지땅이라. 에구부러진 늙은장송은 광풍을 못이겨 우줄우줄 춤을출적에 원산은 암암(暗暗) 근산은 중중(重重) 기암은 층층 매산이울어 시내 유수는 청산으로 돌고."

호된 매질을 한 뒤끝인데다가 미처 심화도 다 삭이지 않은 터라 시무룩하니 앉아 있던 선생은, 타고난 청구성에 실리어 넘실거리는 망망창해처럼 출렁거리며 이어지는 임방울의 소리의 흐름에 그 표정이 차츰 누그러지기 시작하더니 어느새 '얼씨구 좋다' 하는 추임새가 터져 나오기 시작하였다.

"이골물이 쭈루루루 저골물이 쾅쾅 열의 열두골물이 한데로 합수쳐 천방(天方)져 지방(地方)져 월턱져 구비져 방울이 버큼져 건너 병풍석에다 마주꽝꽝 마주쌔려 대해수중으로 내려가느라고 방울이북쩍 물너울이 뒤틀어져 워르르르 퀄퀄 뒤둥그러져 산이울렁거려 떠나간다. 어디메로 가잔말 아마도 네이로구나 요런경개가 또있나. 아마도 네이로구나 요런경개가 또있나."

그의 소리는 막힘이 없었다. 평우조(平羽調)의 경쾌한 가락으로 진행되는 대문이어서 그런지 선생이 제일 싫어하는 간드러지게 늘여 빼거나 청승을 떠는 대문도 거의 없었다. 방울이 망망대해를 다 건너자 선생은 우루루루 방울에게로 달려들어 그의 어깨를 덥석 끌어안더니

"아이고 내 새끼, 잘했네. 잘했어."

하며 어느새 두 눈에 이슬이 맺혔다. 선생은 성질이 불같은 만큼 정이 많았고 그 불같은 성질이 풀어지기도 쉬 풀어졌다. 그러나 선생이 방울의 소리를 흡족하게 여긴 만큼 몽실과 원목에게는 불똥이 떨어진 꼴이 되었다.

"이놈들, 방울이 소리하는 것 못 들었노? 그런 본을 받을 생각은 않고 꾀만 파고 있어? 오늘 중으로 그 대문 다 익혀둬야 해. 알겠제?"

"예."

몽실과 원목은 이제야 살아났다는 듯이 대답하였다.

날이 가고 달이 갔다. 그동안에 그들은 「수궁가」를 떼고 「적벽가」로 들어갔다. 임방울에게는 적벽가를 받을 때가 오히려 더 어려웠다. 어렵다기보다도 조심스러웠다. 후반에 접어들면서 특히 그러하였다. 후반부 즉 새타령 이후에 접어들면서 임방울의 내면에서는 극심한 혼란을 겪어야 하였다. 「적벽가」 후반부는 이미 공창식한테서 받은 바 있으므로 이 부분을 새로이 유성준에게서 받는 과정에서 임방울의 내면에서 이따금 혼란이 일었던 것이다.

가령 서편제 공창식 바디에서는 꽤 길게 늘여 빼고 또 그만큼 붙임새 장단으로 넘어가는 경우가 많은 데 반하여 동편제 유성준의 바디에는 거의 붙임새가 없고 소리가 쩽쩽하고 그 끝이 중두막에서 뚝뚝 잘려버리는

경우가 많았다. 그런데 유성준의 소리를 받는 과정에서 임방울은 수시로 공창식의 바디가 불거져 나오는 경우가 있었던 것이다. 이럴 경우 선생한테서 호된 꾸중을 듣곤 하였다.

「수궁가」와 「적벽가」 공부까지 끝나자 유성준은 구례로 돌아갔다. 임방울은 다시 남국일의 집으로 돌아가고 성원목, 조몽실도 각자 자기 고향으로 돌아갔다.

남국일의 집으로 돌아온 임방울은 다시 피나는 독공으로 들어갔다. 그러나 이번의 독공은 종래의 독공과는 그 성격이 사뭇 달랐다. 종래의 독공은 선생한테 받은 바디를 충실히 익히면 되는 것이었지만 이번은 그 익히는 과정 자체에서 임방울은 수시로 극심한 내면의 혼란을 치러야만 하였다. 다시 말하면 소리를 익혀가는 과정에서 수시로 박재실, 공창식한테서 받은 서편 소리와 유성준에게서 받은 동편 소리가 임방울의 내면에서 각기 자기의 개성을 주장하며 들고 일어서는 것을 의식하여야 했기 때문이다.

그 중간에 위치한 임방울 자신은 수시로 극심한 내면의 혼란을 치르지 않으면 안 되었지만 그런 혼란을 극복하는 용기와 지혜를 발휘할 줄도 알았다. 양편의 개성을 점검하면서 임방울 자신은 그 양자의 장점을 창조적으로 수렴·종합하는 위치에 서지 않으면 안 된다는 것을 깨달았기 때문이다. 말하자면 변증법적인 종합을 시도하였다고 할 것이다.

이 엄청난 시도는 하루 이틀에 완성될 수 있는 일이 아님은 물론이다. 이러한 대담한 시도는 임방울 자신의 나이와 더불어 그리고 예술적인 성숙의 과정과 더불어 꾸준하고도 지속적인 노력으로 성취될 수 있는 것이다. 임방울의 예술가로서의 생애는 이를 성취시키는 데 집중된 생애였다고 해도 좋을 것이다.

이 점에서 그는 현대 판소리사에서 송만갑의 위치와 방불한 데가 있다. 동편제의 종가(宗家)의 후예인 송만갑이 가문(家門)에서 파문을 당하면서까지 동편제의 무미건조함을 탈피하기 위하여 서편제의 화려한 가풍(歌風)을 도입한 사실은 동편, 서편 양쪽의 중간에서 그 양자의 장점을 창조적으로 수렴·종합한 임방울과 흡사하다고 할 수 있기 때문이다.

그러나 임방울의 예술적 모험은 송만갑의 그것에 비하여 훨씬 대담하고 격렬한 것이었다는 사실을 간과할 수 없다. 왜냐하면 송만갑의 모험은 결국은 동편제의 테두리 안에서의 모험이었다. 따라서 그가 서편 소리의 화려한 창법을 도입했다 하더라도 그것은 어디까지나 동편제의 정체성을 굳건히 견지하는 토대 위에서의 부분적인 도입이었다. 다시 말하면 동편제를 더욱더 동편제답게 하기 위한 서편 소리의 받아들임이었던 것이다.

이에 반하여 임방울은 동편과 서편의 중간에 위치해 있었다. 따라서 그는 송만갑의 경우와 같이 어느 한편에서 다른 쪽을 부분적으로 받아들이는 입장이 아니라 양자의 중간에 서서 그 양자의 해체와 재결합을 시도했다는 점에서 가위 파격적이었다. 말하자면 임방울의 시대에 이르러 동편 소리니 서편 소리니 하는 것의 차별성이 거의 와해되었다고 할 수 있다. 일부 보수적인 사람에 의하여 그가 '판소리의 역적'으로 몰리는 것도 이에서 연유된다.

봄도 여름도 지나고 가을도 깊어 추수가 끝날 무렵의 어느 날 저녁때였다. 남국일이 임방울에게 말하였다.

"화순의 공창식 선생한티서 전갈이 왔는디 곧 광주 읍내에 협률사(協律社)가 열리는디 너허고 조몽실이를 한 번 출연시켜보기로 하셨단다. 그리 알고 준비 단단히 혀야 쓰겄어. 알겄제."

"예?"

방울로서는 처음 들어보는 출연이라는 말이 도무지 믿어지지 않아서 이렇게 반문하였다.

"사흘 동안 난장이 열리는디 그동안 오후와 밤으로 두 번씩 협률사 공연도 허는디 너도 연습삼아서 토막소리 한마디씩 시키기로 혔다 그 말이다."

"예."

"읍내 권번에서 공 선생이 가르치던 기생도 서너 명 출연하기로 되어 있다닝개 명심혀서 그만 못 허다는 소리 듣지 않도록 혀야 혀. 알겄제?"

"예."

방울은 들뜬 심정으로 대답하였다. 임방울로서는 처음 겪게 되는 일이라 아무래도 마음이 부풀지 않을 수 없었다. 공창식은 자기 밑에서 수련을 쌓은 사람들 중에서 골라 연습 겸하여 일단 청중 앞에 선을 보이는 것을 관례처럼 행하고 있었다.

우리나라에 근대적인 모습의 관립극장인 협률사(協律司, 후에 協律社)가 설립된 것은 1902년의 일이다. 초대 군악대장 장봉환(張鳳煥)이 군악대의 경비 충당을 목적으로 고종이 하사한 4만원을 들여 설립하였다. 이 협률사는 야주현(夜珠峴)에 있던 봉상시(奉常寺: 궁중의 혼상제례와 종묘사직의 춘추향제 때 수용품을 진배하던 관청)의 일부를 터서 희대(戱臺)를 만들고 이를 관장하는 부서로 협률사를 궁내부(宮內部)에 두었다. 그런데 희대를 관장하는 궁내부의 부서 명칭인 협률사가 그 희대(극장)의 명칭을 겸하게 된 것이다.

협률사는 1차로 기생들로 전속단체를 조직하고 2차로 고종의 칙명을 받은 김창환, 송만갑 등을 내세워 전국의 명인 명창을 모았다. 이리하여 김창환, 송만갑을 위시하여 이동백, 강용환, 염덕준, 유공렬, 허금파, 강소향 등의 남녀 명창과 박유재, 문영수 등 경기 서도 명창 총 170여 명으로 된 전국적 집합체를 이루었다. 이때의 구성은 판소리 광대가 주류를 이루었고 민요, 민속무용 등을 하는 사람이 뒤따랐다. 이때 김창환이 연희를 지도하는 대표자로 활동하였다.

협률사에서는 이들에게 연습을 시킨 다음 1902년 12월 2일 마침내 소춘대유희(笑春臺遊戱)라는 것을 공연하였다. 그 이후 협률사는 폐관되었다가 다시 개관되었다가 하다가 1906년에는 영영 폐관되고 1907년에는 정부에서 이를 관인구락부(官人俱樂部)로 지정하였다. 협률사가 폐지된 데에는 당시의 여론이 크게 작용하였다.

그러다가 1908년 협률사는 김상천(金相天), 박정동(朴晶東), 이인직(李人稙) 등이 경시청의 허가를 받아 관인구락부를 본격적인 민간극장으로 재출발시키면서 명칭도 원각사(圓覺社)로 바뀌었다. 김창환을 위시하여 이동백, 송만갑 등 40여 명의 명창과 당대 최고의 가기(歌妓) 20여 명으로 이루어졌다. 그러나 이때는 일제의 침략의 손길이 곳곳에 뻗친 시기였고 흥행도 부진한데다가 뒤이은 1910년의 일제에 의한 국권 침탈 이후 원각사는 1914년경까지 존속되다가 없어지고 말았다.[2]

협률사와 이를 이은 원각사는 폐쇄되었지만 이것이 그 이후 우리나라에서의 근대적인 공연활동의 한 기폭제로 작용한 것은 사실이다. 1907년 김용환, 김채만, 유성준 등 50여 명의 국악인들이 규합하여 협률사(協律社)라는 단체를 조직하였다. 이것이 판소리 내지 창극의 근대적인 사설 공연단체의 효시가 되었다. 그 이후로 이 협률사라는 명칭은 국악인들의 공연단체를 이르는 보통명사로 되었다. 그리하여 여러 군데에 협률사라는 이름의 국악인 공연단체가 조직되어 단속적인 활동을 계속하였다.

광주에 협률사가 생긴 것은 1912년의 일이었다. 김억순, 안영환, 공창식, 박화섭, 한성태 등이 중심이 되어 협률사가 조직되어 인근에서 활동하였다. 1920년까지 계속되었으며 그 이후로도 필요에 따라 수시로 모였다 헤어졌다 하면서 단속적으로 활동을 계속하였다.[3]

이번 협률사는 말하자면 광주의 가을 난장을 겨냥하여 공창식을 위시한 인근의 몇 사람이 주동이 되어 조직한 것이었다.

광주 난장 공연이 열린 날은 청명한 가을 날씨였다. 소전(牛市場)에 마련된 소리판 공연장에는 이제야 청중들이 모여들기 시작하고 있었다. 씨름판에서는 애기 씨름부터 시작하여 점차 어른 씨름으로 올리어 마침내는 상씨름으로 끝을 맺는 것이 순서이거니와 소리판 또한 애기 소리에서 시작하여 점차 어른의 소리로 올라가 마침내 명창의 소리로써 소리판을 마감하는 것이었다. 그리고 광대가 소리할 때는 먼저 단가를 불러서 목을 가볍게 푼 다음에 판소리 한 대문을 부르는 것이 관례로 되어 있었다.

이날 맨 먼저 무대에 오른 것은 장판술이었다. 그는 「수궁가」 토끼 화상 그리는 데를 시작하였다. 방울은 무대 뒤의 대기실에서 긴장된 마음으로 판술의 소리를 듣고 있었다. 판술이도 이번 협률사에 출연하게 되어 있었다.

"너 여그 있었냐? 한참 찾았는디."

방울이 소리 나는 입구 쪽으로 고개를 돌렸다. 몽실이었다. 몽실이 북통을 어깨에 메고 이십 대 중반으로 보이는 여인과 같이 대기실로 들어서고 있었다. 몽실은 이날 방울의 고수를 맡기로 되어 있었다.

"그려? 나는 곧바로 이리 들어왔었는디."

"그런 줄 모르고 밖에서만 찾았제."

방울로서는 처음 겪는 일이 돼서 아무래도 긴장되지 않을 수 없었다. 그래서 공연장에 도착하자마자 바로 이곳으로 들어왔던 것이다.

"남 하는 것도 좀 보고 그럴라고."

"나도 처음 무대에 섰을 때는 좀 얼떨떨허드라만 막상 시작허닝개 차분해지드면그려. 평상시 허든 대로 허면 되야."

몽실은 여러 번 무대에 출연한 경험이 있었다.

"몽실이가 처음 무대에 선 것이 언젠데?"

같이 따라오던 여인이 물었다.

"재작년 가을 여기서 공연헐 때였으닝개 꼭 이년 되누만. 아 참, 서로 인사허시제. 이 사람은 공 선생님 밑에서 나와 같이 공부하던 임방울이라고 내 친구고 이분은 너 다음으로 출연헐 분인디 월선(月仙) 씨라고 시내 권번에서 오셨어. 내 이모뻘 되는 이여."

노란색 공단 저고리에 진분홍 갑사 치마를 외로 살짝 감아 올린, 그리고 꽤 짙은 화장을 한 여인은 바야흐로 활짝 피어난 복사꽃같이 화려한 용모의 여성이었다. 임방울은 저절로 말이 더듬거려지며

"임방울입니다요."

하면서 꾸벅 고개를 숙였다. 여인은 상체를 약간 외로 트는 듯한 자세로 다소곳이 고개를 숙이며

"월선이라고 해요."

라고 노래하는 듯한 목소리로 인사를 하였다.

이윽고 세 사람은 약속이나 한 듯이 무대 쪽으로 시선을 돌렸다.

그러나 소리판은 이제 시작한 참이어서 그런지 아직 제대로 어우러지지 않았다. 게다가 판술의 소리도 그다지 두드러지지 않아서인지 청중들의 호응이 신통치 않았다. 판술은 어렵사리 토끼 화상 그리는 데를 마치고는 대기실로 돌아왔다.

뒤이어 임방울이 무대에 올랐다. 그는 17세의 나이가 되었지만 체구도

다소 적은 편인데다가 마마자국까지 있고 하여 청중들의 눈에 차지 않았다. 몽실이 좌정하고 북을 둥더둥딱 울려보고는 고정시켰다. 이날 임방울은 단가 호남가를 부르고 「적벽가」 새타령을 부르도록 하라는 선생의 분부를 받고 있었다. 임방울도 물론 그럴 생각이었다.

그러나 무대에 오른 순간 자기도 모르게 새타령이 쏟아져 나왔다. 청중도 충분히 모이지 않은데다가 청중들의 분위기마저 어수선하여 좀처럼 소리판이 어우러질 것 같지 않았던 것이다. 그래서 소리판을 일시에 끌어올리려면 느슨한 단가보다 되게 부치는 새타령으로 대뜸 몰고 가야 하겠다는 생각이 순식간에 머리를 스쳤고, 그와 거의 동시에 입에서 '산천은 험준하고 수목은 총잡한디'로 시작되는 새타령이 튀어나왔다. 그러자 북을 잡은 몽실이 가만히

"호남가, 호남가."

하며 방울에게 눈짓을 하였다. 방울은 순간 눈앞이 캄캄해지는 듯하였다. 선생의 노기 띤 얼굴이 눈앞 가득하게 다가서는 듯하였다. 그러나 한번 쏟아져 나온 소리를 입 안으로 주워담을 수는 없었다. 이제는 죽기 아니면 살기다 하는 생각이 그를 채근하였다. 내친 김에 그는 뒤를 이어 '만학에 눈쌓이고 천봉에 바람이 칠적에 화초목실 없었으니 새가어이 울랴마는 적벽의 객사원귀 고향이별 한조들이 조승상을 원망허여 지지그려 우더니라'까지 천방지축으로 내달았다. 몽실도 소리를 따라 고분고분 북을 쳐 나가기 시작하였다. 그러자 방울의 소리도 제 길을 찾아 차츰 앞길을 헤쳐 나가기에 이르렀다.

"도탄에 싸인군사 고향이별이 몇핼런고. 귀촉도 귀촉도 불여귀라 슬피 우는 저촉혼조. 여산군량 쇠진허여 촌비노략이 한때로구나."

소리가 여기까지 왔을 때 청중들 사이에서 마침내

"조오타아."

하는 추임새가 터져 나왔다. 그러자 청중들의 모습이 조금씩 그의 눈에 들어오기 시작하였다. 이제 임방울도 자기 소리가 자기 귀에 차분히 들어오기 시작하였다. 말하자면 소리가 이제 잘 앵겼던 것이다.

"초평대로를 마다허고 심산총림을 볼기약 까욱까욱 울고가는 저까마귀."

할 즈음에는

"얼씨구 조오타아, 소년 명창이다아."

청중들의 환호가 쏟아져 나왔고 임방울의 마음도 차분히 가라앉았다. 청중들의 호흡도 차츰 감지되어오기 시작하였다. 소리의 앞길이 환히 트여오는 느낌이었다. 그는 탄탄대로를 활보하는 심정으로 새타령을 마쳤다.

우레와 같은 박수와 함께 '재창이야' 소리가 터져 나왔다. 임방울은 일단 무대에서 내려왔다. 그러나 '재창이야' 소리는 계속되었다.

"아이고메, 재창받아야 쓰겠네요 잉?"

월선이라는 여인이 방울에게 다가오며 말하였다. 대기실에는 공창식도 와 있었다. 임방울은 선생에게로 시선을 주었다. 이런 경우 어떻게 해야 하는 것인지 방울로서는 알 수 없었기 때문이다.

"그래, 얼른 올라가야지."

선생은 흔쾌히 웃으며 말하였다.

"총각이 어찌 저렇게 잘 헌대요 선생니임?"

월선이 무대로 올라가는 방울과 몽실의 뒷모습을 보면서 말하였다.

방울과 몽실은 서둘러 무대 위로 올라갔다.

"이번에는 쑥대머리를 허겄습니다요."

방울은 이렇게 말하고는

"쑥대머리 귀신형용 적막옥방의 찬자리에 생각나는 것이 임뿐이라."

를 뽑기 시작하였다.

"조오타아, 잘한다아."

청중들은 아연 열광하기 시작하였다. 임방울은 청중들의 그 열광의 물결에 몸을 맡기면 되었다.

임방울은 이 처녀 출연에서 삼창까지 받고서야 무대를 내려왔다. 대기실로 들어가니 월선이 손뼉을 치며 방울에게 다가와 말하였다.

"아이고메 어찌 그리 잘헌디야."

그날 밤 여관에서 선생은 누구에랄 것도 없이

"청중들의 추임새 터질 때가 광대한테는 제일 즐거운 순간이지만 또 제일 두려운 순간이라는 것도 명심해야 혀. 알겄어?"

하였다. 임방울로서는 선생의 말씀이 무엇을 뜻하는지 도무지 감이 잡히지 않았다. 다만 선생님의 분부대로 호남가부터 부르지 않고 대뜸 새타령으로 들어간 일에 대하여 무슨 처분이 있지 않을까 하여 속으로 조마조마하는 마음이 없지 않았는데 선생의 태도로 보아 아무래도 그 일은 무사히 넘어가는 듯하여 그 일만 천만다행으로 생각하였다.

둘쨋날 오후 공연 때였다. 임방울이 어제와 마찬가지로 삼창까지 마치고 청중들의 박수에 답례하며 객석 쪽으로 잠시 시선을 돌리는데 맨 앞자리에 산호가 앉아 있는 것이 눈에 들어왔다. 방울은 꿈인지 생시인지 정신없이 무대를 내려와 산호가 있는 객석 쪽으로 달려갔다. 그러나 꿈은 아니었다. 마주 일어서서 다가오는 방울을 맞은 것은 분명 남색 스란치마에 연분홍 모본단 저고리를 받쳐입은 산호가 틀림없었다. 바른쪽 겨드랑이에는 자그마한 광목 보자기를 끼고 있었다.

두 사람은 아무 말없이 서둘러 소리판을 빠져 나와 소전 모퉁이의 인적이 없는 냇가 모래밭에 이르러 걸음을 멈추었다. 산호가 겨드랑이에 끼었던 보자기를 이제는 시들기 시작하는 풀밭 위에 내려놓고 다시 일어서 방울 앞에 마주섰다. 두 사람은 누가 먼저랄 것도 없이 전에 흔히 하던 방식대로 서로 손을 마주잡고 아래 위로 두어 번 흔들었다. 2년 만의 만남이었다. 두 사람은 2년 동안에 많이 성숙해진 상대방의 모습을 확인이라도 하려는 듯이 잠시 동안 마주보기만 하였다. 이윽고 방울이 사방을 두리번거린 다음 가만히 산호를 끌어안았다. 첫경험이었다. 그만큼 그는 전신이 부들부들 떨리었다. 그러나 어떻든 3년의 세월은 그를 그만큼 성숙하게 하였고 그래서 매사에 수줍음 타는 성품인데도 제법 남자다운 숫스러움이 일게 되었다 할 수 있다. 산호 역시 떨리기는 마찬가지였으나 방울의 이끌림대로 가만히 그의 가슴에 안기었다. 그들은 그런 자세로 모래밭에 앉았다. 그리고 서로 심장이 뛰는 소리를 가슴으로 느꼈고 조심스럽게 새어 나오는 서로의 숨소리를 또한 온몸으로 들었다. 이윽고 방울이 두 손으로 산호의 양 볼을 감싸면서 눈을 보며 말하였다.

"여기는 웬일이대여?"

그러자 산호가 살짝 눈을 흘기며 말했다.

"반갑지 않은 듯이 말하네?"

"반갑지 않다니. 지금 꿈인지 생신지도 분별 못 허겄는디……."

"어제 동네 사람한티서 여기 소리판에 방울이가 나오더라는 말을 듣고 이렇게 달려왔어. 방울이 보고 싶어서."

"그래 잘 왔어. 그런디 어머니, 아버지랑 모두들 평안허시제?"

"그럼. 다들 평안하셔. 그런디 대준이 오라버니가 집을 떠나셨어. 얼마 전에."

"대준이 형님이 집을 떠나? 어디로?"

산호는 잠시 망설이는 듯하더니 소리를 낮추었다.

"잘은 모르겄는디 상해로 갔다던가 만주로 갔다던가 그런 소문이 들리데."

"대준이 형님이 기어이 떠나셨구먼. 떠난다 떠난다 하시더니…… 그런디 산호는 여기 나오기가 쉽지 않었을 틴디?"

"어렵고 쉽고가 어디 있대여? 나도 모르게 발길이…… 방울이 소리에 끌려 왔어. 그리고……."

산호는 잠시 입을 다물더니 고개를 숙였다.

"무슨 일이 생긴 게여?"

방울은 산호의 숙인 얼굴을 들여다보면서 물었다. 산호는 여전히 고개를 숙인 채 그러나 또박또박 말하였다.

"어디서 청혼이 들어왔어. 부모님께서는 내 나이 열일곱이나 됐으니 이번엔 기필코 성혼을 시키겄대. 혼처도 마음에 들어 하시고."

"성혼을?"

"날짜까지 받어놨어. 인자 나는 어떻게 혔으면 좋아? 영영 딴 세상 사람이 돼야 하남? 말 좀 혀봐."

산호는 고개를 들며 방울의 손을 마주잡고 흔들며 부르짖듯이 말하였다. 그러자 방울도 마주잡은 손을 흔들며

"안 되어. 그렇게는 못 혀. 나 소리 공부 끝날 때까지 조금만 더 기다려 줘. 작심허고 이번 고비만 잘 넘겨줘."

하고 말하였다. 그러자 산호는 방울을 바라보며 또렷하게 말하였다.

"그러면 됐어. 그러면 나는 인천에 있는 고모한티 가 있겠어. 고모한티 가 있으려고 작정하고 나온 게여. 인천에 새로 방적공장이 생겼다닝개 거

기에라도 들어가 있을 티여."

방울은 아까부터 산호 옆구리에 끼고 있던 보따리에 대한 궁금증이 이제야 풀리면서도 새로이 이는 걱정을 어찌할 수 없었다.

"고모가 잘 감싸줄까?"

"그건 걱정 없어. 고모는 전부터 내 말이라면 뭣이든지 다 들어주거든."

"그러면 됐어. 그렇게 허는 게 좋겠어."

방울은 또 한 번 산호의 두 손을 마주잡고 위 아래로 흔들면서 말하였다.

"자 인자 어디 밥집이나 가지. 저녁때도 되어가는구먼."

방울은 이렇게 말하며 일어섰다. 산호도 따라 일어섰다. 산호는 이런 경우 늘상 앞장서는 쪽은 자기였고 방울은 늘상 따르는 편이었던 그동안의 일들을 생각하며 어느새 제법 의젓한 남정네로 성숙한 방울의 모습이 대견스럽고도 믿음직스러웠다. 두 사람은 강둑 위로 오르기 시작하였다.

두 사람이 강둑에 올라서는 순간 그들의 걸음은 그 자리에 얼어붙어버렸다. 산호의 어머니, 아버지가 둑 위에 서서 바야흐로 둑을 올라서고 있는 두 사람을 성난 얼굴로 노려보고 있는 것이 아닌가.

"내 짐작이 맞았당개."

산호 어머니가 두 사람 앞으로 다가서며 말하였다. 산호 아버지 김 주사도 산호에게 다가서며

"이년이 여그 있었네그려."

라고 중얼거렸다. 산호 어머니는 산호 손에 들려 있는 파란 보자기를 잡아채며 노기 띤 소리로 말하였다.

"날 받아놓은 규수가 잘헌다 잘혀."

산호는 어머니, 아버지에게 차례로 인사한 다음 어머니의 두 손을 마주 잡고 애원하듯이

"어머니."

하며 보자기를 도로 자기 앞으로 당기려 하였다. 잠시 모녀 사이에 실랑이가 일었다. 이때 김 주사가 산호의 팔을 잡아 끌며

"니가 시방 정신이 있어, 없어?"

하였다. 이때까지 말없이 서 있던 방울이 앞으로 나서며

"김 주사 어른."

하고는 산호 아버지, 어머니에게 공손히 인사를 하였다. 그러나 그것은 김 주사의 부아를 돋운 꼴이 되었다. 산호의 팔을 놓고 방울의 덜미를 사납게 잡아채며

"오냐 이 발구락을 찢을 저석. 너 잘 만났다."

하며 방울의 등짝을 치기 시작하였다. 방울은 꼼짝하지 않고 맞기만 하였다. 김 주사는 연해 방울을 잡아 흔들었다.

"하, 요런 싹동머리 없는 저석 보소 잉. 광대새끼 주제에 양가의 규수를 유인혀서 어쩔 셈이여 이놈아."

한 손으로는 산호의 손목을 잡고 다른 한 손으로는 산호의 보자기를 빼앗아 들고 서 있던 산호 어머니도

"이놈아, 분수를 알아야제 분수를. 금옥같이 기른 내 외동딸을 너 같은 광대에게 줄 성부르냐? 어림도 없다, 어림도 없어."

라고 왜장치듯이 말하였다. 이때 구경꾼들이 모여들기 시작하였다. 산호 어머니가 김 주사의 팔을 잡아 끌며 가만히 말하였다.

"남들 넘새스럽소. 그만 갑시다."

김 주사도 그제야 방울에게서 손을 떼며

"내 말해두지만 다시 또 이런 일이 생길 적에는 네 놈을 그냥 안 둘 티닝개 그리 알어."

욱딱거리고는 산호를 끌고 소전 쪽으로 걸음을 옮겼다. 산호는 딱 한 번 힐끗 방울 쪽을 뒤돌아보며 두 손을 마주잡고 두 번 아래 위로 흔들어 보이고는 어머니한테 등을 떠밀려 사람들 물결 속으로 사라졌다. 비틀거리며 뒤따라가던 방울 역시 자기도 모르게 두 손을 마주잡고 허공을 향하여 두어 번 위 아래로 흔들어 보였다.

"방울이 괜찮혀?"

구경꾼들 사이에서 몽실이가 나서며 말하였다. 방울은 말없이 고개를 숙인 채 옷매무새만 고치고 있었다. 몽실이는 방울의 등 뒤로 다가서며

"어이 방울이, 어찌 된 일이여?"

하며 방울의 어깨를 가볍게 두드렸다. 그제야 방울도 고개를 들고 그를 돌아보았다.

"몽실이 아니여?"

"그려, 아까 그 색시가 네가 말허든 그 아가씨냐?"

방울은 고개만 간신히 끄덕거렸다.

"너 저녁 공연은 어떻게 되냐?"

"나는 오늘 없어."

나가기로 돼 있었다 해도 지금 심정으로는 도무지 나갈 수 있을 것 같지 않았다.

"그러면 마침 잘 되었다. 나도 저녁에는 쉬닝개 끼니때도 됐고, 어디가서 저녁이나 허자."

"나 밥 생각이 전혀 없는디."

"그나저나 저녁은 먹어야 헐 것 아니여?"

방울은 밥이고 뭐고 도무지 생각이 없었으나 말없이 몽실의 뒤를 따랐다. 몽실은 몸집이 뚱뚱하고 뭉실뭉실하게 생겼대서 이름마저 몽실이라 지었다 하는데 그의 하는 짓은 도무지 그의 생김새나 이름 같지 않게 자상하고 살가웠다. 몽실의 그런 자상한 헤아림이 방울로서는 오늘따라 한없이 고마웠다. 두 사람은 가까운 장국밥집으로 들어갔다.

"아주머니, 장국밥 둘만 말아 주시씨요."

두 사람이 좌판 앞에 자리를 정하자 몽실이 주인 아낙에게 분부하였다.

"나는 밥 생각이 없다닝개 그러네."

방울이 손을 내저으며 말하였다.

"가만 있어, 이 달아맨 퇴끼놈아. 네가 안 먹으면 내가 먹을 티닝개. 아주머니 얼른 주시씨요."

이윽고 장국밥이 나왔다. 몽실은 숟가락을 들어 방울에게 들려 주며 재촉하였다.

"자 들어. 어서 들라니까."

방울도 마지못하여 숟갈을 들었다.

"자 어서 들어봐."

몽실의 재촉에 방울도 결국 숟갈질을 하기 시작하였다.

"그 산호라는 색시와는 앞으로 어떻게 되는 게여?"

잠시 말없이 숟갈질만 계속하던 끝에 몽실이 방울에게 물었다.

"자기 고모 집으로 도망쳐 가서 당분간 숨어 있을 게여."

"그 아버지, 어머니 허는 것 보닝개 쉽지 않겠든디?"

그러자 방울은 두 손을 마주잡고 허공을 향하여 두어 번 세차게 흔들어 보이면서

"무슨 소리여? 하늘이 무너지고 땅이 꺼져도 그 사람 일편단심은 변할

리 없어. 댕기 풀고 깍지끼고 굳게 굳게 맹세헌 사랑, 일월을 두고 맹세허고 성신을 두고 맹세헌 사랑 하늘이 두 쪽 나도 절대로 변할 리 없어. 아암 변할 리 없제."

방울은 열띤 음성으로 도섭이라도 읊조리듯이 이렇게 중얼거렸다.

"그래. 아암 그래야제. 자네는 좋겠네. 소리도 명창이겄다 일구월심으로 기다리는 규수 있겄다."

방울은 차츰 더 열기 띤 소리로

"하늘이 두 쪽 나고 땅이 폭싹 꺼진다 해도 절대로 절대로 변할 리 없어. 아암, 변할 리 없고말고. 변할 리 없고말고."

하더니 몽실의 등짝에 얼굴을 묻으며 흑흑 느껴 울기 시작하였다.

"이 사람이 왜 이래. 야, 달아맨 토끼, 이러지 마."

몽실이 등 뒤로 손을 돌려 방울의 어깨를 가볍게 문지르며 말하였다. 그래도 방울의 울음이 그치지 않자 몽실은 양손을 방울의 겨드랑이에 끼워 넣어 일으켜 세우면서 말하였다.

"자, 가자 가."

방울을 부축하고 숙소로 돌아오면서 몽실은 물었다.

"그런디 그 산호라는 색시한티서는 무슨 기별이라도 오기로 돼 있남?"

"될 수 있는 대로 빨리 소식 전헌다 혔어."

방울이 풀죽은 음성으로 말하였다. 몽실은 괜한 것을 물었다 생각하며 힘주어 말하였다.

"곧 소식이 오겄지 뭐."

떠도는 구름처럼 1

난장 공연이 끝난 다음날 밤 공창식 일행은 화순 읍내 남국일의 집에 가서 뒤풀이를 하게 되었다. 이날 밤의 뒤풀이란 출연자들의 그동안의 노고를 위로하는 뜻으로 잔치를 베풀어주는 것을 말한다. 이 자리에는 공창식 일행보다 조금 늦게 읍내 권번에서 온 월선이와 그보다 나이 지긋해 보이는 또 한 명의 기생도 들어섰다. 월선이는 방울이 있는 쪽으로 다가오더니 몽실과 방울 사이에 들어와 앉았다. 그러고는 방울의 귀에 대고 가만히 속삭였다.

"다시 만나 반가워요."

방울은 뭐라 대답해야 좋은지 적당한 말이 생각나지 않은 채

"아, 거, 뭐."

하고는 뒷덜미를 긁적거리기만 하였다.

이 자리에서 출연자들은 이 집에서 흔히 하는 관례대로 벽돌림으로 소리 한마디씩을 하였다. 판술이와 몽실이와 월선이가 앉은 자리 순으로 소리 한 대목씩을 하였다. 월선이의 소리는 별로 들어볼 기회가 없었으므로 방울은 그의 소리에 귀를 기울여보았다. 「심청가」 중의 범피중류(泛彼中流)였다.

"범피중류 둥덩실 떠나간다. 망망한 창해이며 탕탕한 물결이로구나."

선인들에게 공양미 삼백 석에 몸이 팔린 심청이 인당수로 향하는 배를 타고 가는 애절하고 비장한 장면이다. 월선의 소리는 상당한 공력이 깃들인 소리였다. 그러나 소리가 어딘지 들떠 있는 듯한 느낌을 주었다. 그래서 이 장면의 애절하고 비장한 분위기와는 어딘지 아귀가 맞지 않는 듯한 느낌을 주었다. 방울이 망연히 이런 생각에 잠겨 있는데 옆에 앉은 몽실이 방울의 옆구리를 찔렀다. 방울은 그제야 자기 차례인 것을 깨닫고 일어서서 좌상에 인사를 올렸다. 그리고 요즈음에 유성준 선생한테서 익힌 「수궁가」 고고천변을 하였다. 소리를 다 듣고 나서 남국일은 방울에게 말하였다.

"거 유성준 선생한티 배운 소리냐?"

"예."

"거 참 좋구나. 어디 유성준 씨한티서 배운 것 다른 것 한 대문 더 들어보자."

"그 다음을 이어서 혀보겠습니다요."

이리하여 그는 토끼 배 가르는 데를 부르게 되었다. 토끼가 용왕 앞에 대량대량 매달려 가서 꼼짝없이 배가 갈라지게 된 판인데 죽을 둥 살 둥 모르고 거짓말을 둘러대서 용왕을 속이는 장면이었다.

"(중모리)말을 허라니 허오리다. 말을 허라니 허오리다. 태산이 붕퇴(崩頹)허여 오성(五星)이 암암(暗暗)헌디 시일갈상(時日曷喪) 노랫소리 억조창생 원망중에 탐학(貪虐)한 상주(商紂)임군 성현의 뱃속에 칠(七)궁기가 있다기로 비간(比干)의 배를 갈라 일곱궁기가 없었으니 소퇴도 배를 갈라 간이들었으면 좋으련과 만일에 간이없고보면 불쌍한 토명(兎命)만 끊사옵고 눌다려 달라고 허며 어찌다시 구하리까 당장에 배를 따서보

옵소서."

"지난번보다 많이 늘었구나."

남국일은 이번에도 칭찬을 아끼지 않았다.

방울의 생애에서 남국일과의 만남은 중요한 뜻이 있었다. 왜냐하면 남국일은 임방울에게 유력한 보호자 내지 후원자 역할을 하였기 때문이다.

임방울은 남국일의 집에 있으면서 이제까지 박재실, 공창식, 유성준 세 선생한테서 받은 「춘향가」와 「적벽가」 그리고 「수궁가」의 독공(獨工)에 들어가게 되었다.

판소리 광대가 되려는 사람에게 이 독공은 필요불가결한 과정이었다. 생김치가 향기롭고 맛있는 익은 김치가 되려면 삭는 과정이 필요하듯이 또는 떫은 땡감이 달고 맛있는 홍시가 되려면 역시 일정한 삭는 기간이 필요하듯이, 스승으로부터 받은 소리가 멋있는 소리로 곰삭도록 하기 위해서는 그 소리를 삭이는 피나는 과정이 절대적으로 필요하다. 독공이란 바로 스승으로부터 받은 소리를 삭이는 과정이다. 이 피나는 독공의 과정을 거쳤을 때 그 소리에 비로소 시김새가 깃들이게 되는 것이다. 임방울이 남국일의 집에서 보낸 기간은 바로 이 시김새를 깃들이게 하는 고독한 행진의 기간이었다.

임방울이 남국일의 집에서 독공을 시작한 지 그럭저럭 반년 가까이 지난 어느 화창한 봄날이었다. 마침 남국일의 친구 부친의 회갑잔치가 있어 임방울이 다른 몇 사람의 국악인들과 같이 그 집에 가서 소리를 하게 되었다. 고수는 몽실이 맡았다. 방울이 어사상봉가 대문을 부르고 하객들의 갈채를 받으며 소리판에서 내려오는데 어떤 사람이 불렀다.

"여소 방울이."

고향집 이웃에 사는 아저씨였다.

"아이고 아저씨 오랜만이네요. 그동안 안녕허셨어라우?"
"그래. 자네도 소문이 자자하더니 과연 예사소리가 아닐세그려."
"아이고 거 무슨 말씀이시다요, 당초에."
"아니여 이 사람아. 소문에 듣던 대로여."
"아이고 참. 그런디 제 아버지 어머니랑은 다 잘 계시지라우?"
"암먼 다들 잘 계시제."
그러자 방울은 궁금하여 어찌할 수 없는 일을 넌지시 물어보았다.
"전에 제가 있던 김 주사 댁 어른들도 모두들 잘 계시지라우?"
"암먼 다들 잘 있제. 아 참, 그 집에서 며칠 전에 혼사를 치렀어. 산호라고 그 집 딸 알제? 시댁이 장성 어디라고 허든디."
이 말을 듣는 순간 방울은 눈앞이 팽그르르르 도는 것을 의식하였다. 간신히 정신을 수습하여
"산호가 시집을 가요?"
이렇게 혼잣말같이 중얼거리고는 그 아저씨에게 어떻게 작별 인사를 했는지 어땠는지도 모르게 그 잔칫집을 빠져 나왔다. 길모퉁이의 당산나무가 눈에 띄었다. 그는 그곳으로 다가가 당산나무 기둥에 팔을 짚고 기대서서 한참 동안 망연히 서 있었다.
그때 몽실이 다가와 방울의 등을 두드렸다.
"방울이 왜 그려?"
"몽실이, 나는 어떻게 혔으면 좋아?"
방울이 가라앉은 음성으로 말하였다.
"무슨 일인디 그려?"
"산호가 시집을 갔대여."
"뭐? 인천 자기 고모 집에 숨어 있겠다고 혔다면서 왜?"

"모르겄어. 어찌 된 영문인지."

방울은 여전히 가라앉은 음성으로 말하였다.

"웬일이 그렇게 꾀어부린대여?"

"인자 나는 어떻게 혔으먼 쓰겄냔 말이다."

방울은 넋 나간 사람같이 중얼거렸다. 몽실은 방울의 손을 잡고 흔들며 위로하였다.

"인자 마음 크게 먹어야 혀. 이왕지사 글렀으닝개 말이여."

"이왕지사라니, 이왕지사라니?"

방울이 몽실에게 대들듯이 부르짖었다.

"이왕지사제 그럼, 엎질어진 물이고……."

몽실도 질세라 힘주어 말하였다. 그러고는 가만히 방울의 소매를 끌면서 달래듯이 말하였다.

"자, 시내로 들어가세. 경문이가 마침 광주에 와 있는디 만나기로 혔거든."

"경문이가? 오랜만에 만나고는 싶지만 이런 꼴로 어떻게……."

"핫따, 별소리 다 헌다. 잔소리말고 이 형님 하라는 대로 혀. 이 달아맨 토끼놈아."

몽실이 이렇게 말하며 방울을 이끌었다. 방울도 결국 몽실이 이끄는 대로 걸음을 옮겼다. 그때 뒤에서 여자의 목소리가 들려왔다.

"몽실이, 나랑 같이 가."

몽실이 뒤돌아보니 월선이가 종종걸음으로 다가오고 있었다.

"아니, 이모도 여그 왔었어?"

"그려. 아까 헌주(獻酒) 올릴 때 권주가 혔지 안혀. 방울 씨랑 소리허는 것을 들었는디. 내가 대문깐 쪽에서 알은체를 혀도 모두들 몰라보드

먼그려.”

"사람이 워낙 북적거려서 그랬었구먼그려. 그나저나 잘됐소. 마침 술 한잔 하러 가는 길이닝개 이모도 같이 가제."

"내가 어디 술을 허남."

월선이 말하였다. 방울도

"나도 술 못 허잔혀?"

"핫따 술 못 허면 안주라도 들면 될 것 아니여?"

몽실이 말하며 앞장을 섰다.

"아무래도 나는 안 되겄는디. 늙은 것이 젊은 총각들과 얼려 다닌다고 소문나면 어쩐대여?"

월선이 걸음을 멈추며 말하자 몽실도 걸음을 멈추고 뒤돌아서며

"참말로 까탈도 많네. 구더기 무서서 장 못 담그겄구먼. 자 어서 가요."

하며 월선의 소매를 끌었다.

두 사람은 결국 몽실의 뒤를 따라가게 되었다. 그들은 한 술집을 찾아갔다. 술청 안으로 들어서니 경문이 기다리고 있었다. 술청 안으로 들어서는 그들을 보자 경문은 일어나 손을 들어올리면서

"야, 반갑다. 뭉실뭉실 왜호박에다 달아맨 토끼, 참말로 반갑다."

하며 다가왔다. 경문은 나주 박재실 선생 밑에서 같이 소리 공부하던 친구였다. 몽실과는 자주 내왕이 있었던 모양이지만 방울과는 그럭저럭 2년 만에 만나는 셈이었다. 그는 소리 공부 작파하고 장삿길로 돌아섰다는 소문을 듣고 있었다.

경문의 안내로 일행은 방으로 들어갔다. 좌정한 뒤 몽실이 경문과 월선 사이에 인사를 시켰다. 이윽고 술상이 들어왔다.

"오늘은 내 말대로 따라야 허닝개 누구도 잔말 혀서는 안 되야."

경문이 술주전자를 들면서 말하였다.

"나 술 못 허는 줄 알지 안 혀?"

"저도 일모금을 못 허는디요."

방울과 월선이 거의 동시에 말하였다.

"아니, 둘이 무슨 술 안 마시기 계라도 모왔소? 오늘만은 절에 온 색시닝개 내 말대로 혀야 혀요."

하면서 월선의 잔에 가득 술을 따랐다. 이어서 방울의 잔에도 가득 따랐다. 방울도 할 수 없다는 생각으로 가만히 있었다.

경문이 나머지 사발에도 술을 따르고는 말하였다.

"자, 모두들 드십시다."

"자, 어서들 듭시다."

몽실이도 거들었다.

이리하여 네 사람은 결국 술잔을 들었다. 경문과 몽실은 죽 들이켰고 방울은 반절쯤 마셨고 월선도 몇 모금 마셨다.

방울로서는 생전 처음 마셔보는 술이었다. 친구의 권도 권이지만 이렇게 도무지 마음을 가눌 수 없이 괴로운 순간을 잠시라도 벗어나기 위해서는 차라리 술이라도 마시는 것이 어떨까 하여 억지로 억지로 목구멍에 들이부었다. 그러나 결국 반절쯤 들이붓고는 더 견디지 못하고 잔을 내려놓았다. 그러자 뜨거운 흐름이 목을 타고 수루루루 타내려가는 것을 느낄 수 있었다. 이윽고 몸이 일렁일렁 흔들거리며 허공에 떠오르는 것을 느낄 수 있었다.

경문은 월선의 잔을 들어올리며 권하였다.

"월선 씨도 어서 드시씨요."

월선도 결국 반절쯤 마시고 잔을 내려놓았다. 경문이 이번에는 방울의 잔을 가득 채워주며 말하였다.

"야 달아맨 토끼놈아, 오늘은 파겁 한 번 혀봐라."

"그래, 오늘 한 번 파겁혀봐라."

몽실도 이렇게 말하며 경문이 가득 채운 잔을 들어 방울에게 내밀었다. 이번에는 방울이 순순히 받았다.

"내 정은 청산이요 임의 정은 녹수로다. 녹수야 흐르련과 청산이야 변할손가. 아마도 녹수가 청산을 못잊어 빙빙 안고만 도는고나 헤에."

술잔이 몇 순배 돌았을 때 경문이 이렇게 육자배기를 내놓았다. 그러자 몽실이 젓가락으로 술상 모서리를 두드려 장단을 맞추면서 덕담을 하였다.

"야 경문이 너, 장사치가 됐다면서 청은 안 변혔구나."

노래가 끝났을 때 월선은 흐름을 중단시키지 않으려고 지체없이

"산이로오고나 헤에."

하고 후렴을 받은 다음

"사람이 살며는 몇 백 년이나 사드란 말이냐. 죽음에 들어 니나노소 있나. 살아서 생전시에 각기 마음대로만 놀고나 헤에."

그러자 몽실이가 받았다. 월선이 젓가락 장단을 맡았다.

"임도 나를 생각든가. 나만 홀로 그리던가. 그립고 못 보는 임은 날과 백년 원수로고나 헤에."

그때 방울은 옆에 앉은 경문의 어깨에 고개를 묻고 흑흑 느껴 울기 시작하였다. 경문은 방울을 뒤돌아보며 말하였다.

"어, 이 달아맨 토끼놈 봐. 너 왜 그려?"

"응, 그럴 일이 있어."

몽실이 눈짓을 하며 말하였다. 경문은 재우쳐

"그럴 일이라니?"

라고 물었다. 이때 방울이 고개를 들어 혀꼬부라진 소리로 중얼거렸다.

"야, 이 뭉실뭉실헌 왜호박놈아, 뭣이 임이고 뭣이 나만 홀로냐, 엉? 뭣이 그립고 뭣이 백년 원수여 이 뭉실이놈아."

이어서 그는 말하였다.

"내 한 자리 허지."

"그래 어서 내놓아부아."

경문과 몽실이 동시에 말하였다.

"내 정은 청산이요 임의 정은 녹수로다. 녹수야 흐르련과 임의 정은 임의……."

하더니 상 바닥에 얼굴을 묻고 엎어져 두 손을 훼훼 내저으며

"야 이 깽문이 꽁문이놈아, 뭉실뭉실 왜호박놈아, 분수를 알아야제, 분수를. 야 이 광대 새끼놈아, 분수를……야 이놈 토끼놈아아 네 분수를……."

하며 자진모리 가락으로 흥얼거리기 시작하였다. 술 사발 안주 종지 등이 어지러이 사방으로 흩어졌다.

"야가 왜 이런다냐 시방? 못 먹는 술을 괜히 권헌 것 아니여?"

경문이 무슨 영문인지 궁금하여 몽실에게 물었다.

"아니여, 술 때문에 그러는 것 아니여. 그럴 일이 있어."

"그럴 일이라니?"

"너 왜, 산호라는 색시 알지? 방울이와 편지질허고 허든 색시 말이여."

"그래 알지. 그런디?"

"그 색시와의 일이 잘못되었대여."

"잘못되다니?"

떠도는 구름처럼 1

"그 색시가 다른 디로 시집을 가부렀다 그 말이여."

"흐음 그랬었구먼. 그런디……."

하더니 경문은 입을 다물었다. 잠시 모두들 입을 다물었다.

"총각 속이 얼마나 쓰리고 아플꼬 잉."

월선이가 울먹이는 소리로 이렇게 말하였다.

"야, 이 달아맨 토끼놈아. 정신 채려. 용궁의 토끼도 다 살아나는 벱이 있으닝개 말이여."

경문이가 힘주어 말하였다.

"총각 너무 슬퍼 말어요. 세상사 지내놓고 보면 다 그렇고 그런 것이어라우."

월선이 아까보다는 한결 차분해진 어조로 말하였다.

"어따, 이모는 제법 도사 같은 소리 허네."

몽실이 가볍게 이죽거리니 월선이 중얼거렸다.

"살다 보면 누구라도 자연 도사가 되는 벱이여."

다음날 한낮 가까이 되어서야 눈을 뜬 방울은 자기가 자고 있는 방이 도무지 낯설었다. 천장이나 벽면의 도배지 색깔부터가 이제까지 기거하던 남국일 씨의 행랑채 방과는 달리 굉장히 화려하였다. 깔고 덮고 한 이불과 요도 이제까지 깔고 덮던 광목 이불, 요와는 사뭇 다른 명주 이불에 공단 요가 아닌가? 그건 그렇고 도무지 여기가 어디란 말인가. 이 집 주인은 누구란 말인가. 생각이 여기에 미치자 방울은 안개 속 저편에 가물가물하던 어제의 풍경들이 조금씩 되살아나기 시작하였다.

방울이 일행은 그 술집에서 나온 뒤로 또 한 곳을 들러 술을 청하여 노닥거리다가 자정이 지나서야 그 집에서 나왔고 여기저기 여관을 찾다가

실패하고는 몽실의 제안으로 월선을 앞세우고 그 근처에 있는 월선의 집으로 쳐들어가게 되었다. 월선이 서둘러 술상을 봐가지고 들어온 것까지는 대충 줄거리가 잡히는데 그 다음부터는 도막 난 필름처럼 줄거리를 이을 수 없는 장면들이 뒤섞여 떠오를 뿐이었다. 그 중에도 가장 충격적인 것은 자기가 이미 동정을 잃었다는 사실이고 그것이 바로 월선에 의해서라는 사실이었다.

정신없이 뭐라 흥얼거리다 느껴 울다 하는 방울을 부축하여 월선의 집에까지 들어온 일행은 방울을 일단 월선이 기거하는 방에 눕혀놓고 다시 술판을 벌였고 새벽이 가까울 무렵에 그들은 곤히 자는 방울을 차마 깨울 수 없어 월선에게 당부하고 떠났다.

방울은 꿈에 산호의 집을 찾아갔다. 한 해 가을 달밝은 밤에 산호 집을 찾았을 때와 같이 방울이 산호의 집을 찾았는데 산호가 꼭 그때 그 모습 그대로 자기를 기다리고 있었고 자기는 그때와 꼭 같이 담을 넘어 들어가 산호의 손목을 잡았다. 산호는 자기 앞으로 몸을 실어 오면서 뜨거운 입술로 자기의 입술을 찾았고 산호의 날렵한 손길이 자기의 옷을 익숙하게 벗기기 시작하였다. 산호 스스로도 아낌없이 옷을 팽개치듯이 벗어던지고는 자기 위로 타고 올라 잠을 깬 지 오래인 자기의 남성을 연삽하고도 뜨겁게 포섭해갔다. 격렬한 요동이 계속되는 사이 방울은 이제야 뜨겁게 요동치는 월선의 산발한 모습이 눈에 들어왔고 자기는 월선이 요동치는 뜨거운 강물 위를 정신없이 타내려가는 수밖에 달리 도리가 없었다.

방울에게서 내려온 월선은 방울 곁에 천장을 향하여 나란히 누웠다. 그리고 흐릿한 천장에 시선을 던져두었다. 이윽고 월선은 천장을 향한 자세 그대로 허공을 향하여

"죄송시럽구만이라우."

하고 갈린 듯한 목소리로 속삭였다. 방울은 어두컴컴한 허공에 시선을 던져둔 채 입을 다물고 있었다.

"지난번 난장 공연 때 처음 총각을 만나고 총각의 노래를 처음 듣고부터 제 가슴이 뛰기 시작혀서 혼이 났어라우. 그 다음부터 염치없고 분수 모르는 짓인 줄은 번연히 알면서도 어떻게 혀서라도 총각한티 한번 다가가리라 마음먹었어라우. 총각한티 다가가려 혀도 도무지 총각이 나 같은 것한티 곁을 주지 안 혔어요. 이번 잔칫집에 가서는 꼭 제 속뜻을 전하리라 혔었는디 이렇게밖에는 달리 제 뜻을 전할 도리가 없게 돼부렀네요. 정말 죄송시럽구만이라우."

방울은 여전히 어두컴컴한 허공만 응시하고 있었다. 월선은 말을 이었다.

"엊저녁에 총각이 울며 중얼거리며 허는 모습을 보았을 적에 제 가슴은 찢어지는 것 같았어라우. 그러고는 작심혔어라우. 잠시 동안이나마 나 같은 것이라도 위안이 되어드릴 수 있다면 얼마나 좋을까 그렇게 말이어라우. 그래서……."

어느새 동이 트는 듯 봉창이 희미하게 보이기 시작하였다. 월선은 말을 멎더니 머리맡을 더듬어 권연을 붙여 물었다. 담배 연기 두어 가닥이 좌우로 번지면서 서서히 천장 쪽으로 피어올랐다. 월선은 상반신을 일으켜 세우더니 방울에게 고개를 숙이면서 속삭이듯 말하였다.

"방울 씨의 소중헌 총각을 저 같은 것이 이렇게 빼앗아부러서 정말 죄송시럽구만이라우."

방울의 흐릿한 기억이 여기까지 되살아나고 있는데 월선이 방으로 들어섰다. 옷차림으로 보아 어디 나들이를 갔다 온 듯하였다.

방울도 부스스 상체를 일으켰다.

"속풀이를 허셔야 헐 것 같어서 잠깐 가게에 나갔다 왔어라우. 조금만 기다리시게라우. 얼른 뭣 좀 만들어 올티닝개."

월선은 이렇게 말하고는 밖으로 나가려 하였다. 방울은 그녀 등에 대고

"지금 나는 한술도 뜰 수 없을 것 같네요. 그러닝개."

하고는 억지로 일어나려 하였다.

그러자 월선이 재빨리 다가와 방울을 다시 누이면서

"안 돼라우. 좀더 누워 계셔야 혀라우."

하더니 방울의 귓불에 가볍게 입술을 문질렀다. 방울은 거스르지 않고 가만히 월선이 시키는 대로 다시 상체를 눕혔다. 월선은 방울의 귓불이며 얼굴이며 목을 혀로 핥기 시작하였다. 그러자 방울의 젊은 관능이 다시금 세차게 요동치기 시작하였다.

방울이 월선의 집에서 나와 남국일의 집으로 돌아간 것은 그 다음 다음 날 오후였다. 그 사흘 동안에 방울과 월선은 낮과 밤을 모르는 시간을 보냈다. 그 사흘 동안에 남(男)과 여(女)는 칡(葛)과 등(藤)의 넝쿨처럼 뒤엉켜 지냈다. 월선의 욕망은 마르지 않는 샘처럼 퍼내도 퍼내도 솟구쳤고 처음으로 둑이 터진 방울의 젊은 관능의 물결도 기꺼이 월선의 이끌림을 따라 천방지축으로 흘러내렸다.

그러다 낮과 밤을 먼저 헤아리게 된 것은 방울이었다. 사흘째 되는 날 방울이 문득 입을 열었다.

"남 사장님 댁에서는 난리 났을 틴디. 나 없어졌다고."

"남 사장이라니?"

월선이 이렇게 반문하였다. 그들 사이는 어느새 이렇게 어정쩡한 반말을 주고받게 되었다.

"내가 신세지고 있는 집 주인 어른 말이여."

방울이 말하자 월선은 그제서야 정신이 들었다.

"아이고메 인자 가보셔야겠네여."

방울이 행여나 남국일 씨와 마주칠세라 조심조심 대문을 밀치고 들어섰을 때 공교롭게도 남국일 씨가 댓돌 아래로 내려서던 참이었다. 도망치고 몸을 피하고 할 겨를이 없었다. 방울은 어마지두에 고개 숙여 인사부터 하지 않을 수 없었다. 방울은 한 해 가을 산호를 만나고 돌아오다 박재실 선생한테 혼쭐났던 일이 머리를 스치면서 무슨 벼락이 떨어질까 조마조마 대령하고 있었다.

"방울이 너 어디 갔다 이제야 오는 게여?"

방울의 가슴이 철렁 내려앉는 듯하였다. 그와 거의 동시에 에라 모르겠다, 하는 마음이 일기도 하였다.

"예 저, 집에서 기별이 와서 미처 아뢰지도 못허고. 죄송스럽게 됐구만이라우."

방울은 자기 입에서 이런 거짓말이 천연스럽게 튀어나오는 데 스스로 놀라지 않을 수 없었다. 그런데 남국일 씨는 별반 다그치는 기미를 보이지 않았다.

"그래 무슨 일인디?"

이제는 내친걸음이다, 하는 생각이 퍼뜩 스쳤다.

"예, 제 혼사 문제 땜시 의논허자고 그랬습니다요."

방울의 입에서 지체없이 이런 말이 튀어나왔다.

"그래서 어떻게 허기로 혔는디?"

"뒤로 미루고 왔구만이라우."

"그려? 허기사 인자 장가갈 나이도 됐다만. 아무튼 늦었으니 어서 들어가부아."

이래서 방울은 절을 꾸벅 하고는 정신없이 행랑방으로 들어갔다. 웃옷도 벗을 겨를 없이 벌렁 드러누운 방울은 양손을 포개어 베고 천장을 응시하며 일단 안도의 한숨을 내쉬었다. 용궁의 토끼가 살아났을 때의 기분이 이런 것이었을까? 그러나 뒤미처 용케도 잘 둘러댄 자신의 말재간에 스스로 놀라지 않을 수 없었다. 달아맨 토끼놈이라고 놀려대던 경문이, 몽실이의 모습이 문득 떠올랐다. 과연 용궁에 붙들려간 토끼놈같이 거짓말이 그렇게도 술술 나올 수 있다니.

이제까지 어머니, 아버지나 동기간들에게 그리고 그동안의 스승이나 친구들에게 이렇다 할 큰 거짓말을 해본 일이 없는 것 같은데 오늘 무슨 마가 씌어서 이다지도 천연덕스러운 거짓말이 술술 쏟아져 나올 수 있었단 말인가. 내가 정말 마가 씌어서 이러는 것일까. 한번 거짓말이 튀어나오니 계속 거짓말로 뒤를 이어갈 수밖에 달리 도리가 없다는 것을 방울은 오늘에야 뼈저리게 느낄 수 있었다.

그러나 지난 사흘 간에 일어난 일을 누구에게 털어놓을 수 있단 말인가. 그 엄청난 일을 주인 어른에게 털어놓을 수는 도저히 없었다. 부모에게도 동기간에게도 털어놓을 수 없었다. 심지어 경문이나 몽실이 같은 허물없는 친구들에게도 털어놓을 수 있을 것 같지 않았다. 그 일은 월선과 자기만의 영원한 비밀이어야 한다고 생각했다. 생각이 여기에 미치자 방울은 스스로 얼굴이 화끈 달아올랐다. 그와 동시에 월선의 연삽한 손길과 혀의 감각들이 그의 오관 구석구석에서 일제히 눈뜨기 시작하였다.

그때 부엌 아주머니가 밥상을 가져왔다. 방울은 뜨는 둥 마는 둥 하고는 이내 자리에 들었다. 그러고는 깊은 잠 속으로 빠져들어갔다.

다음날 정오 가까이에야 방울은 눈을 떴다. 윗목에 아침상이 놓여 있었다. 방울은 벌떡 일어나서 밥상 위에 놓여 있는 숭늉부터 벌컥벌컥 들이

켰다. 그러고는 밥상을 당겨 허겁지겁 퍼먹기 시작하였다. 어제 저녁과 오늘 아침을 거른 셈이었다. 밥상을 물린 뒤에 다시금 벌렁 드러누웠다. 그리고 천장을 응시하기 시작하였다. 식곤증과 졸음이 스르르르 밀려왔다.

"죄송시럽구만이라우."

산호가 다가오며 속삭였다. 산호의 혀끝이 그의 귓불과 양 볼과 턱 아래 할것없이 곳곳에서 부드러운 비단자락같이 나불거렸다. 그의 남성이 눈을 뜨기 시작하였다. '산호 산호' 그가 허공을 향하여 손을 내젓자 산호는 없고 머리를 산발한 월선이 앞에 있었다.

"산호, 산호."

하고 외치다가 제 소리에 방울의 눈이 떠졌다. 어느새 오후로 접어들고 있었다. 방 안을 휘 한 번 둘러보았다. 산호가 있을 리 없었다. 가슴이 뻥 뚫린 듯한 상실감이 그를 엄습하였다. 가슴이 갈갈이 찢기는 듯한 아픔이 밀어닥쳤다. 그때 '죄송시럽구만이라우' 하며 산발한 월선이 방울의 귓전에 속삭이는 소리가 들려왔다. 그러자 그의 관능이 눈뜨기 시작하였다. 그는 벌떡 상체를 일으켰다. 이러다가 미치고 말 것 같은 생각이 들었다. 두 손으로 얼굴을 북북 문질렀다. 어지러운 꿈의 조각들이 눈앞에서 어른거리며 좀처럼 털려나려 하지 않았다. 그는 우물가에 나가서 우물을 퍼서 세수를 하였다. 몇 번이고 몇 번이고 시원한 우물물을 얼굴과 목덜미에 끼얹고 문지르고 하였다. 방으로 돌아와 북통을 잡고 앉았다. 그리고 힘껏 소리쳤다.

"자시에 생천(生天)하니 태극이 광대 하늘천(天). 축시에 생지(生地)허니 오행팔괘(五行八卦)로 따지(地). 유현미묘(幽玄微妙) 흑적색(黑赤色) 북방현무(北方玄武) 검을현(玄). 궁상각……."

광한루 구경 나갔던 이 도령이 우연히 춘향을 만나 수작을 나눈 끝에 결국 뜻이 있으면 찾아오세요 하는 춘향의 완곡한 회답을 받고 날이 어둡기를 기다리는 동안의 다급한 심사를 스스로 달래기 위하여 중중모리로 읊는 이른바 천자 뒤풀이다. 그러나 오늘따라 유달리 목청이 꺽꺽하여 소리가 제대로 풀리지 않은 데 스스로 놀라지 않을 수 없었다. 이다지도 맥이 빠지다니. 그때 문득 천자 뒤풀이 할 때의 이 도령의 심사가 어떠했을까, 하는 생각이 방울의 머리를 스쳤다. 그와 동시에 어서어서 월선한테로 달려가고 싶어 안달이 나 있는 자신의 속마음을 깨달았다. 방울은 다시 뒤로 벌렁 드러누워 양손을 포개어 베고는 천장만 응시하기 시작하였다. 그러자 그동안 밀렸던 졸음이 다시금 밀려왔다. 산호의 것인지 월선의 것인지 알 수 없는 비단결 같은 연삽한 감촉이 졸음의 물결을 따라 그의 오관을 타내려가기 시작하였다.

"총각, 저녁도 안 먹고 잠이 들면 어쩐대여? 밥 먹어야제."

부엌 아주머니가 밥상을 내려놓으며 말하였다. 방울은 일어나 졸음을 털어내려는 듯이 얼굴을 문질렀다. 부엌아주머니가 나가면서 말하였다.

"주인 어른이 저녁 들고 잠깐 건너오라는구먼."

방울은 뜨끔하였다. 혹 어제의 일을 두고 짐짓 이제야 호통을 치시려는 건 아닐까, 전전긍긍하면서 서둘러 저녁을 마치고 안방으로 건너갔다. 그러나 남국일은 이렇다 할 유다른 기미를 보이지 않은 채

"우리 집에 와서 뭐 불편헌 점은 없더냐?"

라고 물었다.

"예, 주인 어른, 편안히 지내고 있습니다요."

"그려? 그러면 됐다. 무엇이든 불편헌 점 있으면 말 혀. 부엌 어멈을 통해서 혀도 좋고. 알았제?"

"예."

방울은 고개를 숙이며 대답하였다. 주인의 눈길을 차마 제대로 감당할 수가 없어서였다.

"공 선생한티서 방금 기별이 왔는디 내일 어디 소리하러 가게 되는디 너 데리러온다고 혔다. 그리 알고 준비혀둬야 혀."

"예."

"그리고 일간에 제법 큰 협률사가 서는 모양이닝개 미리미리 준비혀둬야 혀. 알겄제?"

"예."

"그러면 가부아."

이래서 방울은 물러나왔다. 저절로 안도의 한숨이 새어 나왔다. 그러나 그와 동시에 그동안의 자기 자신의 한심스러운 모습을 돌이켜보고는 심한 자책감을 떨칠 수가 없었다. 아무에게도 털어놓을 수 없는 자신의 부끄러운 모습을 돌이켜보고 스스로 얼굴이 붉어졌다. 자기 은인인 남 선생을 속인 자신의 배은망덕한 소행이 한없이 미웠다.

그는 방으로 돌아와 북통을 앞에 하고 앉았다. 그동안 공 선생한테서 받은 「적벽가」 새타령에서부터 나머지 부분을 뽑기 시작하였다. 그러나 산호와 월선의 환영들이 눈앞에 어른거려서 좀처럼 소리가 제대로 되지 않았다. 새타령이 끝나고 장비의 출현 장면이 끝나고 조조가 화용도에 접어들 무렵이 되어서야 겨우겨우 청이 조금 살아나는 듯하였다.

그 다음날 방울은 공창식을 따라 예의 잔칫집에 갔다. 몽실도 동행이 되었다.

"야, 그날 어떻게 혔냐? 아무리 깨워도 일어나지 안 혀서 그냥 그 집에 뉘어놓고 왔었는디."

몽실이 방울을 만나자 이렇게 물었다. 그 집이란 물론 월선의 집을 말하는 것이었다. 방울은 속으로 뜨끔하였다.

"응, 다음날 아침에 일어나자 곧바로 나왔어."

또 거짓말이 되는구나, 하는 생각과 함께 방울은 차마 몽실의 시선을 감당할 수 없어 땅바닥을 내려보며 말하였다. 그러나 몽실은 별반 무슨 기미를 눈치채지는 못한 듯했다.

"어떻든 미안허게 됐어. 못 허는 술을 억지로 먹이고 말이여."

"아니여, 괜히 나 땜시 모두들······."

방울은 얼버무렸다. 몽실이 바라보기가 정말 부끄러웠다.

"경문이는 그 다음날 바로 저그 고향인 장성으로 돌아갔어. 그사람은 진작에 소리 작파허고 포목전을 허는디 제법 잘 되는가부더라."

몽실은 이렇게 말하고는 방울의 어깨를 가볍게 짚으며 조용히 속삭였다.

"그런디 너, 마음 좀 추스렸냐?"

"모르겠다. 나도 내 마음을 질정허지 못허겄어."

방울의 이 말은 거짓말이 아니었다.

"그럴 것이여, 그게 그리 쉽겄냐. 시간을 기다려야제."

몽실이 제법 어른스럽게 말하였다. 이러한 몽실이 한없이 고마웠다. 이때 몽실이 대문간 쪽을 향하여 손을 흔들며

"월선이 이모."

하고 불렀다. 대문 안으로 월선이가 비슷한 또래의 다른 기생과 함께 들어서고 있었다.

"호랭이도 제 말허면 온다더니."

몽실이 말하였다. 월선이 알아차리고 이쪽으로 다가와 가볍게 고개를

숙였다. 방울은 차마 월선을 정면으로 바라보지 못한 채 고개를 숙였다. 방울은 갑자기 숨이 가빠지고 얼굴이 화끈 달아오르는 것을 어찌할 수 없었다.

"방울 씨, 인자 속 좀 풀리셨지라우?"

월선은 천연스런 어조로 이렇게 말하였다. 방울도 월선에게 시선을 주며

"아 거 뭐, 인자는…… 지난번에는 정말로……."

하며 허둥지둥 얼버무렸다.

"자, 인자 곧 소리판이 벌어질 모양이닝개 저 안으로 들어가제."

몽실이 앞장서며 말하였다. 모두들 안마당 쪽으로 걸음을 옮겼다. 이때 월선이 슬그머니 방울 곁으로 다가와 손을 꼭 잡았다 놓으며 귀에 대고

"뭔 일로 한 번도 안 왔대야?"

하고는 또래의 기생 쪽으로 다가갔다.

이날 몽실이가 먼저 하고 방울, 월선 이런 순서로 진행이 되었다. 몽실은 「수궁가」 고고천변 한 대문을 부르고 내려왔다. 이어서 방울은 어사상봉가를 하였다.

"어사또님이 출도를 하신 후에 춘향을 대상으로 불러올렸겄다. 춘향이가 대상으로 올라가는디 일희일비가 되는구나. 올라간다. 올라간다. 대상으로 올라간다. 절름절름거리며 올라간다."

여기까지 이으면서 방울은 이것 큰일났다 하는 생각이 일었다. 청이 도무지 말을 듣지 않는 것이었다.

"요보아라 이애들아 나좀와서 붙들어도라 절름거리며 올라간다. 어사또 앞에 와 퍼썩 주잖으며 아이고 이게 누구여어 이것 꿈인거나 이것 생시냐 꿈과 생시 분별을 못허겄네. 에끼 이 무정한 양반아아 어제저녁 오

셨을적에 요만큼만이라도 통정을 하던가."
　간신히 여기까지 끌고 왔을 때에도 목은 여전히 꺽꺽하여 트이지 않았다. 그러나 여기서 그만둘 수는 없었다. 그것은 끝장을 뜻하는 것이었다.
　"하룻밤 썩은 간장 십년감수를 내가 헸네. 춘향이 외로운꽃 남원읍중 추절이들어 떨어지게 되었더니 동원에 새봄이들어 이화춘풍이 날 살렸네."
　이 즈음에야 간신히 숨구멍이 트이는 것 같았다.
　어사상봉가를 간신히 마치고 났을 때 전신에 팥죽 같은 땀이 흘렀다. 손님 앞에 선 이래로 재청이야 소리를 제대로 들어보지 못하기는 이번이 처음이었다. 방울은 쥐구멍에라도 들어가고 싶은 마음으로 허둥지둥 뒤로 물러나왔다.
　다음 차례로 소리판에 올라서는 월선이 소리판을 내려오는 방울과 스치면서 속삭였다.
　"내 소리 끝날 때까지 좀 기다려줘 응?"
　방울은 고개를 끄덕였다.
　월선은 「춘향가」 중의 사랑가를 하였다. 월선의 소리가 끝나기를 기다리는 동안 방울은 월선의 소리를 오늘 또 한 번 들어보기로 하였다. 청이 곱고 목구성도 좋은 편인데 지난번 들었을 때와 마찬가지로 어딘지 소리가 들떠 있는 듯한 느낌을 지울 수 없었다.
　월선이 청중들에게 절을 하고 소리판에서 내려와 방울이 앞을 스쳐 지나면서 방울의 귀에 대고 다시 속삭였다.
　"이 집 뒤란의 대밭 모퉁이에 있을 티닝개 조금 있다가 그리로 나와 응?"
　방울은 고개를 끄덕여 보이고는 행여 자기들의 수작이 남의 눈에 뜨이

지나 않았을까 하여 넌지시 사방을 둘러보았다. 사람들은 너나없이 소리판 쪽으로만 시선을 모으고 있었다. 그는 한결 안심이 되었다. 그러나 동시에 이제 남 모르는 이런 비밀을 지니고 살아가야 한다는 생각을 하니 앞날이 갑자기 두려워지기도 하였다.

월선과 동행했던 기생의 소리가 약간 진행이 되었을 때 방울은 주위를 넌지시 둘러본 다음 슬그머니 빠져 나와 월선이 말한 뒤란 대밭 모퉁이를 찾아갔다. 방울이 다가가는 것을 알고 월선이 대밭에서 몸을 드러내며 손짓을 하였다.

두 사람은 약속이나 한 듯이 거의 동시에 사방을 두리번거린 다음 대밭 안으로 들어갔다. 바야흐로 죽순이 돋고 새잎이 솟고 하는 화창한 봄날 대밭의 풋풋한 냄새가 상쾌하게 풍겼다. 월선을 따라 대나무 사이를 옆걸음으로 옆걸음으로 비집고 들어가니 이내 두 사람이 다가앉을 만한 공간이 눈에 띄었다. 두 사람은 누가 먼저랄 것도 없이 그 자리에 멈춰섰다. 그러자 월선이 방울에게 다가서며 힘껏 끌어안았다. 방울도 월선이같이 팔을 벌려 월선을 안았다. 월선의 입술과 혀가 방울의 얼굴 곳곳에서 연삽하게 나불거렸다. 이윽고 그들은 안은 자세 그대로 그 자리에 쭈그려 앉았다. 앉은 자세 그대로 월선의 입술과 혀의 나불거림은 계속되었다. 방울은 넋이 나갈 듯한 열기에 휩싸였다.

"잠깐만."

월선이 포옹을 풀고 저고리 소매 속을 뒤지더니 명주수건을 꺼내어 바닥에 깔았다.

"여기 앉아."

두 사람은 어렵사리 나란히 앉았다. 두 사람의 열기가 수그러들었을 때 월선이 투정하듯이 말하였다.

"닷새가 되도록 왜 한 번도 찾지 안 혔어? 보고 싶어 미치겠드만."

"글쎄 그것이……."

방울은 더듬거리다가 입을 다물었다. 그 닷새 동안 자기 심중에 오고간 생각을 월선에게 알아들을 수 있게 딱 집어서 말할 재간이 그에게는 없었다. 자기 스스로도 자기 마음을 제대로 헤아리지 못하고 있었다. 만나고 싶어 견딜 수 없으면서도 만나는 것이 도무지 떳떳하지 못한 것 같고, 산호와는 이미 상관 없는 일이 됐음에도 불구하고 자기 마음 안에 자리하고 있는 산호에게 아주 미안하다는 생각이 들기도 하고, 또 남국일 씨나 공창식 선생에게 큰 죄를 짓는 것 같고 그러면서도 월선과의 사이에서 빚어지는 뜨거운 감각에서 도무지 헤어날 것 같지 않고……. 그의 생각은 갈피를 잡을 수 없게 여러 갈래로 흩어져 있었다. 그런 흩어진 생각들을 간추려서 월선에게 말할 재간이 그에게는 도무지 없었다.

"내 저녁에 집에 갈께."

방울이 불쑥 이렇게 말하였다.

"정말?"

"그려."

"그러면 됐어. 그리 알고 인자 놀이판으로 가봐야겠어. 다음 차례가 곧 돌아올틴디."

월선은 이렇게 말하며 일어섰다. 방울도 따라 일어서며 말하였다.

"오늘 나 목이 영 안 서는디 큰일이구먼."

"그럴 때도 있제 뭐."

월선이 말하였다. 방울은 입을 다물고 있었다. 그들은 올 때와 마찬가지로 따로따로 떨어져서 놀이판으로 스며들어갔다.

그날 밤 방울은 가만히 빠져 나와 월선의 집으로 찾아갔다. 이렇게 하여 방울과 월선의 관계는 다시금 이어졌다. 방울은 거의 매일 밤 몰래 남국일의 집을 빠져 나와 월선의 집으로 스며들었고 새벽이 되어서야 몰래 돌아왔다. 자연히 소리 공부는 뒷전이 될 수밖에 없었다. 남국일은 사업상 바깥 출입이 잦았고 방울의 생활에 대하여는 대체로 방임하는 편이었으므로 방울은 거의 아무런 제약을 받지 않았다. 그리하여 밤에 나갔다가 새벽에 돌아오면 건성으로 소리 공부를 좀 하고는 대개 낮잠에 떨어지기가 일쑤였다. 이렇게 반년 가까이 세월을 보냈다.

어느새 가을이 되었다. 지난해와 같은 난장이 열렸고 판소리 공연도 있게 되었다. 그리고 이 일을 공창식이 관장하게 되었다. 그래서인지 출연자들도 대체로 작년과 비슷하였다. 공연을 며칠 앞두고서야 방울은 정신이 번쩍 났다. 월선이 찾는 일을 중단하고 소리 연습을 다시 시작하였다. 그러나 팔팔하던 목의 서슬이 도무지 서지 않았다. 아무리 청에 힘을 모으려 해도 좀처럼 뜻대로 되지 않았다. 이런 안간힘을 되풀이하는 사이에 어느새 공연 날이 다가왔다.

이날 임방울은 「춘향가」 중 춘향의 옥중 유언을 부르기로 되어 있었다. 내일 변 사또의 생일 잔치 끝에 춘향을 끌어내어 처형키로 되어 있는 상황에서 죽음을 각오한 춘향이 옥으로 찾아온 자기 거지 낭군에게 사후를 당부하는 비장미 넘치는 장면이었다. 방울은 평소에 이 장면을 즐겨 부르곤 하였다. 이를 잘 아는 공창식이 그렇게 지정해주었던 것이다. 방울은 근래에 자기 목이 제대로 서지 않아서 속으로 은근히 불안하기는 하였으나 설마 그것 하나 못 넘기랴 하는 생각으로 그 대문을 부르기로 하였다.

몽실의 뒤를 이어 소리판에 올라선 임방울은 웬일인지 눈앞이 가물가물하였다. 가벼운 현기증이 일었다. 목을 두어 번 추스른 다음 소리를 뽑기 시작하였다.

"서방님 잠깐 듣조시오. 내일 본관사또 생신잔치끝에 나를 올리라 영 이내리거든 칼머리나 들어주오."

간신히 여기까지 끌고 왔을 때 방울은 숨이 차서 견딜 수 없었다. 목이 도무지 자기 목이 아니었다.

"나죽었다 하옵거든 아무손도 대지말고 삯꾼인체하고 달려들어 서방 님손으로 감장하여."

목이 마른 쇠가죽같이 도무지 풀리지 않았다. 팥죽 같은 땀이 비오듯 쏟아지기 시작하였다. 청중들이 전혀 눈에 들어오지 않았다. 자기 소리가 자기 귀 바깥에서 멍멍하게 맴돌며 들려오지 않았다. 짤막한 춘향의 유언 장면을 간신히 마치고는 더 이상 이어나갈 기력이 없어 방울은 소리판을 물러나고 말았다. 쥐구멍에라도 들어가고 싶은 심정으로 그는 대기실로 돌아와 한구석에 고개를 박고 앉아 있었다.

"방울이 너 이놈, 그 좋은 목을 무슨 짓 허다 부러뜨렸어?"

공창식이 다가와 노기 띤 음성으로 꾸짖었다. 매사에 대범하여 여간해서 꾸중 한 번 하지 않던 선생의 이런 모습을 보고 방울은 눈앞이 캄캄하였다. 방울은 소리 선생이나 선배들한테서 목이 부러진다는 말을 더러 들은 일이 있었다. 목이 부러지다니, 광대가 목이 부러진다는 말은 그의 목청이 부러진다는 말일 텐데 그게 무슨 말일까, 이해하지 못하였으나 오늘 자기가 바로 그 목이 부러진 장본인이라는 것을 뼈저리게 느끼게 되었다. 청을 끌고 갈 수도 채울릴 수도 없이 마른 쇠가죽같이 굳어져버린 목, 그러한 자기 목이 바로 부러진 목이었다.

방울은 자신도 모르게 공 선생 앞에 꿇어앉으며

"선생님, 지가 죽을 죄를 졌구만이라우. 목을 기어이 세워서 돌아오겄습니다요. 그동안 안녕히 계시기라우."

하고 울먹이는 소리로 말하고는 큰절을 올리고 일어서 밖으로 나갔다. 몽실이 뒤쫓아 나와 방울의 소매를 잡으며 말하였다.

"어디를 갈라고 그려?"

"나도 몰라. 발길 닿는 데까지 가봐야 쓰겄어."

"남국일 씨한티는 뭐라고 허고?"

"내 뭐, 말씀디릴 면목이나 있냐? 그냥 편지나 한 장 올려야겄다."

방울의 고집을 잘 아는 몽실로서는 붙들어봤자 소용없다고 생각하였다. 이렇게 하여 임방울의 정처없는 방랑의 길이 시작되었다. 그는 일단 남국일의 집으로 돌아가 남씨에게 사죄의 편지를 써서 방 한가운데 놓았다. 그리고 옷가지와 생활용구 등을 간수해둔 봇짐을 꺼내어 박달나무 북채와 목침 하나씩을 끼워 넣고 묶은 다음 등에 지고 가만히 그 집을 빠져나왔다.

떠도는 구름처럼 2

 그의 발길은 정처가 없었다. 발길 닿는 데까지 걷기로 작정하였다. 가는 도중에 그는 짚신 한 죽을 사서 봇짐 옆구리에 매달았다. 몇 날이고 몇 달이고 발길 닿는 대로 걸으려니 짚신이 필요하였다. 가다가 짚신이 헐면 버리고 새것으로 갈아 신고 갈아 신고 해야 하기 때문이었다.
 그는 서둘지도 쉬지도 않은 걸음걸이로 동쪽을 향하여 설렁설렁 걷기 시작하였다. 번잡한 거리를 벗어나 차츰 호젓한 산길에 접어들기 시작하자 외로움이 전신에 스며들기 시작하였다. 그와 동시에 산호의 청초하고 애잔한 모습이 눈앞에서 어른거리기 시작하였다. 그는 가슴을 헤집어 산호가 정표로 준 붉은 갑사 댕기를 꺼내어 볼에 문질러보았다. 산호의 머릿내가 아직도 희미하게 풍겨오는 듯하였다. 산호. 산호. 댕기 풀고 깍지 끼고 굳게 굳게 맹세한 사랑. 그러나 이제는 영영 남의 사람이 되어버린 산호. 그 산호의 모습은 어느새 산발한 월선의 모습으로 변하여 그에게 육박해왔다. 방울의 젊은 남성이 눈뜨기 시작하였다.
 방울은 잠시 걸음을 멈추고 우두커니 서 있었다. 산꿩이 두세 마리 머리 위로 푸드덕 날아올랐다. 방울은 그런 어지러운 환영을 떨쳐내려고 소리를 뽑기 시작하였다. 박재실 선생한테서 받은 「춘향가」 한 판과 공창식 선생한테서 받은 「적벽가」 일부를 닥치는 대로 흥얼거리기 시작하였다. 그 흥얼거림이 인적 드문 산길이나 들길에 이르면 통성으로 바뀌고 마을이나 사람 왕래가 있는 곳을 지나갈 때는 다시 흥얼거림으로 변했다. 그의 소리 사이사이를 비집고 산호와 월선의 모습이 어지러이 들랑거렸으나 그는 그것을 떨쳐버리려고 소리의 벌어진 틈새를 애서 가다듬었다. 이미 사정없이 부러진 목이어서 도무지 끌고 가기가 힘에 겨웠으나 그는 목을 너무 채근하지는 않았다. 때로는 달랬다가 때로는 조금씩 채근했다가 하면서 설렁설렁 걷는 그의 걸음걸이처럼 자기 목을 이끌었다. 첫날은 워낙 늦게 출발한 탓으로 장성에 이르기도 전에 짧은 가을 해가 어느새 지기 시작하였다. 그는 주막에 들러 하룻밤을 묵었다.

다음날 그는 백양사에 들러 절 구경을 하고 다시 한결같은 걸음걸이로 갈재를 넘어 정읍에 당도하였다. 다음날도 남원을 들르고 광한루를 구경하고 거기서 다시 구례를 거쳐 경상도 화개를 향하여 걷기 시작하였다. 이때부터 그의 소리는 어느새 가닥을 잡아가고 있었다. 그의 흥얼거림은 다시 통성으로 변하였다. 마침 인적이 드문 산길에 접어들었던 것이다. 소리는 「춘향가」 중의 이별가·십장가를 거쳐 바야흐로 옥중가·사시절가에 접어들고 있었다.

"춘하추동 사시절에 허송세월 다보낼제 망부사로 울음운다. 망부사로 울음운다. 동풍이 눈을 녹여 가지가지 꽃이피니 작작하구나 두견화는 나비를보고 웃난모양은 아름답고 슬프도다. 눌과함께 보라는고."

춘향이 옥에 갇혀 세월을 보내며 그리운 낭군을 사모하는 진양조 진계면의 애절한 장면이었다. 그는 마른 쇠가죽같이 고집세고 메마른 자기 목을 어루고 달래고 제법 다부지게 채근하기도 하면서 이끌어 나갔다.

"꽃이지고 잎이피니 녹음방초 시절인가. 꾀꼬리는 북이되어서 유상세지

(柳上細枝) 늘어진데 구십춘광(九十春光) 짜는소리 아름답고 서러워라. 눌과함께 듣고보리."

이때

"조오타아."

하는 추임새가 뒤쪽 꽤 멀리서 들려왔다. 방울은 '아하 뒤에 따라오는 사람이 있었구나' 생각하며 걸음을 늦추며 소리를 이어갔다. 과연 추임새 소리가 점점 가까워지더니

"전생차생 무삼일로 우리둘이 삼겼던고. 단록장초(丹綠長草)는 연년이 푸르렀고 초포혼백(草浦魂魄)의 서른마음 못금할제 이제라도 내가 내가 죽어 공산의 두견이 되어 이화에 월백(月白)할제 두견이함께 슬피울어 임의귀에다 들리고저 이고당시세(以古當時勢)니 속절없는 한이로고나."

하는 대문에 이르렀을 즈음에는 '얼씨구 좋다' 하는 추임새가 바로 등뒤에까지 다가와 있었다.

사시절가가 끝났을 때 방울은 비로소 뒤를 돌아보았다. 뜻밖에도 바랑을 메고 지팡이를 짚은 늙은 스님이었다. 방울은 공손히 고개를 숙이며 인사를 하였다.

"아이고, 스님이시네요?"

스님도 웃으며 말했다.

"인자 보니 총각이네."

"스님은 어디까지 가시는 길이신기라우?"

"응, 이 재 너머 화개까지 가는 기라. 헌디 총각은 어데 가는공?"

"예 그냥, 나서봤구만이라우."

"나서보다니 그기 무신 소린공?"

"거, 뭐, 별반 갈 데가 있는 것도 아니고라우……."

방울은 여기서 말을 끊고 뒷덜미를 긁적였다. 스님은 걸음을 멈추고 허리를 꼿꼿하게 세우고는 방울을 정면으로 바라보며

　"허허, 그놈 참, 정처가 없단 말 아니가?"

하며 야무지게 말을 놓았다.

　"예."

　"이름이 뭐꼬?"

　"예, 임승근입니다요."

　"임승근이라."

　"그런디 모두들 방울이라고 부릅니다요."

　"허허, 임방울이라. 세상에 쩌렁쩌렁 울리는 왕방울이렸다. 거 이름 한번 좋구나. 지금 소리 공부하고 있노?"

　"예, 그런디 소리 공부허다가 잘못돼서……."

　방울은 여기서 다시 말을 얼버무렸다. 스님은 방울의 얼굴을 다시 정면으로 바라보았다.

　"그래, 소리 공부하다 잘못돼서……."

하고 잠시 말을 멈추었다가 말을 이었다.

　"목이 부러졌다 그 말이제?"

　방울은 뜨끔하였다. 호되게 종아리라도 한 대 얻어맞은 느낌이었다. 차마 스님의 시선을 정면으로 감당할 수가 없어 고개를 떨구고는 기어들어 가는 소리로

　"스님께서 어떻게 그것까지……."

라고 이번에도 말끝을 얼버무렸다.

　"성음은 타고난 성음인데 이놈, 단단히 잘못됐는가부제?"

　다분히 장난기가 느껴지면서도 어딘지 야무지게 책망하는 것 같기도

한 그러한 어조로 스님은 말하였다. 방울은 아무 말도 못 하고 뒷덜미만 긁적였다.

"부러진 목을 다시 세워야 할 기 아니가?"

"예, 그래서 이렇게……."

방울은 또 말끝을 얼버무렸다.

"허허, 그놈 참."

스님은 방울을 찬찬히 바라보았다.

"늬, 갈 데가 따로 없다캤제?"

"예."

"그라몬 됐다. 참 늬 북채 없나?"

갑자기 북채 이야기는 왜 꺼내시는지 도무지 영문을 모르면서도 방울은 있다고 대답하였다.

"그라몬 됐다. 그 북채 이리 도고."

방울이 봇짐에 찔러둔 박달나무 북채를 빼서 스님에게 건네주니 스님이 짚고 오던 오동나무 지팡이 끝을 방울이 앞으로 내밀었다.

"이 지팡이 끝을 잡고 앞장서그래이."

방울이 점점 더 영문을 모른 채 스님이 내민 지팡이 끝을 잡고 앞장서 걷기 시작하였다. 지팡이 손잡이 쪽은 스님이 잡고 뒤따라오고 있었다. 한참을 말없이 걸었다. 그러자 스님이 걸음을 멈추며

"아 이놈아 입 뒀다 뭐 할라카노. 광대 되겠다 칸 놈이. 소리를 뽑아야 할 기 아니가?"

하더니 방울의 왼손과 자신의 왼손에 양끝이 들려 있는 오동나무 지팡이를 오른손에 잡은 박달나무 북채로 또닥뚝딱 하고 마치 소리판이 시작될 때 고수가 덩더둥딱 하고 북을 울려 광대에게 신호를 보내듯이 그렇게 때

렸다. 방울은 그제야 스님의 뜻을 짐작하고 빙그레 웃으며

"예 알겠습니다요."

하고는 앞장서 걸으면서 목을 가다듬고는 말하였다.

"잘 될란가 모르겠습니다만 수궁가 중에 고고천변을 혀보겠습니다요."

"그래 늬 알아서 하려무나."

스님도 뒤따라가며 빙그레 웃었다.

"(중중모리)수정문밖 썩나서 고고천변일륜홍 부상에둥둥 높이며 양곡에 자던안개 월봉으로 돌고 어장촌 안개짙고 회안봉 구름이 떴다 노화낱낱 눈되고 부평은 물에둥실 어룡은 잠자고 잘새펄펄 날아든다."

용왕이 병이 깊었는데 의원이 집맥한 바 토끼의 간밖에는 백약이 소용없다 하여 모두들 육지로 나오기를 꺼려하는 판인데 자라가 자청해서 토끼를 잡아 오겠다고 육지로 나오는 장면이었다. 방울이 말을 듣지 않는 목을 어렵사리 여기까지 끌고 오는데 스님이 뒤에서

"조오타아."

하며 추임새를 놓았다. 그야말로 소리를 추워주기 위한 추임새였다. 스님도 뒤따라오며 북채로 오동나무 지팡이를 때려 박을 맞추었다. 그 솜씨가 어지간한 고수는 명함도 내놓을 수 없을 정도로 익숙한 솜씨였다. 방울은 속으로 탄복하면서 정신이 번쩍 드는 심정으로 조심스럽게 다음을 이어갔다.

"(중중모리)이골물이 쭈루루루 저골물이 콸콸 열의 열두골물이 한데로 합수쳐 천방(天方)져 지방(地方)져 월턱져 구비져 방울이 버끔져 건너 병풍석에다 마주쾅쾅 마주쌔려 대해수중으로 내려가느라고 방울이북쩍 물너울이 뒤틀어져 워르르르 퀄퀄 뒤둥그러져 산이울렁거려 떠나간다. 어디메로 가잔말 아마도 네이로구나 요런경개가 또있나. 아마도 네이로구

나 요런경개가 또있나."

꾀를 파고 떼를 쓰는 목을 어루며 채근하며 간신히 고고천변을 마쳤을 때 방울의 온몸에서는 땀이 치솟기 시작하였다. 그만큼 그는 스님의 탁월한 북솜씨에 완전히 주눅이 들었던 것이다.

"타고난 성음에다 목구성도 좋구마는. 니 큰 광대 될 끼다. 목 세울라 꼬 너무 서둘면 못 쓰는 기라. 저절로 세워질 테니까네, 알겠제?"

"예."

방울은 대답하면서 눈물이 왈칵 쏟아질 것만 같았다. 스님의 말씀 한마디 한마디가 그에게는 큰 힘이 되었다. 그나저나 이 스님이 어떤 분일꼬, 갈수록 궁금해지기 시작하였다.

짧은 가을 해가 서산 마루에 걸릴 무렵에야 그들은 쌍계사에 당도하였다. 경내에 들어서니 법당 앞뜰을 쓸고 있던 상좌가 달려와

"아이고 큰스님 인자 오십니꺼."

하며 합장하며 허리를 굽혔다. 저쪽 부엌 쪽에서 장작을 패던 상좌도 달려와 합장하며 허리를 굽히며

"큰스님, 인자 오십니꺼."

하더니 앞장서 인도하였다.

그들은 주지의 방으로 인도되었다. 늙은 스님은 쌍계사 주지였다. 뒤미처 한 젊은 스님이 방으로 들어와 주지에게 합장하고 절을 하였다.

"보광(普光)이로구나. 너 마침 잘 왔다. 이 애한티 당분간 기거할 곳을 좀 마련해주거래이."

"예."

보광이 대답하였다. 그는 주지의 시봉(侍奉)이었다.

"무엇이든 불편한 일 있으면 보광한테 부탁하거래이."

주지는 방울에게 말하였다. 방울은 대답 대신에 고개를 숙였다.

방울은 불목하니가 기거하는 방으로 안내되었다. 보광이 상하 의복도 한 벌을 주어서 방울은 그 날로 갈아입었다. 스님들이 입는 바지저고리였다.

다음날 방울은 불목하니가 싸주는 점심을 들고 볏짚 가마니 석 장을 묶어서 어깨에 메고 쌍계사 계곡을 따라 상류 쪽으로 거슬러 오르기 시작하였다. 한 시간쯤 거슬러 올랐을 때 그는 보광 스님이 일러준 동굴을 찾을 수 있었다. 안으로 기어들어가니 내부는 기거하기에 별 불편함이 없을 정도로 꽤 넓고 높은 공간이었다. 스님들이 더러 좌선하는 데 이용하기도 한 동굴이라 하였다. 늦가을인데도 그다지 차갑게 느껴지지 않았다. 방울의 마음에 흡족하였다. 그는 가마니 두 장은 타서 바위 바닥에 깔았다. 나머지 한 장은 영 추울 때 바람막이로 굴 입구를 막을 셈이었다. 그리고 봇짐에서 빼가지고 온 박달나무 목침과 북채를 가마니를 깐 바닥 가운데에 놓았다.

그날부터 그는 박달나무 북채로 목침을 두드려 장단을 맞추며 부러진 목을 세우는 피나는 수련에 들어갔다. 잠은 절에 내려가서 불목하니 방에서 자고 아침을 먹고 점심은 싸가지고 와서 독공(獨工)을 하고 저녁때가 되면 내려가서 저녁을 먹고 자고 하는 생활이 시작되었다.

광대 수업에서 가장 힘든 과정이 바로 이 독공의 과정이다. 소리를 스승한테 받는 기간도 물론 조심스럽고 힘든 과정이지만 그래도 뭔가 미지의 부분을 하나하나 헤쳐 나간다는 긴장과 즐거움이 있다. 그런데 독공은 말하자면 불제자의 면벽수양(面壁修養)과 같이 혼자서 득도(得道)의 경지를 향하여 나아가는, 종점이 어딘지도 모르면서 당도하리라는 실낱 같은 소망 하나만 가지고 무한정으로 달리는 마라톤과 같은 것이었다. 따라서 그것은 고독한 자신과의 끝없는 싸움이었다.

임방울은 박재실한테서 받은 호남가·진국명산 등의 단가를 비롯하여 「춘향가」한판과 공창식에게서 받은 「적벽가」일부를 처음부터 차근차근 읽어 나가기 시작하였다. 부러진 목이 좀처럼 바로 서지 않았으나 그는 스님의 가르침대로 서둘지 않고 쉬지도 않았다.

가장 큰 어려움은 산호를 잃은 노여움과 슬픔을 잊는 일이었다. 월선으로 연유되는 어지럼증도 한때는 아주 견디기 어려운 것이었으나 지내놓고 보니 그것은 그다지 심각한 증상이 아니었다. 한 달 두 달 시간이 흐름에 따라 그 어지럼증은 조금씩 잦아들었다. 그러나 산호를 잃은 노여움과 슬픔은 날이 갈수록 잊힐 기미를 보이지 않았다. 오히려 마음의 골병으로 깊숙하게 자리잡아가는 듯하였다. 그리하여 수시로 그의 고독한 행진의 틈새를 헤집고 들어와 그의 걸음걸이를 비틀거리게 하였다. 이러한 비틀거림이 일게 되면 아무리 이를 악물고 걸음걸이를 바로 세우려 해도 소용없었다. 그것은 불시에 터지는 재채기 같은 것이어서 멎을 때까지 기다리는 수밖에 달리 도리가 없었다.

"사랑사랑 내사랑이야. 어허둥둥 니가내사랑이지야. 삼오신정(三五新正) 달밝은밤 무산천봉(巫山千峰) 완월(玩月)사랑. 목락무변 수여천(木落無邊水如天)의 창해같이 깊은사랑. 월하(月下)의 삼생연분 너고나고 만난 사랑."

날씨가 매우 차가운 초겨울의 어느 날이었다. 방울은 박달나무 북채로 목침을 북삼아 장단을 쳐가며「춘향가」중의 사랑가를 읽어 나갔다. 춘향과 이 도령이 첫날밤을 맞으면서 사랑을 나누는 행복한 장면이었다. 그들의 사랑은 한때 변 사또의 횡포로 하여 수난을 겪게 되지만 그러나 결국 그들은 다시 만나 영원한 사랑을 누리게 되는 것이다. 영원한 사랑, 영원한 사랑. 그러자 문득 청초한 산호의 모습이 방울의 눈앞에 어른거렸다. 산호, 산호. 두세 번 불러보았다. 산호의 모습이 사라졌다. 그는 그대로 뒤로 벌렁 누워버렸다. 그러고는 멍하니 허공에 시선을 던져두었다. 그는 누운 채로 저고리 앞섶께를 미칠듯이 헤집어 붉은 갑사 댕기를 꺼내어 볼과 코에 마구 문질렀다. 산호의 머릿내가 희미하게 맡아지는 것 같기도 하고 그렇지 않은 것 같기도 하였다. 안타까웠다. 그는 그 냄새를 확인이라도 하려는 듯이 계속 산호의 댕기를 코에 문질렀다. 눈물이 비 오듯 쏟아졌으나 그는 닦으려 하지도 않았다. 악문 이빨 사이로 오열이 재채기처럼 새어 나갔다.

이때 찬바람이 입구 쪽에서 휘익 스며들면서 호롱불이 깜박 꺼졌다. 방울은 반사적으로 일어나 입구 쪽을 바라보았다. 주지 스님이 입구의 까대기를 들치고 들어서고 있었다. 방울은 벌떡 일어나 소맷자락으로 눈물을 닦고 소매 속에다 얼른 댕기를 쑤셔 넣은 다음 호롱불을 켰다. 그러고는 스님에게 큰절을 올렸다.

"이 녀석, 아직도 마음의 병이 가시지 않은 게로구나 엉?"

스님은 방울의 괴로움을 이미 알고 있는 것이 분명하였다. 방울은 고개만 수그리고 앉아 있었다.

"울고 싶으면 우는 것도 괜찮은기라. 허나 울고 웃는 것도 모두가 뜬구름인기라. 공수래공수건기라……."

주지 스님은 이어서

"무신 일인지는 모르겠다만도 자주 우는 것도 바본기라. 니는 천하에 쩡쩡 울릴 왕방울 아니가."

방울은 여전히 고개를 수그린 채 듣고 있었다. 공수래공수거, 공수래공수거, 속으로 뇌어보았다. 그야말로 손으로 구름 잡는 일같이 아득하기만 하였다.

"날씨도 차츰 추버지는데 여기 견딜 만하나?"

"예, 괜찮습니다요."

그다지 험하지는 않았지만 여기까지 친히 찾아 그런 일까지 살펴주시는 주지 스님의 헤아림에 방울은 새로이 목이 메어왔다.

"인자 끼니때도 됐으니 내려가자."

스님은 이렇게 말하고 앞장섰다. 방울도 따라 일어섰다.

다음날 아침 동굴에 들어온 방울은 앞가슴을 헤집어 산호가 정표로 준 붉은 갑사 댕기를 꺼냈다. 그리고 양손에 받들고 한참 동안 바라보다가 밖으로 가지고 나가 바위 틈에서 불을 붙여 태워버렸다.

방울의 독공은 그런대로 순탄히 계속되었다. 산호로 연유되는 아픔은 아직도 다 치유되었다 할 수는 없었으나 그래도 차츰차츰 나아지는 편이라 할 수 있었다. 이따금 재채기처럼 사무쳐오는 충동적인 아픔도 많이 수그러든 편이고 또 전에 비하면 뜸해진 편이라 할 수 있었다.

산호로 연유되는 아픔이 조금씩 치유되면서 그에게는 여러 가지 변화가 일기 시작하였다. 우선 건강이 알아보게 좋아져갔다. 잠도 잘 오고 악몽에 시달리는 횟수도 줄어들었고 잃은 구미도 되살아나기 시작하였다. 그리고 무엇보다도 신기한 것은 그의 부러진 목이 조금씩 다시 서기 시작하였다는 사실이다. 놀라운 일이 아닐 수 없었다. 그의 목이 조금씩 일어선다는 자각을 갖게 되자 잃었던 자신감도 아울러 조금씩 되살아나기 시작하였다. 산호로 연유되는 아픔에 시달리는 동안 까맣게 잊고 있었던 습관, 즉 밥 먹을 때와 잠잘 때 외에는 쉬지 않고 소리를 흥얼거리던 습관이 어느새 되살아났다.

이러한 생활이 어느새 그해 겨울을 지나 이듬해 봄까지 계속되었다.

어느 날이었다. 방울이 「춘향가」의 옥중상봉가 부분을 읽고 있는데 동굴 밖에서 인기척이 났다.

"잠시 방해를 해도 되는지 모르겠소이다."

하는 말이 들리더니 까대기가 들쳐지면서 밀짚모자를 쓴 머리부터 들이밀고 들어서는 사람이 있었다. 동굴을 한 번 휘 둘러본 다음 모자를 벗었다. 키가 헌칠하고 구레나룻이 양 볼을 덮다시피 한 사람이었다. 잠시 의아해하며 바라보던 방울이 벌떡 일어서며 부르짖듯이 말하였다.

"아니, 대준이 형님 아니시오?"

대준은 손가락을 대며 조용히 하라고 하고는 작은 소리로

"그래. 알아맞췄구먼."

하고는 방울 앞으로 다가왔다. 두 사람은 거의 동시에 팔을 벌려 포옹하였다. 두 사람은 손을 마주잡은 채로 자리에 앉았다. 대준은 양 볼의 구레나룻을 떼어 속봉창에 간수하고는 빙그레 웃으며 방울을 마주보았다. 준수하고 다정한 대준의 얼굴이 이제야 제대로 드러났다.

"성님도 참말로 사람 간떨어지게 만드는 데는 이골 나셨소 잉?"

방울이 웃으며 말하였다. 대준은 방울 앞에 있는 박달나무 목침을 들어 이리저리 살펴보면서 말하였다.

"공부도 쉬엄쉬엄해야지 원. 목침 하나가 장고(長鼓) 허리같이 패여버렸네그려."

아닌게아니라 박달나무 목침의 중두막이 잘록하게 패여 있었다. 소리 연습할 때마다 단단한 박달나무 북채로 북삼아 두들겨댔으니 제아무리 단단한 박달나무 목침이라 한들 패이지 않을 수 없었던 것이다.

"형님 뵌 지가 벌써 3년이 되었네요. 그동안 고생 많으셨지라우?"

"고생이랄 게 있나? 우리 동포가 다 겪고 있는 일인데."

방울은 대준의 소매를 잡아당기면서 물었다.

"상해로 가셨다는 말은 들었었는디 언제 돌아오셨어라우?"

산호한테서 그 소식을 들었다. 그때의 산호의 청초한 모습이 눈앞을 스쳤다. 잠시 전류에 닿기라도 한 듯 방울의 마음이 아파왔다. 그 기미를 알아차리기라도 한 듯이 대준은 묻는 말에는 대답도 않고 불쑥 말하였다.

"산호가 시집갔다면서?"

방울은 아무 말도 하지 않았다.

"이왕 그리 된 것 생각하면 뭣 허냐? 어서 잊고 공부에나 힘을 쏟아야지."

"그런디 제가 여그 있다는 것은 어떻게 아셨어라우?"

"이 절에 아는 스님이 한 분 있는데 우연히 소리 공부하는 총각 이야기를 하는데 나이나 고향이 아무래도 너 같아서 장소를 물어서 왔다."

"그나저나 반갑습니다요."

"미안한 말이지만 나 여기서 며칠 쉬었다 가면 안 되겠나?"

"그야 형님 좋으실 대로 하시지오마는 자리가 워낙 힘해서. 그리고……."

"조석의 끼니 말이지? 그건 스님한테 부탁해놨으니까 수고스럽지만 니가 좀 날라오면 되겠어."

"그러면 그렇게 하시기라우. 그나저나 형님은 장하십니다요. 나라도 이 꼴인디 저는 이까짓 광대 노릇이 뭣이 좋다고 이러고 있으니."

"허, 그 무슨 소리. 총칼 들고 원수를 치는 것도 장부의 할 일이지만 예술에 정진하여 민족의 소리를 아름답게 이어가는 것도 또한 장부가 할 일이지. 길은 달라도 목표는 같다는 것을 명심하고 긍지와 사명감을 가지고 정진해야 돼. 내 그 전에도 너한테 말한 적이 있지만 개명한 나라에서는 예술가가 대접받으며 살고 있어. 우리도 그런 사회를 만들어야 해. 그러기 위해서 싸우고 있는 거고."

"잘 알겠습니다요. 허지만 뜻을 세워가기가 이리도 어렵네요. 워낙 재주 없는 놈이라 그런지."

"그 무슨 소리? 너야말로 이름 그대로 은방울 소리야. 문제는 정진이지."

이리하여 대준과의 생활이 시작되었다. 대준은 낮으로는 대개 변장을 하고 밖으로 나다니고 밤이 되면 동굴에 돌아와 자는 생활이었으므로 두 사람이 같이하는 시간은 그리 많지 않았다. 하루 종일 만나지 못하는 날도 적지 않았다.

어느 날 방울이 「춘향가」 옥중가를 읽고 있는데 대준이 급히 동굴로 들어오더니 방울에게

"아무래도 거처를 옮겨야겠다. 놈들이 냄새를 맡은 것 같다. 그 동안 신세 많았다."

하고는 급히 밖으로 나가려 하였다.

방울은 대준의 소매를 잡으며

"가시더라도 잠깐만 기다리시기라우."

하고는 구석지에 밀쳐둔 봇짐을 뒤적이더니 무엇을 꺼내어

"이것 얼마 되지는 않지만 노자에나 보태 쓰시씨요."

하며 대준에게 건넸다.

"아니, 이건 은가락지 아닌가? 이런 귀한 것을?"

"돌아가신 할머니가 저 장가가면 색시 주라고 주신 것인디 저는 당장 별 소용이 없으닝개 형님이나 쓰시씨요."

대준은 잠시 망설이다가 받았다.

"그래, 귀한 선물 내 값 있게 쓰겠네."

이때 계곡 아래 쪽에서 호르라기 소리가 요란하게 들려왔다. 방울은 계곡 위로 피할 길을 일러주었다. 대준은 일러준 쪽을 향하여 피해 갔다.

그런 지 달포가 지난 어느 날 방울이 아침을 먹고 예의 동굴로 가려는데

"아니, 너 방울이 아니냐?"

하고 아른체하는 사람이 있었다. 방울의 집안 아저씨뻘 되는 분이었다.

"아이고 아저씨, 여기 웬일이신기라우?"

"응, 여럿이 봄나들이 나왔다."

아저씨는 이렇게 말하고는 대웅전 쪽을 가리켰다. 아닌게아니라 고향 분들이 몇 명 대웅전 둘레를 구경하고 있었다.

"저희 아버지 어머니랑 다들 잘 계시지라우?"

"그럼 잘들 계시제. 너그 부모님들은 만날 너 장가 보낼 걱정이더라. 너그 집도 인자 너밖에 더 남았냐? 그런디 너는 언제 여기 왔었냐?"

"몇 달 되었구만이라우."

"오라, 독공하러 왔구나."

"예. 그런디 아버지 어머니 만나시면 저 여기 있다는 말씀 하지 마시기라우."

"그건 왜?"

"독공을 하려면 아무래도 숨어 있어야 할 것 같아서라우."

"그래 알았다. 아무튼 열심히 혀라. 모두들 네 칭찬이 자자하더라."

하더니 일행 쪽으로 갔다.

그런데 보름쯤 지난 어느 날 아버지한테서 편지가 왔다. 상의할 일이 있으니 근일 중에 한 번 집에 다녀가라는 내용이었다. 방울은 속으로 난

감해지지 않을 수 없었다. 그렇게 당부했건만 결국 자기 거처를 부모에게 알린 아저씨가 원망스러웠다. 그러나 이제는 할 수 없었다. 독공이 끝날 때까지 조금만 참아달라고 편지를 올렸다.

그런 지 한 열흘쯤 되어서 이번에는 맏형이 소리 공부하는 동굴까지 찾아왔다.

"급히 상의할 일이 있어서 너를 데려오라는 아버님 분부시다. 어서 행장 챙겨라."

맏형은 동굴에 들어서자마자 미처 좌정하지도 않은 채 이렇게 말하였다. 방울에게는 매사에 아버지같이 느껴지는 맏형의 이런 단호한 분부에 감히 맞설 용기가 나지는 않았지만 그래도 한마디 하지 않을 수는 없었다.

"무슨 일로 그러신대요?"

"나도 잘 모른다. 가보면 알 것 아니냐?"

"무슨 좋지 않은 일이라도?"

"그런 일은 없으닝개 아무 걱정 말고 어서 떠나도록 허자."

이래서 방울은 그날로 주지 스님에게 잠깐 다녀오겠노라고 인사를 올리고 맏형을 따라 송정리로 향하였다.

다음날 저녁때 집에 당도하자마자 방울은 맏형이 말한 상의할 일이라는 것이 무엇인지를 바로 알 수가 있었다. 집에서는 결혼 준비를 하느라고 부산하였다. 8남매의 동기 중에 결혼하지 않은 사람은 막내인 자기밖에 없다는 것을 잘 알고 있는 그로서 그 준비가 누구를 위한 것인지를 모를 리 없었다.

신부될 규수는 나주읍에 사는 박씨 집안의 처녀라 하였다. 박씨 집안은 꽤 유족한 집안이었는데 그 부모들이 방울의 소리가 뛰어나다는 것을 알고 딸을 주기로 하였다는 것이었다. 방울은 일이 심상치 않게 돌아가고 있음을 직감하였다.

그날 밤 방울은 어머니, 아버지 그리고 형님들이 모인 자리에서 아직은 결혼할 수 없다고, 독공이 어느 정도 끝날 때까지 미뤄달라고 간청하였다. 그랬더니 아버지의 호통이 떨어졌다.

"뭣이 어쪄? 날짜까지 받아논 혼사를 니 마음대로 허고 안 허고 혀? 택도 없는 소리 말고 시키는 대로 혀."

아버지의 결심은 단호하였다.

"니 나이가 시방 몇이냐? 열아홉이다 열아홉. 환갑 되면 장가갈라고 그러냐 시방? 인자 소리고 뭐고 작파허고 장가들고 농사짓고 그럴 생각이나 혀."

어머니는 한술 더 떴다. 소리를 작파하라시다니. 앞이 캄캄하였다. 그래서 방울은 가족들과 밤이 이슥하도록 실랑이하다가 결국 소리 공부를 계속하는 조건으로 결혼에 동의하였다.

신부인 박오례(朴五禮)는 신랑 임방울보다 한 살 아래인 열여덟이었다. 신부는 임방울의 마음에 흡족한 여성은 아니었다. 산호에 대한 아픈 기억이 아직도 채 다 가시지 않은 상태여서 그런지 신부 박오례는 임방울에게는 자연 산호와 비교의 대상이 되었다. 연약하고 애련한 분위기를 느끼게 하는 산호와는 달리 박오례는 이목구비나 손발이 굵직굵직하고 건강하고 순박한 시골 처녀였다. 상냥하고 차분한 산호에 비하면 박오례는 투박하고 붙임성이 별로 없었다. 그래서 그다지 마음에 차지 않았으나 부모가 정해준 조강지처니 그리 알고 사는 수밖에 없다고 방울은 생각하였다.

그러나 같이 살아가는 동안에 차차 정이 들었다. 아내는 상냥한 맛은 없었으나 마음이 한결같았고 무엇보다도 부지런하고 남편에게 헌신적이었다. 직업상으로도 그렇고 타고난 방랑벽 때문에도 그렇지만 방울은 자주 집을 비웠다. 뿐만 아니라 한 번 훌쩍 집을 떠나면 몇 날이고 몇 달이고 감감무소식인 경우가 많았다. 그러나 박오례는 그런 일로 남편을 원망하거나 투정을 부리거나 하는 일이 별로 없었다. 그저 집을 지키며 남편 무사하기를 바라며 기다리는 것이 아내의 도리로 알고 살아가는 여인이었다.

방울이 결혼한 지 몇 달 되지 않은 어느 날 남국일 씨한테서 한 번 다녀가라는 전갈이 왔다. 방울로서는 차마 그분을 대할 면목이 없었다. 남국일 씨한테 숱한 은혜를 입었음에도 불구하고 자기는 오히려 그분을 배신했다는 죄책감 때문에 찾아갈 용기가 나지 않았다. 그러나 그는 망설인 끝에 결국 찾아가기로 하였다. 자기 같은 사람의 무엇을 보고 그러는지는 모르지만 일부러 오라고 전갈까지 보냈는데 무엇이 잘났다고 모른 체할 수 있겠느냐는 생각에서였다. 게다가 이왕 이리 된 바에야 찾아가서 그동안의 자기 잘못을 정중히 사과드리는 것이 사람의 도리라는 생각을 갖게 되었다.

용건인즉 해마다 서울서 명창대회가 열리는데 거기에 출연할 것을 대비하여 소리 공부에 한층 힘을 기울여야 한다는 것과 그러기 위해서는 어디 조용한 곳에 가서 독공을 다시 시작해야 한다는 것이었다. 임방울로서는 남국일 씨 앞에서 감히 얼굴을 들 수가 없었다. 부지중에 쏟아질 것만 같은 눈물을 간신히 참아야 했다. 방울은 마음을 가다듬고 말을 꺼냈다.

"사장 어른께 큰 죄를 졌구만이라우."

그런데 남국일 씨의 반응은 의외로 예사로웠다.

"응, 그동안에 쌍계사에서 독공하고 있었다는 말은 인편에 들었어. 산호라는 색시와의 일이 잘못되었다는 이야기도 들었고. 다 지나간 일이여. 아무데서나 소리 공부 열심히 혔으면 됐지."

남국일 씨의 말씨가 어느새 반말로 격상하고 있었다. 장가를 갔다 해서 그러는 듯하였다. 남국일 씨의 말로 미루어볼 때 월선의 일은 아직 모르고 있는 것이 분명하였다. 방울의 얼굴은 더욱 수그러들지 않을 수 없었다. 남국일 씨의 얼굴을 정면으로 바라볼 수가 없었다. 그렇다고 월선과의 일을 털어놓을 용기도 나지 않았다.
  아무튼 이렇게 해서 임방울은 곡성(谷城)의 도림사(道林寺)에 방을 얻어 다시 독공에 들어가게 되었다. 여기서 그는 박재실, 공창식, 유성준 세 선생들한테서 받은 소리를 처음부터 차곡차곡 읽어 나가는 외롭고 지루한 자기와의 싸움에 다시 들어가게 되었다.

앞산도 첩첩하고

　방울이 서울로 올라간 것은 1928년 그의 나이 스물다섯 살 때의 일이었다. 그해에 서울서는 박람회가 대대적으로 열렸고 이와 아울러 동아일보사 주최 전국명창대회가 개최되었다. 그때 송정리에서는 박람회를 구경하기 위하여 단체로 상경을 하였는데 방울도 일행이 되어 상경하였다. 그가 서울로 올라가게 된 데에는 남국일의 도움이 컸다. 남국일은 방울을 자기 집에 기거하며 소리 공부를 하도록 하였고 절에서 독공하도록 주선도 하여주었을 뿐 아니라 이번에는 전국명창대회에 출연하도록 여비까지 대주었다.

　방울은 무명베 바지저고리에 거의 무릎까지 올라가는 돔방 두루마기 차림으로 전국명창대회가 열리는 동양극장이라는 데를 물어 물어서 찾아갔다.

　이때는 1920년대 말기로서 일본의 군국주의가 서서히 고개를 들기 시작하던 무렵이었다. 한편 1902년의 협률사로 시작된 우리나라의 근대적인 극장 및 공연문화는 이 무렵에는 상당히 다양화되어 여기저기에 신식 극장이 생기고 판소리나 창극말고도 신파극, 활동사진 등이 다투어 공연되었다. 동양극장도 당시로서는 꽤 규모가 큰 극장이었다.

명창대회는 벌써 시작되었다. 그는 이제는 늦었으니 접수할 수 없다는 담당자에게 사정사정하여 간신히 등록을 마치고 임원이 일러준 대로 헐레벌떡 대기실로 찾아 들어갔다. 비어 있는 걸상에 털썩 주저앉으며 출연하게 된 것만으로 다행으로 여기며 한숨 돌리고 있는데 뒤쪽에서
 "아이고 냄새야."
하며 중얼거리는 소리가 들렸다. 방울은 반사적으로 뒤를 돌아보았다. 제법 나이 들어 보이는 여자가 코를 싸매는 시늉을 하며 그를 흘겨보고 있었다. 그는 못 들은 척하고 무대 쪽으로 고개를 돌렸다. 그런데 여자의 중얼거림이 또 들려왔다.
 "출연자도 아닌가본데 누가 이런 데 들여보냈대?"
 자기를 두고 빈정대는 것이 분명하였다. 방울은 모닥불이라도 뒤집어쓴 것같이 얼굴이 화끈 달아올랐다. 화가 나기도 하였으나 창피한 생각 때문에 뭐라 대거리해볼 엄두가 나지 않았다. 방울은 얼른 고개를 도로 이쪽으로 돌리며 못 들은 척하였다. 그 여인도 출연자인 모양이었다. 또 무슨 이죽거림이 들려오지나 않을까 하여 방울은 기를 쓰고 무대 쪽으로만 귀를 기울였다. 이윽고 임방울의 차례가 되었다.
 그는 무대로 올라갔다. 광주의 난장 공연 때의 소리판 같은 것과는 비교도 안 될 정도의 넓고 화려한 무대였다. 그는 청중들에게 공손히 절을 하고 고수를 한 번 살펴보고는 자세를 잡았다. 고수는 물론 초면이었다. 고수가 둥더둥딱 북을 한 번 울리고는 무릎 사이에 고정시켰다. 방울은 의외로 마음이 차분히 가라앉는 기분이었다. 박재실 선생의 모습이 참으로 오랜만에 그의 눈앞에 떠올랐다. 그는 박재실 선생 앞에서 공부하던 심정으로 편안하게 소리를 뽑았다.
 "쑥대머리 귀신형용 적막옥방의 찬자리에 생각나는것이 임뿐이라. 보

고지고 보고지고 한양낭군 보고지고 오리정 전별후로 일장서를 내가 못 보았으니 부모봉양 글공부에 겨를이 없어서 이러는가."
하였을 때 마침내 청중들 사이에서 일제히 '좋다' 하는 추임새가 터져 나왔다. 황홀한 감동의 물결이 전신에 일기 시작하는 것을 그는 느낄 수 있었고 그 물결에 자신을 맡기고 편안히 타내려가기 시작하였다.

"연이신혼(宴爾新婚) 금슬우지(琴瑟友之) 나를잊고 이러는가 계궁항아(桂宮姮娥) 추월(秋月)같이 번듯이 솟아서 비치우져. 막왕막래(莫往莫來) 막혔으니 앵무서(鶯鵡書)를 내가 어이보며 전전반측(輾轉反側) 잠못이루니 호접몽을 어이 꿀수있나."

하였을 때는 장내가 떠나갈 듯이 '얼씨구 좋다' 하는 소리가 터져 나왔다. 방울은 자기 소리의 물결을 타고 편안하게 흘러내리면 되었다. 소리의 물결을 타내려간다는 것이 이다지도 황홀한 것인가를 처음으로 실감할 수 있었다.

"내가 만일에 임을못보고 옥중원귀가 되거드면 무덤근처 섰난돌은 망부석이 될것이요 무덤근처 있난 나무는 상사목(相思木)이 될것이니 생전사후에 이원통을 알아주리가 뉘있드라는 말이냐 퍼버리고 앉아 설리운다."

쑥대머리가 끝났을 때 임방울은 청중을 향하여 허리를 굽혀 인사하고 물러났다. 청중들은 일제히 물러가는 방울의 등을 향하여

"좋다아. 재청이다 재처엉."

"명창이다 명창."

하고 아우성과도 같이 외쳐댔다. 방울은 이런 경우 어떻게 해야 하는지 알 수 없어 대기실로 돌아왔다. 이때 방울을 조롱하던 여자가 놀라는 눈으로 그를 바라보며

"아이고메, 재청을 받으셔야겠네요."
라고 말하였다. 뒤미처 사회자가 방울에게 급히 달려와서
"재청을 받으십시오."
하였다. 방울은 다시 무대로 올라갔다.
"이번에는 춘향의 옥중 유언을 하겠습니다."
방울은 목을 가다듬었다.
"서방님 잠깐 들조시오. 내일 본관사또 생신잔치끝에 나를 올리라 영이내리거든 칼머리나 들어주오."

내일 변 사또의 생신 잔치가 끝나면 처형당하게 되어 있는 춘향이 옥으로 찾아온 거지 차림의 낭군에게 유언하는 장면이다. 방울은 평소에 이 대문을 즐겨 불렀다. 그러나 어느 소리판에서 목이 부러진 상태에서 이 대문을 부르다가 큰 망신을 당했다. 그래서 공창식 선생한테 크게 꾸중을 들었다. 방울은 그때 일을 회상하며 그 기억에 도전장이라도 던지는 심정으로 이 대문을 뽑기 시작하였다. 물론 일말의 불안이 없지는 않았으나 오늘 그 불안을 떨칠 수 있으리라는 예감이 일었다.

그의 예감은 완벽하게 적중하였다. 그의 소리는 순풍에 돛단 듯이 넘실거리며 물결을 타내려가기 시작하였다. 오늘 그는 유달리 목이 앵겼다. 과연 청중들은 '칼머리나 들어주오' 할 때부터 아연 열광하기 시작하였다.

"나죽었다 하옵거든 아무손도 대지말고 삯군인체하고 달려들어 서방님 손으로 감장하여 부용당 방을치고 깔고자던 백담요와 베던베개 덮던 이불 자는듯이 뉘어놓고 비단 입성도 나는 싫어요 서방님 헌옷벗어 천금지금(天衾地衾)으로 덮어주고."
할 즈음에는

광주에서 명창대회를 마치고 여러 명창들과 함께 포즈를 취한 임방울(앞줄 중앙)

"얼씨구 조오타."
"명창이다 명창."
장내가 떠내려갈 듯한 추임새가 터져 나왔다. 사람이 소리를 끌고 가서는 안 되고 소리가 사람을 싣고 가야 한다는 박재실 선생의 말씀이 퍼뜩 방울의 머리를 스쳤다. 그렇다, 지금 자기가 바로 소리의 흐름을 타내려 가고 있구나, 라고 방울은 생각하였다.
이날 그는 경연장의 관례를 깨고 삼창까지 받았다. 그러고도 미진하여 사창을 청하는 청중들에게 사회자가 나서서
"죄송합니다. 죄송합니다. 규정에도 없는 삼창까지 했습니다. 양해해 주십시오."

라고 간청을 해서야 겨우 청중들을 진정시킬 수 있었다.

대기실로 돌아와 땀을 닦고 있는데 아까 접수를 받던 임원이 대기실로 들어서며 두리번거렸다.

"임방울 씨 어디 계세요?"

"접니다요."

"찾는 분이 계십니다."

임원은 이렇게 말하고는 뒤를 돌아보았다. 임원 뒤에 노인 한 분이 대기실로 들어서고 있었다. 방울은 벌떡 일어나 그 노인 앞으로 다가가서 허리 굽혀 절을 하였다.

"외숙님 그동안 안녕하셨어라우."

"오냐, 너그 어머니 아버지랑 다들 잘 계시제?"

"예."

그는 당대의 국창 김창환이었다. 그는 임방울의 외숙이었다.

"아 이놈아, 서울까지 왔으면 우리 집으로 올 일이지 어디서 묵고 있었느냐?"

"오늘 새벽에야 단체로 서울에 도착혔구만이라우."

"오, 그랬었구나. 어떻든 소리 공부 무던히 혔구나. 박재실, 공창식한 티서 배웠다면서?"

"예."

"그래 모두들 잘 있제?"

"공 선생님은 자주 뵙고 있고요 박 선생님은 뵈온 지가 오래됩니다만 안부는 늘 모시고 있었습니다요."

박재실이나 공창식은 모두 김창환의 제자들이었다. 따라서 이들에게서 받은 임방울의 소리 특히 「춘향가」는 완전히 김창환 바디였다.

"유성준 씨한티서도 배웠다면서?"

"예."

유성준과 김창환은 별반 교분이 없었던 모양으로 그 이상 묻지 않았다.

"오늘 끝나고 우리 집으로 와야 헌다. 상의할 일도 있고 허니."

김창환은 이렇게 말하고는 일어서서 바깥으로 걸음을 옮기기 시작하였다. 방울은 그의 등에 대고 절을 했다.

"나중에 찾아뵙겄습니다요."

김창환이 나간 조금 후에 아까의 임원이 나이 지긋해 보이는 사람 하나를 데리고 다시 임방울에게 다가왔다.

"임방울 씨 이분에게 인사하세요. 협률사 좌장 어른이십니다."

"아 예, 임방울입니다요."

"그래 자네 소리 잘 들었어. 헌디 우리 협률사에 들어올 생각은 없는가? 자네 뜻이 어떤가?"

"예?"

방울은 자기의 귀를 의심하였다. 하늘같이 높게 보이던 협률사에서 자기더러 들어오라니…….

"우리 협률사 단원으로 활동할 생각이 없느냐는 말이십니다."

젊은 임원이 말하였다.

"저야 뭐 여부가 없습니다요."

방울은 흥분을 가라앉히려고 애쓰면서 말하였다.

"그러면 됐어. 합심해서 열심히 해보세."

하며 방울의 손을 잡았다. 방울은 허리를 굽혀 답례하였다.

"참 아까 콜럼비아 레코드 회사의 전무라는 사람이 자네 쑥대머리를 들었던 모양인데 칭찬이 대단했어. 전속가수로 추천해봐야겠다고 하더군."

"아이고 그래요?"

방울은 넋 나간 사람처럼 간신히 이렇게 말하였다. 하늘의 구름 잡는 것 같은 너무도 꿈 같은 이야기였기 때문이었다.

방울이 일을 마치고 극장을 나서려는데 아까의 여인이 다가오더니

"정말 명창이네요."

라고 말하고는 방울의 손이라도 잡을 듯이 가까이 다가왔다.

"아, 거, 뭐."

방울은 이렇게 말하며 뒷덜미를 긁적였다.

"아까는 잘 모르고 큰 실례를 했습니다. 용서해주세요."

"아, 거, 뭐, 괜찮습니다요."

"저는 난향이라고 합니다. 잘 부탁합니다."

난향이 다시 한 번 고개를 숙였다.

"예, 아 거 뭐."

방울은 더듬거렸다.

다음날 오후 김창환의 집으로 인력거 한 대가 당도하더니 임방울을 찾았다. 방울이 의아해하며 밖으로 나가보니 차부(車夫)가 기다리고 있었다.

"난향 아씨가 모셔오라 해서 왔습니다."

방울은 잠시 망설이다가 결국 인력거에 올랐다. 그가 안내된 곳은 아담한 술집이었다. 방울이 안내된 방으로 들어서니 난향이 일어서며 정중히 절을 했다.

"어서 오셔요."

방울을 아랫목의 방석으로 인도하였다.

"어제는 명창을 몰라보고 큰 실례를 하였습니다."

하더니 구석에 미리 갖다놓은 보자기를 끌렀다. 상하 비단옷 한 벌이었다.

"이것 변변치는 않습니다만 한 번 입어보시지오."

"아니, 왜 이러시오. 내가 뭣 땜시 이런 선물을 받는다요?"

방울은 극구 사양하며 일어서려 하였으나 난향은 방울을 붙들어 앉혔다.

"얼른 갈아 입으세요. 상 봐가지고 올게요."

난향은 밖으로 나갔다. 방울은 한참 망설였으나 결국 갈아입었다.

조금 있으니 떡 벌어지게 차린 술상을 두 사람이 마주 들고 들어왔다. 난향도 뒤따라 들어왔다.

"술이나 한잔 하시지오."

난향이 술을 따라 권하며 말하였다. 방울은 손을 훼훼 내저으며 말하였다.

"나는 술을 못 혀라우."

"술 못 하시면 안주라도 드시지오."

이래서 방울은 융숭한 대접을 받았다.

전국명창대회에 출연한 이후로 임방울은 장안에서 화제의 주인공으로 떠올랐다. 대회가 끝나자 유기룡(劉起龍)은 『동아일보』에다 '임방울의 창법이나 더늠은 김창환과 흡사한 서편제(西便制) 계면조(界面調)의 대가'라고 극구 칭찬하였다.

그런 지 얼마 뒤 1930년의 어느 날 콜럼비아 레코드 회사에서 교섭이 왔다. 1년 간 전속가수가 되어달라는 요청이었다. 협률사 좌장의 말이 현실로 이루어졌다. 레코드 회사의 전속가수라니! 돔방 바지 돔방 두루마기 차림으로 서울 올라간 시골뜨기 임방울이 쟁쟁한 레코드 회사의 전속가

수라니! 그야말로 아닌밤중에 신데렐라 같은 행운이 그에게 찾아온 것이다. 그의 앞길은 이제 탄탄대로처럼 열리게 되었다. 그가 새파란 무명의 소리꾼에서 일약 전국 굴지의 레코드 회사에 전속가수로 발탁이 된 데에는 행운이 따랐다고 할 수도 있다. 명창대회에 우연히 들른 콜럼비아 레코드 회사의 한국인 전무가 때마침 쑥대머리를 부르고 있는 임방울의 소리를 들었던 것이다. 그는 단번에 임방울의 소리에 반하여 자기 회사의 전속가수로 적극 천거하였다.

그러나 행운의 여신도 따지자면 그 여신을 맞을 완벽한 준비를 한 사람에게만 다가가는 법이다. 이 점에서 임방울 자신의 그동안의 초인간적인 공력이 없었다면 아무리 남국일 같은 든든한 후원자가 있었다 해도, 아무리 전국명창대회가 열렸다 해도, 그래서 그 대회에 출연하게 되었다 해도, 아무리 임방울의 목이 그날 유달리 앵겼다 해도, 그리고 아무리 콜럼비아 레코드사의 전무의 눈에 뜨일 수 있었다 해도 결국 소용이 없었을 것이다. 결정적으로 중요한 것은 임방울 자신이 명창이었다는 것이고 그것은 그의 타고난 천분과 그 천분을 완벽하게 발휘할 수 있도록 한 그 자신의 피나는 공력이 뒤따랐기에 가능한 것이었다.

그는 콜럼비아사와의 1년 간의 전속 계약을 이행한 후에는 빅터 레코드사와 2년간의 계약을 맺었다. 그 다음에는 오케 레코드사와 전속 계약을 맺었는데 이는 일제가 조선의 문화 말살정책에 광분하기 시작하여 판소리를 비롯한 우리의 고유문화가 빈사의 위기에 놓이게 된 1940년대 초까지 계속되었다.

콜럼비아사에서 제일 먼저 찍은 판은 쑥대머리였다. 임방울의 쑥대머리 레코드판은 날개 돋친 듯이 팔려 나갔다. 위의 세 회사에서 찍은 쑥대머리판은 도합 20만 장이 팔려 나갔다. 이 쑥대머리는 신재효 본 「남창

지난날의 유성기 판(왼쪽)과 임방울의 레코드판 표지

(男唱) 춘향가」에도 들어 있으나 요즈음에 애창되는 것과는 상당히 다르다. 요즈음에 애창되는 쑥대머리는 여러「춘향가」중에서 서편제의 대가인 김창환제에만 들어 있었던 더늠인데 임방울은 김창환의 아들인 봉이, 봉학 형제한테서 이를 배웠고 이어서 김창환의 제자인 박재실 밑에서 이를 갈고 닦았다. 임방울의 레코드 쑥대머리가 공전의 히트를 함으로써 이 더늠은 갑자기 유명해져서 거의 모든 바디에서 이를 삽입해넣기에 이르렀다.

  임방울은 바쁜 서울의 일정을 마치고 일단 송정읍 동부리의 고향집에 돌아왔다. 그가 소속해 있는 협률사가 광주 근방으로 순회공연을 나왔으므로 오랜만에 고향에 들를 수가 있었다. 금의환향이었다. 아버지, 어머니는 이미 방울에 관한 소식을 어느 정도 알고 있었다. 명창대회에 출연하여 열광적인 갈채를 받은 일, 레코드 회사의 전속가수가 된 일 등을 다 알고 있었다.

오케 축음기회사에서 만든 선전 플래카드

"애썼다."

아버지는 이 말만 하였다. 애써 소리 공부를 막았던 임경학으로서는 기어이 제 고집대로 제 길 찾아간 자기 아들이 결국 옳았음을 시인하게 되었다. 집이나 지키고 농사나 지으라고 말하던 어머니도

"레코드 회사에 뭣이라더냐, 전속이 되면 돈을 많이 받는다면서야?"
라고 물었다. 아버지도 옆에서 말하였다.

"소리를 판에 찍게 되면 취입료를 받고 소리판이 팔리게 되면 팔린 장수대로 또 돈이 나오는 게여."

방울은 어머니, 아버지에게 미리 준비해온 비단옷 한 벌씩을 드렸다.

그리고 방울은 자기 방으로 들어왔다. 참 오랜만에 아내와 마주앉게 되었다. 그동안 소리 공부다 공연이다 하여 늘상 떠돌아다니지 않을 수 없었던 방울로서는 불평 한마디 없이 집을 지켜준 아내에게도 어느 정도 낯이 섰다. 아내에게 여우 목도리를 내놓으면서 말하였다.

"그동안 고생 많이 혔제? 인자는 고생 안 시킬 티닝개 그리 알어."

부인 박오례는 아무 말없이 이렇게 오랜만에 남편을 만나게 된 것만 대견한 듯 어린 딸 오희(五姬)를 안으며 그 볼에 자기 볼을 비볐다. 부인은 현재 두번째 임신 중이었다. 이제 세 살이 되는 맏딸 오희는 어머니 품에 안긴 채 눈을 깜박이며 오랜만에 돌아온 아버지를 바라보며

"아빠이."
라고 불렀다.

"오냐 아으가. 아으가 오희야, 이리 온."

방울이 손뼉 치고 팔을 벌리자 오희는 쪼르르르 달려와 아버지 품에 안기었다. 방울은 맏딸 오희를 안으며 두 볼에 입을 맞추었다.

"내 너 줄라고 진고개 사탕 사 왔다."

방울은 봇짐을 부스럭거리더니 사탕 봉지를 꺼냈다. 방울은 사탕 한 알을 꺼내어 오희 입에다 넣어주었고 또 하나를 꺼내어 아내에게도 주었다. 그리고 자신도 한 알을 입에 넣고 우물거리면서 봉지를 딸에게 주었다. 방울은 술은 거의 하지 않았지만 단것은 아주 좋아하였다. 그는 아내에게는 대범하고 무심한 남편이었으나 자녀들한테는 더없이 다정하고 자상한 아버지였다.

고향에 돌아온 이후 며칠 동안 그는 여러 사람한테서 축하 세례를 받아야 했다. 일가 친척들이 찾아와 축하를 했다. 이웃 사람들도 찾아와 대견해하였다. 몽실이와 경문이도 찾아와 같이 한판을 벌였다. 한 번은 광주의 유지 인사들이 임방울을 초청하여 환영의 모임을 마련해주기도 하였다.

임방울이 소속해 있는 협률사가 송정리에서 가설극장을 마련하고 공연을 하는 어느 날이었다. 임방울이 가설극장으로 들어서는데 입구께가 소란스러웠다. 수표원(受票員)과 감시원 몇 사람이 거지 두 사람을 잡아다놓고 사정없이 발길질을 하고 있는 중이었고 나머지 십여 명의 동료들은 저만치 떨어져서 동료들의 수난을 지켜보고 있었다.

"왜들 그려?"

임방울이 물었다.

"이 저석들이 주제에 개구녁치레를 할라고 안 하요?"

감시원 한 사람이 말하였다. 단단히 화가 나 있었다. 방울로서는 짐작이 갔다. 소리를 좋아하는데 돈은 없는 거지들이 몰래 포장을 뚫고 들어와 공짜 구경하려다가 감시원한테 붙잡힌 것이었다.

"놔줘."

방울이 이렇게 말하고는 놀란 고슴도치처럼 잔뜩 웅크리고 있는 거지들을 일으켜 세웠다. 짐작대로 남루를 걸친 거지들이었다. 그들의 얼굴에는 이미 멍이 져 있었다.
"원, 사람들도 우악스럽기는……."
혼잣말같이 중얼거리고는
"자네들일랑은 나를 따라오소."
하고는 두 거지를 데리고 입구께로 들어가다 말고 돌아서더니 아직도 저만치서 멍청히 구경만 하고 있는 나머지 거지들을 향하여
"여소. 자네들도 모두들 이리 들어오소."
라고 말하며 손짓하였다. 거지들은 그 말이 떨어지자 잠시 감시원의 눈치를 살피더니 이내 우루루루 임방울의 뒤를 따라 안으로 들어왔다. 그때 이후로 임방울이 이 고장에 공연을 나올 때마다 그들은 임방울의 뒤를 따라 들어오는 무료관람객이 되었다. 나중의 일이지만 그때 이후로 이 고장의 거지떼들은 임방울과는 끈끈한 인연을 맺게 되었다.

한 번은 담양 천변에 가설무대를 설치하고 공연할 때의 일이었다. 오후 공연을 마치고 일행들과 같이 숙소로 돌아오는데 어느 초라한 오두막집에서 슬피 우는 여자의 울음소리가 들려왔다. 이상히 여긴 방울이 일행들을 먼저 보내고 그 집 안으로 들어가 보니 집 안에는 아무도 없고 상주인 듯한 소복한 여인이 혼자 제청 앞에 앉아 울고 있었다. 방울이 그 소복 여인에게 다가가서 슬피 우는 연유를 물었다.
"바깥양반이 3년 동안이나 병석에 신음하다 세상을 떴는데 앞으로 어린 자식들 데리고 살아갈 일도 아득하고 당장 초상 치를 마련이 없어 이러고 있습니다요."
이 말을 들은 방울은 자기 주머니를 터는 정도로는 어림도 없는 일이어서 잠시 생각하다가 그 자리에서 소리를 하기로 결심하였다. 그는 쑥대머

리를 불렀다. 그날이 마침 장날이었는데 장이 파하여 집으로 돌아가던 사람들이 방울의 소리를 듣고 구름같이 모여들었다. 그리고 소리가 끝나자 열화같이 재청을 청하였다. 방울은 목을 가다듬고 말하였다.

"예, 재청을 하라시니 하겠습니다. 그런디 이 집 사정이 하도 가긍해서 그러니 십시 일반으로 적선을 하셨으면 합니다."

하고는 소복 여인이 들려준 사연을 전하였다. 그러자 그곳에 모인 사람들은 너도 나도 추렴하듯이 돈을 내놓았다. 방울은 그 돈을 거두어 여인에게 주고 숙소로 돌아왔다.

어느 날이었다. 인력거 차부가 찾아와 임방울을 찾았다. 모시고 오라는 전갈을 받고 찾아왔다는 것이었다. 누가 그러더냐고 물으니 가보시면 알게 될 것이라고만 말하라는 분부였다는 대답이었다. 방울로서는 다소 궁금하기는 하였으나 술자리 같은 데서 누가 자기 소리를 듣고자 부른 것이려니 생각하고 인력거에 올랐다. 인력거는 송정리를 벗어나 일로 광주 쪽을 향하여 달렸다.

그가 안내되어 간 곳은 송학원이라는 요정이었다. 그가 안내되어 간 곳은 그 요정의 안방인 듯하였다. 그는 평소에 술자리 같은 데 불려가던 때와는 전혀 다른 느낌을 지울 수가 없었다. 술집 안방에 안내되는 것도 이상하였으나 무엇보다도 술 손님이 하나도 없는 방에 혼자 덜렁 안내된 일부터가 이상하였다. 이윽고 종업원인 듯한 중년 여인이 술상을 들고 들어와 윗목에 내려놓고는 아무 말없이 나갔다. 뒤이어 한 여인이 다소곳이 고개를 숙인 채 들어와 방울 앞에 꿇어앉더니 공손히 절을 하였다. 방울은 영문을 모른 채 우선 자세를 바로하고 답례부터 하였다.

인사가 끝난 뒤에도 여인은 고개를 들지 않았다. 방울은 궁금하였으나 여인이 뭐라 입을 열 때까지 기다릴 수밖에 없었다. 꽤 오랜 시간이 흘렀다고 여겨지는데도 여인은 좀처럼 그런 자세를 흩뜨리지 않았다. 여인의 옷차림 같은 것으로 봐서는 이런 데 나오는 직업 여성 같기도 하였으나 그런데도 어딘지 여염집 여성 같은 분위기가 느껴지기도 하여 방울로서는 도무지 감을 잡을 수 없었다. 이런 경우 어떻게 해야 하는 것인지, 방울은 속으로 난감해하고 있는데 여인이 차츰 어깨를 들먹이기 시작하더니 상체를 방울의 무릎께로 내던져 엎어지며 참고 참았던 오열을 터뜨리기 시작하였다.

그 순간 방울의 오관에 강렬한 전류가 흘렀다. 그와 동시에 번개 같은 예감이 그의 가슴에 사무쳐왔다. 방울은 떨리는 두 손으로 여인의 두 볼을 감싸안고 일으켜 세웠다. 틀림없는 산호였다. 꽃다운 시절의 연연하고 청초한 모습은 흘러간 세월의 부피로 하여 많이 가시어져 있는 것은 사실이었으나 그리고 오랜 동안의 사나운 세파에 시달린 탓인지 많이 야위어 보이기는 하였으나 그래도 그녀에게서 임방울의 영혼 속에 각인지어져 있는 열네 살 짜리 소녀의 모습을 찾아내기는 조금도 힘들지 않은, 꿈에서나 생시에나 잊을 수 없는 산호가 분명하였다.

"산호. 산호."

그러자 산호는 상체를 일으켜 방울의 앞가슴에 얼굴을 묻고 비벼대며 다시금 세차게 오열하기 시작하였다. 오열의 사이사이 잔기침이 이어지기도 하였다. 방울은 이 세상의 가장 소중한 보석인 양 산호의 상체를 조심스럽게 그러나 힘껏 안은 채 산호의 오열의 파도가 가라앉기를 기다렸다. 이윽고 오열의 파도가 가라앉았다.

"방울 씨, 나 용서해줘요."

참으로 오랜만에 들어보는, 세찬 오열로 하여 코먹은 소리같이 꽤 갈리기는 하였으나 현묘한 악기와도 같은 귀익은 산호의 목소리가 틀림없었다.

"산호, 이것 어찌 된 일이여 응?"

방울은 한참 동안 말이 없다가 우선 이렇게 입을 떼었다.

"나 용서해줘요 응?"

"아 그럼, 산호가 무슨 잘못이 있다고 그려. 다 내 탓이제."

방울은 이렇게 말하자 갑자기 목이 메어왔다. 들어보나마나 짐작이 가고도 남는 산호의 애처로운 팔자에 가뜩이나 상심하고 있던 터에 광대로서 겪어야 하였던 자기 자신의 온갖 아픔들까지 일시에 밀어닥쳐 그를 세찬 설움의 강물 속으로 내동댕이쳤던 것이다. 그리고는 재채기와도 같이 터져 나오는 오열을 도저히 막을 수 없었다. 그러한 방울의 얼굴에 산호는 자신의 얼굴을 문지르며

"방울이 울지 마. 울지 마, 응?"

하면서 오열하기 시작하였다. 그러자 오열의 사이사이 잔기침이 아울러 이어졌다.

이윽고 두 사람이 어느 정도 진정이 되었을 때 방울은 염려스러운 듯이 물었다.

"감기가 있는가부제?"

"아니어, 괜찮혀."

산호는 대수롭지 않은 듯 고개를 흔들어 보이고는 말을 이었다.

"우리 아버지, 어머니 용서해줘 응?"

"나 그분들 조금도 원망하지 안 혀. 다 내 팔자가 그런디 뭐."

방울이 말하자 산호는 가라앉은 음성으로 말하였다.

"그래, 그러면 됐어. 아버지, 어머니도 저승에서 인자 마음 놓으실 것이여."

"아니, 뭐라고?"

방울은 부르짖듯이 말하였다. 그와 동시에 산호를 만난 놀라움으로 하여 미처 헤아릴 겨를조차 없었던 여러 가지 궁금증이 일시에 고개를 들기 시작하였다.

"언제? 그리고……"

방울은 그 다음 말을 이을 용기가 나지 않았다.

"나 지금 혼잣몸이여."

"뭐라고? 거 무슨 소리여?"

"진즉 갈라섰어."

"갈라서다니?"

방울은 가슴이 철렁 내려앉았다. 산호의 그동안의 인생길이 눈에 보이는 듯하여 가슴이 찢어질 것만 같았다.

산호는 부모에게 끌려간 그해 가을에 장성의 부잣집 아들에게 시집을 갔다. 그리고 처음 몇 달 동안은 별 탈없이 지냈다. 물론 산호로서는 첫사랑을 가슴속에서 지울 수 없었다. 그러나 이제 가야 할 길이 달라졌기 때문에 방울의 기억은 가슴속의 영원한 비밀로 묻어두고 살아가는 도리밖에 없다고 치부하고 있었다.

이윽고 임신을 하게 되었다. 임신이 차츰 밖으로 드러날 무렵이 되자 신랑도 기뻐하고 시부모도 기뻐하였다.

한 가지 걱정거리가 있다면 남편이 술이 과하고 또 술을 하게 되면 이따금 정신을 놓아버리는 경우가 더러 있다는 것이었다. 그러나 아내가 임신한 것을 알게 된 이후로는 각별히 조심하는 눈치가 완연하였다.

그러던 어느 날이었다. 읍에 갔다 온 신랑이 만취하여 집에 들어서자마자 아내를 끌고 방으로 들어갔다.

"내가 다 알고 묻는 것이닝개 사실대로 말혀."

전에도 더러 술이 과하여 정신을 잃거나 주정을 하거나 할 때도 있었지만 오늘 같지는 않았다. 오늘 자기를 대하는 남편의 태도는 어떤 섬뜩한 두려움마저 느끼게 하였다.

"네 뱃속에 있는 애기가 누구 것이여? 바른대로 대."

마른 하늘에 날벼락 같은 소리였다. 산호는 눈앞이 캄캄해지는 것을 느끼면서도 애써 정신을 가다듬으며

"그 무슨 입에도 못 담을 말이다요?"

라고 말하였다. 그러자 말이 떨어지기가 바쁘게 산호의 눈두덩에서 번갯불이 번쩍 하였다. 남편은 산호를 치면서 으름장을 놓았다.

"이 앙큼한 년, 시침을 떼면 넘어갈 줄 알어? 내 다 알고 묻는 것이여."

"알기는 뭣을 안단 말이요?"

"그래도 앙큼 떠는 것 보소 잉. 너 시집오기 전에 트고 지내던 놈이 있었제. 느그 집 머슴놈 말이여. 그래도 시침을 뗄 것이여?"

산호는 가슴이 철렁하였다. 그러나 차라리 잘되었다 하는 생각도 없지 않았다. 이렇게 마음을 정하니 오히려 차분해지기도 하였다.

"그 이야기, 당신한테 진즉 말하지 않은 것은 정말 죄송해요. 이제라도 사실대로 말할 테니 오해를 푸세요."

이렇게 입을 열기 시작하니 산호의 마음도 가라앉으며 이야기도 숨김없이 풀려 나갔다. 산호의 나이 열네 살 때 동갑내기 소년이 고용살이로 왔다는 것, 소리를 아주 잘해서 호감이 갔고 호감이 연정으로 변해갔다는 것, 두 사람은 결혼까지도 언약하였으나 결국 부모의 반대로 이루어지지 아니하고 이곳으로 시집오게 되었다는 것 등을 남김없이 다 이야기하였다.

"당신한테 그런 이야기를 미리 말하지 않은 것은 제 잘못이어요. 정말 죄송허게 됐어요. 허지만 당신한테나 천지신명한테 떳떳하게 맹세하지만 그 총각과 나 사이는 순결하였어요."

이렇게 해서 일단 풍파는 가라앉았다. 그 이후로 남편은 산호를 의심하거나 추궁하거나 하는 짓을 하지 않았다. 산호도 일단 안도의 한숨을 내리쉬었다.

그러나 그것은 산호의 착각이었다. 산호에 대한 남편의 의심암귀는 얼마 동안 밖으로 드러나지는 않았으나 꾸준히 마음 깊숙이 뿌리를 뻗어갔던 것이다. 남편의 의심암귀가 의처증으로 드러나기 시작한 것은 그보다 다섯 달 뒤 그러니까 산호가 아들을 낳은 직후의 일이었다.

산호는 떡두꺼비 같은 아들을 낳았다. 그래서 시아버지, 시어머니를 비롯하여 집안 식구들이 모두 기뻐하였다. 남편도 물론 기뻐하였다. 그런데 며칠 뒤부터 남편이 아기방에 드나드는 횟수가 잦아지기 시작하였다. 그러고는 아기를 유심히 바라보다가 나가곤 하였다. 산호는 남편이 아버지가 된 것이 기뻐서 그리고 어린 아들이 귀여워서 자주 아기방에 드나드는 줄로만 알았다.

그러던 어느 날 산호는 아기를 바라보는 남편의 표정을 보고는 가슴이 철렁 내려앉았다. 아기를 바라보는 남편의 표정이 자기 자식을 바라보는 아버지의 눈길이 아니었다. 몇 달 전 남편이 술에 취해 들어와서 자기를 추궁할 때의 의심암귀에 들려 있는 그러한 눈길이었다.

과연 남편은 그 의심암귀의 화살을 산호에게 겨누기 시작하였다. 아기를 한참 동안 바라보던 남편이 마침내 입을 열었다.

"이놈이 그놈 자식이제?"

산호는 억장이 무너지는 것을 느끼며 잠시 동안 멍하니 있었다.

"이놈이 그놈 자식이제?"

남편이 산호를 쏘아보며 말하였다. 산호는 이제야 정신을 수습하였다.

"당신 지금 무슨 그런 죄될 소리를 다 헌다요?"

"아니여. 틀림없어. 이놈이 그놈 자식이여. 내가 속을 줄 알고?"

"당신 왜 이래요. 제발 정신차려요. 당신 자식에게 그 무슨 죄될 소리를 해요 응."

그러나 아무 소용이 없었다. 남편의 의처증은 막을 길이 없었다. 이런 의처증과 아울러 남편의 술 버릇은 날이 갈수록 사나워져갔다. 아내에 대한 집요한 추궁이 점차 심해져갔다. 그리고 그런 추궁은 번번이 가학행위로 이어졌다.

그런데 설상가상으로 그해 여름에 장티푸스가 만연하여 결국 아기마저 잃고 말았다. 산호는 도저히 더 이상 그 집에 붙어 있을 수가 없었다. 그래서 아기를 묻고 돌아온 다음 다음날 그 집을 빠져 나오고 말았다.

산호의 이야기를 듣고 있던 방울이 물었다.

"산호의 아버지, 어머니는 어떻게 해서 돌아가셨어?"

그러자 산호는 다시금 느껴 울기 시작하였다. 울음이 가라앉기를 기다려 방울이 말하였다.

"군산으로 이사 가셨다는 소문은 들었었는디."

"아버지가 군산 가셔서 처음에는 미곡상에 재미를 보았는디 어떤 나쁜 친구를 만나 미두(米豆)에 손을 대기 시작하여 살림이 기울고 그나마 알량한 딸 하나 있는 것마저 소박맞고 돌아와 친정살이하고 있으니 아버지께서 오죽허셨겠어. 홧술로 지내시다가 돌아가시고 어머니도 얼마 안 되어 뒤따라가다시피 세상을 뜨셨어. 다 나 같은 불효여식 때문에 명대로 못 사신 것이여."

"괜히 쓸데없는 소리는."

방울은 말하고 잠시 뜸을 들인 다음

"그런데 산호는 지금……?"

"그동안 안 해본 일이 없어."

방울은 아무 말도 하지 못하였다. 의지가지없이 살아온 산호의 그동안의 삶의 자취가 눈에 선히 보이는 듯하였다.

"전에 방울 씨한티 나도 소리 공부하고 싶다고 말한 적 있지?"

"그래. 그런 일 있지."

"말이 씨가 된다고 나 소리 공부도 혔어. 기생으로 나온 것 모르고 있었지? 이름도 산호주라고 바꾸었어. 이 집에서 술장사 하고 있어."

산호는 고개를 숙였다. 방울은 말없이 고개만 끄덕였다. 가슴이 찢어질 듯이 아팠으나 뭐라 할 말을 찾을 수 없었다.

"의지가지없는 신세가 되어 떠돌아다니다가 버둥거리다가 모진 목숨 끊지도 못하고 방울 씨 만나보고 싶은 일념으로 구르고 굴러서 머물게 된 것이 지금, 송학원의 안주인 산호주의 자리여."

꽤 오랫동안 침묵이 흘렀다.

"방울 씨 소식은 자주 들었어. 유명해지셨다는 소식도 장가가셨다는 소식도……. 술 손님들의 이야기를 통해서도 들었고 신문으로도 보았고. 나 방울 씨의 쑥대머리 판 사다가 늘 듣고 있어."

또다시 침묵이 흘렀다.

"염치없고 도리 없는 짓인 줄은 번연히 알지만 방울 씨를 만나고 싶어 견딜 수 없었어. 그래서 여러 해를 망설이고 망설이던 끝에 이렇게……."

또다시 침묵이 흘렀다. 이윽고 방울은 윗목에 놓아둔 술상을 끌어당겨 두 사람 사이에 놓았다. 그리고 자작으로 두 잔을 연거푸 들이켰다. 못 마시는 술이라도 들이켜지 않고서는 도저히 견딜 수 없었다.

"방울 씨 이러지 마. 방울 씨 술 못 하신다며? 그러다 몸 상하면 어떻게 혀."

산호는 달려들어 잔을 빼앗았다. 방울은 산호를 안고 뒹굴면서

"산호. 산호. 산호⋯⋯."

라고 잠꼬대같이 중얼거리기만 하였다. 산호도 방울을 힘껏 안고

"용서해줘 응. 용서해줘 응⋯⋯."

라고 되풀이하기만 하였다.

그들은 이렇게 하여 낮과 밤이 없는 시간 속으로 들어갔다. 산호를 영영 놓치게 되었다는 것을 알게 된 날 밤, 못 마시는 술에 취하여 울다가 넋두리하다가 하던 날 밤, 잠결에 월선이라는 기생에게 동정을 빼앗겼을 때와 방불한 낮과 밤이 없는 시간이 흘렀다. 그러나 그때는 월선의 일방적인 유도에 의하여 금단의 세계 속으로 빨려들어간 꼴이었으나 이번만은 남(男)과 여(女)의 충분한 합의와 협력으로 진행되는 시간이었고 뿐만 아니라 극진한 사랑과 헤아림과 기쁨과 눈물을 아낌없이 주고받는 관계 위에서 진행되는 시간이었다는 점에서 각기 성격을 달리하였다.

밖에서는 난리가 났다. 방울의 행방이 묘연해지자 첫째로 가족들이 걱정하기 시작한 것은 당연한 일이었다. 물론 이런 일을 한두 번 겪은 바 아니었으므로 부인을 비롯한 가족들은 그다지 크게 걱정을 한 것은 아니지만 그래도 답답하고 불안하기는 마찬가지였다. 그러나 특히 답답한 것은 임방울과 전속계약을 맺은 레코드 회사 그리고 임방울의 출연을 필요로 하는 협률사였다.

산호와 그야말로 낮과 밤이 없는 시간을 보내기 시작한 지 여러 달 만에 방울은 일단 정신을 수습하고 집으로 돌아왔다. 아버지, 어머니는 방

울이 흔히 나돌아다녔으므로 이번에도 그저 그런저런 연유로 좀 시일이 걸린 것이려니 여기고 예사롭게 생각하는 눈치였으나 아내는 달랐다. 여자의 직감이 있었던 것이다. 무슨 곡절이 있을 것임에 틀림없다는 느낌이 있었다. 협률사 쪽에서 여러 번 왔다가 허탕치고 돌아간 일도 있었고, 무엇보다도 레코드 회사에서 행방을 알려달라고 연해 전갈이 왔을 때는 무슨 일이 잘못되지나 않았을까 하여 애가 타기도 하였다.

"그동안 도무지 말미를 낼 수 있었어야제."

방울은 시무룩하니 앉아서 바느질하고 있는 아내에게 이렇게 어리벙벙하게 운을 떼보았다. 아내는 남편의 말을 들었는지 말았는지 바느질만 계속하였다. 방울은 사탕봉지를 꺼내놓으며 말했다.

"자, 여그 당신 줄라고 박하사탕 사왔네. 어서 하나 먹어보소. 오희는 어디 갔는감?"

"나도 모르겠소."

부인은 퉁명스럽게 한마디 하였다. 이때 오희가 밖에서 들어오더니 쪼르르 아버지 무릎에 가 앉으며

"아빠이."

라고 불렀다. 방울은 아기를 안고 볼에 입을 맞추며

"아으가, 어디 갔다 왔는가 내 새끼. 자아 여그 박하사탕 있다아."

라고 말하고 딸의 입에 사탕알을 넣어주었다. 그제야 바느질하던 아내의 표정도 누그러졌다.

"레코드 회사에서랑 협률사에서랑 당신 어디 갔느냐고 찾고 난리였었는디 대관절 어디 가시면 가신다고 말을 허고 가셔야제 도무지 답답혀서 쓰겠어라우?"

"무소식이 희소식이라 않던가."

"자식들은 차츰 불어나고 여축해둔 것은 없고 만날 이 모양으로……."

아내는 단단히 벼르던 끝이었던 모양이나 오희가 들어오자 다소 누그러지면서 푸념을 하기 시작하였다.

"허허 그 사람. 인생이란 공수래공수거여. 뭐 아등바등 혀봤자 별 소용 없어. 이 사람아."

"당신도 참."

아내도 결국 빙그레 웃고 말았다.

방울은 산호와 지냈던 몇 달 동안의 공백을 메우기 위해 여기저기 분주히 돌아다녀야 했다. 콜럼비아 레코드사에서는 쑥대머리의 제2탄으로 춘향의 옥중 유언을 녹음하려고 서울 왕래를 해야 했고 여러 공연단체에서의 공연 혹은 문화단체 같은 데에서의 초청공연에도 응하느라 분주한 시간을 보내야 했다.

그러한 바쁜 일들이 대충 마무리되고 잠시 한가한 말미를 얻어 집에 돌아와 쉬고 있는 어느 날이었다. 밖에서 방울을 찾는 사람이 있었다. 지난번 찾아왔던 인력거의 차부였다. 모시고 오라는 산호의 분부를 듣고 왔노라 하였다. 방울은 잠시 망설였으나 결국 인력거에 몸을 실었다.

"방울 씨 죄송해요. 보고 싶어 못 살겠어."

방울을 맞은 산호의 첫마디 말이었다. 산호는 지난번 만났을 때보다 많이 야위어 보였다. 방울이 걱정스러운 듯이 물었다.

"얼굴이 많이 야윈 것 같은데?"

"야위기는 무슨. 아무렇지도 않은데."

산호는 힘주어 말하였다.

"다른 무슨 걱정거리가 생긴 것은 아니고?"

"보고 싶은 사람 못 보는 것보담 더 큰 걱정거리가 어디 또 있다야?"

산호는 웃는 얼굴로 살짝 눈을 흘기며 말하였다. 방울도 따라 웃으며 중얼거렸다.

"아닌게아니라 그렇구먼. 그 말이 맞어."

두 사람은 누가 먼저랄 것도 없이 굳게 포옹하고는 그대로 뒹굴어버렸다. 그들은 다시금 낮과 밤의 구별이 없는 무시간(無時間)의 공간 속으로 빨려들어갔다.

산호는 몸 전체가 현묘하고도 정교한 악기와 같았다. 어느 부위를 건드려도 민감하고 신비로운 반응을 보였다. 방울은 때로는 무슨 연체동물과도 같이 그 악기의 부위에 흡인되어 들어가기도 하였고 때로는 탐욕스런 맹금(猛禽)처럼 그 모든 부위를 쪼아 헤집기도 하였다. 그럴 때마다 산호의 모든 부위들은 이승의 것 같지 않은 황홀한 소리의 문을 열면서 깊이 모를 늪과도 같이 방울의 모든 것을 남김없이 빨아들였다.

"방울 씨, 인자 당신 없으면 나는 못 살아. 정말로 못 살아."

그들만의 무시간의 공간이 정지되어 두 사람이 잠시 일상의 시간으로 돌아온 어느 날 오후 산호가 누운 채 천장을 바라보며 말하였다. 방울도 시선을 천장에 던져두고 누운 채 아무 말없이 듣고만 있었다.

이윽고 산호가 누운 채 팔을 뻗어 머리맡의 담배와 성냥을 끌어당겨 불을 붙여 방울의 입에 물려주고 또 한 개비에 불을 붙여 자신도 입에 물었다. 두 사람이 피워 올리는 담배 연기가 일렁거리며 천천히 천장 쪽으로 어우러지며 피어올랐다. 산호는 담배를 힘껏 빨아들인 다음 후 하고 내뿜고 나서 다시 입을 열었다.

"당신 없으면 나는 못 살아. 정말이여. 잠시도 떨어져서는 못 살아."

한마디 한마디를 또박또박 떼어서 말하였다. 방울은 여전히 천장으로 담배 연기만 피워 올리며 입을 다물고 있었다.

"염치없고 도리 없는 소린 줄 잘 알지만 할 수 없어."

산호는 이렇게 말하고는 몸을 방울 쪽으로 왈칵 돌리더니 방울의 앞가슴께로 파고들며 몸부림치듯 흐느껴 울기 시작하였다. 산호의 흐느낌은 좀처럼 멎지 않았다. 뿐만 아니라 그녀의 흐느낌은 발작과도 같은 기침으로 변하였다. 지난번의 잔기침보다 훨씬 가파른 것이었다.

"산호 왜 이려. 응? 왜 이려?"

방울은 일어나 앉으며 산호의 몸을 일으켜 세우며 말하였다. 산호의 기침의 발작은 좀처럼 멎지 않았다. 그러더니 산호는 방바닥에 피를 쏟기 시작하였다.

"아니, 이거 피가 아니여?"

방울은 방안을 두리번거리다가 휴지 뭉치를 찾아내어 산호의 입가를 닦아주며 말하였다. 그러나 산호의 각혈은 멎지 않았다. 방울은 벌떡 일어나 옷을 주섬주섬 주워 입었다.

"이것 안 되겠어. 얼른 병원에 가야 쓰겄어. 산호도 채비를 혀."

"병원에 가도 소용없어."

산호는 기침의 사이사이에 한마디씩 띄엄띄엄 뱉어내듯 말했다. 말은 힘겹게 하면서도 그 어조는 의외로 차분한 분위기였다. 방울은 가슴이 철렁하였다.

"거 무슨 소리대여? 병원에 가도 소용없다니?"

"조금 있으면 각혈이 멎을 거여. 내 병은 내가 잘 알어."

역시 기침의 사이사이에 띄엄띄엄 한마디씩 하는 그러한 말이었다. 아닌게아니라 조금 후에 각혈이 멎었다. 산호는 방울이 건네주는 휴지로 입가부터 닦고 걸레를 챙겨 방바닥의 피를 닦기 시작했다.

산호의 그러한 모습을 물끄러미 바라보던 방울의 가슴이 찢어질 듯이 아파왔다. 이것 예삿일이 아니라는 생각이 머리를 스쳤다.

"내 병을 내가 안다니 그건 또 무슨 소리여?"

방울은 그 말이 아무래도 마음에 걸려 물어보지 않을 수 없었다. 그러나 산호는 아무 말없이 걸레질만 하였다.

"산호, 언제부터 이렇게 됐어?"

방울은 불길한 예감을 떨치지 못한 채 이렇게 물었다. 산호는 여전히 아무 말없이 걸레를 새것으로 바꾸어가며 몇 번이고 몇 번이고 방바닥을 닦기만 하였다. 보다 못한 방울이 걸레를 빼앗아 방구석에 밀치고는

"자, 인자 그만허면 됐으닝개 이리 누워."

하더니 산호를 안아다 자리에 눕혔다. 그러자 산호는 상체를 일으켜 방울의 앞섶을 헤치며 그의 가슴께로 세차게 파고들어왔다. 산호의 온몸이 불덩이처럼 뜨거웠다. 방울의 관능이 불시에 눈뜨기 시작하였다. 자칫하다가는 산호한테 휩쓸려 들어갈 것만 같았다. 방울은 혼신의 노력으로 버티어 서지 않으면 안 되었다.

"산호, 이러지 마. 이러면 안 되야."

"괜찮혀. 여보 나는 괜찮혀."

하면서 산호는 자꾸만 방울에게 엉겨들었다. 방울은 혼신의 노력으로 버티었다.

"산호 이러지 마. 나도 괴로워 응."

방울은 사정하듯이 산호를 달랬다.

"오늘은 늦었으닝개 조용히 쉬기로 허고 내일은 어떤 일이 있더라도 꼭 병원에 가봐야 쓰겠구먼."

애원하다시피 중얼거렸다. 산호는 그제야 체념한 듯 도로 자리에 상체를 눕혔다. 산호의 얼굴과 목과 겨드랑이 할것없이 땀이 축축하였다.

"아이고 이 땀 좀 봐."

방울은 수건을 가져와 땀을 닦아주고는

"한숨 푹 자야 쓰겄어 응?"

이불을 덮어주며 말하였다. 산호는 눈을 감은 채 고개를 끄덕였다. 잠시 침묵이 흘렀다. 산호의 숨소리가 차차 고르게 들려 왔다.

"여보 당신도 한숨 붙여요 응."

산호가 눈을 감은 채 말하였다.

"그래. 그러지."

방울이 대답하였다.

그 다음날 오후 임방울은 가만히 송학원을 빠져 나와 동쪽으로 발길을 돌렸다. 그의 발걸음은 천근이나 되는 듯이 무거웠다. 지난밤에 뜬눈으로 밤을 새운 탓도 없지 않았으나 그보다도 산호에 대한 애련한 마음이 그의 걸음을 무겁게 하였다.

어제 오후 늦게 산호가 잠이 든 사이에 방울은 바로 산호가 그동안에 다녔다는 병원을 찾아 의사와 상의해보았다. 산호의 병은 방울이 추측한 대로 뇌점(폐결핵)이었다. 어제 오늘에 시작된 것이 아닌 뿌리 깊은 뇌점이었다. 이 병에는 약도 약이지만 마음 편히 지내며 잘 먹고 편히 쉬는 것이 제일이라고 했다. 특히 해로운 것은 이성과의 접촉이라던데 이성과의 접촉은 유달리 심한 체력 소모를 가져온다는 것이었다. 그런데도 이 병의 환자는 병적으로 그 행위를 탐하게 된다고 했다.

의사의 이러한 설명을 들은 방울은 하루 속히 산호 곁을 떠나야겠다는 결심을 하지 않으면 안 되었다. 산호의 병에는 남녀의 접촉이 가장 나쁘다는 것을 알게 되었기 때문이다. 아닌게아니라 지난번 산호와 처음 만났을 때도 산호는 자주 잔기침을 했다. 가벼운 감기 정도려니 생각했는데 지금에 생각하니 그게 아니었던 것이다. 지난번에는 잔기침 정도였는데 이번에는 발작 같은 기침에다 각혈까지 한 것이다. 산호는 자기와 만난 이후로 그만큼 병이 악화되었던 것이다. 산호의 병을 악화시킨 장본인이 바로 자기 자신이라는 것을 방울은 알게 되었다.

　의사를 만나고 돌아온 그는 밤새도록 잠을 이루지 못하였다. 산호를 위해서 어떻게 하는 것이 좋을까 좀처럼 결심이 서지 않았기 때문이다. 의사의 권유로는 떠나는 것이 옳은 일이지만 중병을 앓는 산호를 팽개쳐두고 훌쩍 떠나는 것이 사람의 도리가 아니라는 생각이 앞섰고 그렇다고 산호 곁을 지켜주자니 병약한 그에게 자꾸 욕망을 자극하는 결과를 가져올 것만 같기도 하였기 때문이다.

　그러나 결국 방울은 산호 곁을 떠나는 것이 산호를 위해 옳은 일이라는 생각을 굳혔다. 그래서 산호에게는 앞으로 당분간 만나지 말자는 쪽지를 써놓았고 송학원의 지배인을 만나 산호의 간호를 단단히 당부하고 자기의 저금통장과 도장을 주며 치료비에 보태 쓰도록 하라고 이르고는 가만히 송학원을 빠져 나왔다.

　송학원을 빠져 나온 임방울의 발걸음은 무겁기 짝이 없었다. 곧 죽을 것만 같은 산호를 혼자 떼어놓고 떠나기가 너무도 박정한 일인 것만 같았다. 아니할 말로 영영 죽을 바에는 차라리 산호의 머리맡에 앉아 임종이라도 지켜주는 것이 사람의 도리가 아닐까 하는 생각이 들기도 하였다. 그런데 죽고 사는 일은 하늘의 뜻이지만 사람은 사람대로 치료를 위하여 최선을 다해야 할 것 아니냐는 의사의 말이 방울의 가슴을 울렸다. 어떻든지 간에 힘닿는 데까지는 사람의 도리를 다하는 것이 옳다는 생각을 굳혔다.

　그는 지난번처럼 괴나리봇짐 안에 박달나무 목침과 북채를 챙겨넣는 것을 잊지 않았다. 그는 지난번처럼 장성을 거쳐 정읍, 남원, 구례를 거치고 화개를 지나 쌍계사로 향하였다. 방울이 쌍계사에 당도한 것은 저녁 무렵이었다.

그는 주지 스님을 찾았다. 주지 스님은 오랜 세월을 스치는 동안 많이 늙어 보였으나 아직도 여전히 정정하였다.

"너 또 올 줄 알았다."

방울의 큰절을 받더니 주지 스님은 이렇게만 말하고는 시봉(侍奉)을 불러 전과 같이 거처할 곳을 일러주도록 하였다.

"오늘은 늦었으니 어서 가 자그래이."

다음날부터 방울은 처음 이곳에 왔을 때와 마찬가지로 낮으로는 동굴에 들어가 독공을 하고 밤에는 불목하니의 방에 끼여서 자는 생활을 하게 되었다.

그는 박재실, 공창식, 유성준 등 여러 선생들한테서 받은 「춘향가」「적벽가」「수궁가」를 처음부터 읽어가기로 하였다. 박달나무 목침을 북으로 알고 박달나무 북채로 이것을 두드려 장단을 맞추며 그는 「춘향전」부터 읽어내려가기 시작하였다.

"(아니리)호남좌도 남원부는 동으로 지리산 서으로 적성강 산수정기 어리어서 춘향이가 생겼구나. 춘향모 퇴기(退妓)로서 춘향을 처음 밸제(중중모리)꿈가운데 어떤선녀 도화이화 두 가지를 양손에 갈라쥐고 하늘에서 내려와서 도화를 내어주며 이(李)꽃을 잘가꾸어 이화접(李花接)을 붙이며는 오는 행락(行樂)좋으리라."

소리가 좀처럼 가닥을 잡지 못하고 비틀거렸다. 한 해 언제 월선이와의 일이 있고 나서 목이 부러졌을 때처럼 심하지는 않았으나 그래도 소리에 맥이 빠지고 결이 휘청거리기는 마찬가지였다. 그러고 보니 소리 공부를 너무 오래 쉬었던 것이다. 그동안 흥얼거리는 버릇도 어느새 멎어 있었음을 깨달아야 했다. 그는 스스로에게 채찍을 가하는 심정으로 비틀거리는 자기 소리의 걸음걸이를 세차게 다그쳐야만 했다.

월매가 선녀로부터 도화를 받는 꿈을 꾸고 나서 잉태하고 잉태한 지 열 달 만에 태어난 아기가 춘향. 춘향이는 선녀가 하강한 듯 절대가인(絕代佳人)일 뿐 아니라 글공부며 바느질에도 뛰어났다. 한편 한양에서 새로 도임한 남원 부사의 아들 이몽룡은 나이 십육 세로 화창한 봄날 방자를 앞세워 광한루 구경을 나오게 되는데 여기서 때마침 그네 뛰는 한 아가씨를 발견하게 된다……. 어렵사리 여기까지 끌고 오는 데도 소리는 도무지 가닥이 잡히지 않았다.

"(중중모리)백백홍홍난만중(白白紅紅爛漫中)에 어떤미녀가 나온다. 달도같고 별도같은 어여쁜 미인이 나온다. 화림중을 당도터니 장장채승(長長彩繩) 그넷줄을 휘느러진 벽도(碧桃)가지 휘휘친친 감아매고 선뜻올라 발구를제 한번을 툭굴러 앞이번뜻 높고높다. 두번을 툭굴러 앞뒤점점 높았네"

마침내 그네 뛰는 처녀를 발견한 이몽룡이 그 아름다운 자태에 첫눈에 반하여 방자를 시켜 만나기를 청하는 장면에 이르러서도 그의 소리는 결이 일어설 생각을 하지 않았다.

방울은 벌떡 일어섰다. 밖으로 뛰어나가 옷을 훨훨 벗고 계곡물 속으로 뛰어들었다. 초가을이었으나 골짜기의 물은 얼음보다도 차가웠다. 그는 그대로 버틸 수 있을 때까지 버티기로 하였다. 차가움이 뼈를 오려내는 듯하였으나 이를 악물고 참았다.

"허허 너 이놈 목욕이로구나."

주지 스님이 계곡 아래쪽에서 올라오며 말하였다. 방울이 일어서 앞을

가리고

"어디 가시는지요?"

라고 스님께 인사를 올렸다.

"단풍 구경삼아 여게까지 왔더니마는."

하고는 잠시 말을 끊었다가

"이 늦가을에 목욕하는 놈이 웬 놈일꼬 해서 개울로 내려와봤더니마는 바로 왕방울이 네놈이네."

하고는 다시 오솔길을 타고 계곡을 올라가기 시작하였다.

방울은 다시 동굴로 돌아와 「춘향전」을 읽어내려가기 시작하였다. 그네 뛰는 춘향에게 첫눈에 반한 이 도령이 방자를 시켜 만나자는 전갈을 보냈으나 춘향은 오지 않고 수수께끼 같은 전갈만 보낸다. 안수해(雁隨海) 접수화(蝶隨花). 기러기는 바다를 따르고 나비는 꽃을 따르고……. 이렇게 읽어내려가다가 방울은 문득 소리를 중단하고 뒤로 벌렁 누워 천장을 응시하기 시작하였다. 기러기는 바다를 따르고 나비는 꽃을 따르고……. 산호를 향한 억누를 길 없는 그리움과 쓰리고 아린 헤아림의 정이 그의 가슴에 파도처럼 밀어닥쳤다. 기러기는 나비를 따르고 나비는 꽃을 따르고……. 두 눈에서 뜨거운 눈물이 양 볼을 타고 흘러내렸으나 방울은 그것을 훔칠 생각도 하지 않았다.

그날 밤에 그는 주지 스님께 불려갔다.

"왕방울 이놈 또 무신 병이 도진기제?"

방울은 말없이 고개만 숙이고 있었다.

"즐겁네 괴롭네 하는 세상 만사 지내놓고 보면 다 뜬구름과 같은 기라. 공수래공수건기라. 알겠나."

방울은 아무 말없이 머리만 한 번 조아렸다. 공수래공수건기라. 십여 년 전 그가 처음 쌍계사를 찾았을 때 들려주시던 말씀이었다. 스님이 하신 말씀의 속뜻이 무엇인지 딱히 집어서 무엇이라 헤아릴 수는 없었으나 지금 자기의 괴로움을 꿰뚫어보시고 하신 말씀이려니 하는 짐작은 할 수 있었다. 방울의 두 눈에 불현듯 눈물이 고이기 시작하였다.

그날 밤 그는 참으로 오랜만에 깊은 잠을 잘 수 있었다.

다음날 그는 한결 가벼운 걸음걸이로 동굴을 향하였다. 마음이 가닥을 잡기 시작하니 소리도 한결 가닥이 잡히기 시작하였다. 안수해 접수화. 기러기는 바다를 따르고 나비는 꽃을 따르고……. 수수께끼 같은 전갈이 뜻이 있으면 찾아오라는 말인 것을 해독한 이 도령은 기쁜 마음으로 밤이 오기를 기다리고 드디어 밤이 되어 춘향의 집을 찾아간다. 마침내 백년가약을 맺고 사랑가로 노는 장면에 이르러서는 방울의 왕년의 서슬이 차츰 되살아나기 시작하였다.

그러한 어느 날이었다. 방울이 사랑가를 읽어가고 있는데 밖에서 헛기침 소리가 두세 번 나는 듯하였다. 방울은 중단하지 않고 사랑가를 이어가는데 밖에서

"방울이 양반 기시는기라우?"

하는 소리가 들려왔다. 분명 자기를 찾는 소리였다. 어디서 듣던 목소리 같았다. 방울은 소리를 중단하고

"누구시오?"

라고 물었다. 그제야 까대기가 들쳐지며

"저 모르시겠어라우?"

하며 안으로 들어서는 사람이 있었다.

"아니, 지배인이 여그 웬일이대여?"

방울이 일어서서 맞으며 말하였다. 그는 송학원의 지배인이었다. 방울

은 무슨 나쁜 소식이나 가져온 게 아닐까, 불안한 생각이 이는 것을 어찌할 수 없었다.

"방울이 양반 얼른 한 번 다녀가셔야 허겠어라우."

방울은 가만히 입을 다물고 있었다. 불안감이 자꾸 짙어져갔다.

"주인 아주머니가 방울이 양반만 찾습니다요. 몸도 지금 말이 아니어라우."

방울은 가슴이 철렁 내려앉는 느낌이었다. 그러나 여기서 흔들려서는 안 된다고 가만히 입을 다물고 있었다.

"한 번 가보셔야겠어라우."

지배인이 사정하듯이 말하였다.

"내가 가봤자 소용없으닝개 그리 알고 내려가소."

방울은 자르듯이 말하였다.

"하아 참. 영 못 가시겠어라우?"

"그러지 마. 내 마음도 괴로운개. 그리 알고 조리나 잘허라고 이르고. 치료도 잘 받도록 지배인이 잘 알아서 혀부아."

방울은 이렇게 말하고 다시금 목침을 당겨 북채로 두드리며 사랑가를 읽어내려가기 시작하였다.

"(중중모리)사랑이로구나 내사랑이야 사랑사랑사랑 내사랑이로다 둥둥둥 내사랑."

지배인은 한참 동안 말없이 앉아 있다가 결국 일어서고 말았다.

"(중중모리)이이이이 이히 내사랑이로다 어허둥둥 내사랑이야."

처음에는 마음이 자꾸 흐트러지려 하였으나 그는 기를 쓰고 소리에 매달려 타내려갔다. 그러는 동안 그의 소리도 차츰 제 길을 되찾기 시작하였다.

춘향과 이몽룡의 사랑이 그들의 사랑가와 더불어 무르익을 대로 무르익어가는데 호사다마라 춘향과 이 도령은 이별하게 되고 변학도가 내려와 춘향에게 수청을 강요하니 마침내 십장가(十杖歌)로 이어졌다.

그러던 어느 날 까대기 밖에서 인기척이 났다.

"여보 내가 왔어요. 산호가 왔어요."

현묘한 악기와도 같은 산호의 목소리가 분명하였다. 방울은 용수철에 튕기기나 한 것처럼 벌떡 몸을 일으켰다. 그러고는 까대기를 들치려 하다가 문득 손이 그대로 굳어져버렸다. 여기서 흔들려서는 안 된다는 생각이 머리를 스쳤다. 최선을 다해서 병마와 싸워야 한다는 의사의 말도 머리에 떠올랐다. 그는 앞으로 나아가려는 발길을 지렛대로 버티듯이 혼신의 힘으로 막아야 했다.

그러고는 다시금 박달나무 목침 앞에 앉았다.

"방울 씨. 방울 씨. 나 한 번만 보면 돼요. 응 한 번만."

산호의 애절한 목소리가 들려왔다. 방울은 그 소리를 제압하기라도 하듯이 냅다 소리를 뽑기 시작하였다.

"(진양조)일자로 아뢰리다 일편단심 먹은마음 일부종사(一夫從事)하려 하고 일정지심(一貞之心) 뿐이오니 일시시각에 변하리까. 매우쳐라아 예이 딱 둘이오. 충신은 불사이군(不事二君)이요 열녀는 불경이부절(不更二夫節)을 이부(二夫)아니 섬긴다고 이 거조(擧措)는 당치않소."

소리는 절규와도 같이 동굴 밖으로 퍼져 나갔다.

산호는 한 식경이 다 지나도록 동굴 밖에 앉아서 임방울의 소리에 홀린 듯이 귀를 기울였다. 언제 들어도 가슴에 사무쳐오는 그리운 사람의 목소리. 십장가는 어김없이 진행이 되어가고 있었고 사나운 매질 아래서 춘향의 순정은 모진 눈서리 아래의 찬란한 꽃잎같이 처절하게 자기 존재를 확인하고 있었다. 춘향의 절규가 계속되는 동안 산호는 숨죽인 오열을 계속하였다.

십장가가 끝났을 때 산호는 일어섰다. 그리고 손수건으로 얼굴의 눈물을 닦으며 계곡을 내려가기 시작하였다. 산호가 헛걸음치고 돌아간 이후 방울은 여러 날을 열병에 시달려야 하였다.

겨울도 가고 어느새 새봄이 다가오기 시작하는 어느 날 송학원의 지배인이 헐레벌떡 방울의 동굴에 들어섰다.

"큰일났어라우. 어서 가보셔야겠어라우."

그는 들어서자마자 이렇게 말하였다. 지배인이 서두르는 품이 지난번과는 사뭇 달랐다. 방울은 가슴이 철렁 내려앉는 심사였다.

"임종이라도 허실라면 당장 서둘어야 혀라우."

지배인은 앞을 생각도 하지 않고 이렇게 재촉하였다. 지배인의 어조가 아주 다급한 것임을 방울은 실감할 수 있었다. 마침내 이렇게 될 수밖에 없단 말인가, 방울은 앞이 캄캄해지는 느낌이었다.

그들이 서둘러 송학원에 당도하였을 때 산호는 의식이 가물가물한 가운데에도 방울을 알아보고 혼신의 힘을 모아 일어나려 하였다. 방울이 행장을 풀 겨를도 없이 산호에게 다가가서 가만히 뉘였다.

"그냥 누워요 응. 그냥 누워."

이불자락을 덮어주었다. 산호는 숨을 모아 쉬면서

"여보, 와줘서 고마워요."

라고 가쁜 숨의 사이사이로 한마디씩 하였다. 방울은 산호의 손을 잡아보았다. 어느새 뼈와 가죽만 남은 손이었다. 방울은 갑자기 재채기처럼 솟구치는 울음을 억누르느라 혼신의 힘을 기울여야 하였다. 아아 이제는 틀렸구나, 하는 생각이 벼락처럼 그의 정수리를 쳤다. 그와 동시에 자신의 어리석음을 호되게 꾸짖는 회한의 파도가 밀어닥쳤다. 바보 같은 놈, 바보 같은 놈. 차라리 차라리 산호를 지켜보며 편안하게 눈 감도록 할 것을, 바보 같은 놈……

"나 당신 만났으닝개 인자 죽어도 여한이 없어."

산호는 아까보다는 차분해진 음성으로 말하였다. 방울은 입을 다물고 있었다. 이 마당에 입에 발린 말이 무슨 소용 있으랴, 하는 생각이었다.

이윽고 산호는 저고리 앞섶을 헤쳐 곱게 접은 옥양목 수건을 꺼내더니 그것을 다시 열고 그 속에 간직되어 있던 손바닥만하게 곱게 접은 명주 손수건을 꺼냈다. 산호는 그것을 방울 앞으로 내보이며 알 듯 모를 듯 웃어 보였다.

"아니, 이건 내가 정표로 준 것 아니여?"

"맞어."

"나는 산호가 준 정표, 꽤 오래 전에 태워버렸었는디."

"그래도 싸지 뭐. 그건 그렇고 당신한티 한 가지 부탁이 있는디."

"무슨 부탁?"

"당신이 준 이 정표, 나 죽으면 내 가슴 위에 얹어놓고 묻어줘요 응?"

방울은 쏟아지려는 울음을 참느라고 아무 대꾸도 하지 못하였다. 고개만 두어 번 끄덕거려 보였다.

산호는 다음날 아침 해가 돋을 무렵에 조용히 숨을 거두었다. 바보 같은 놈. 바보 같은 놈. 방울은 속으로 이렇게 뇌이기만 했다.

산호는 야트막한 산자락의 양지바른 곳에 묻혔다. 봉분이 다 만들어져 갈 무렵에야 방울은 울음의 둑이 터지려 하였다. 방울은 가만히 빠져 나와 호젓한 산자락에 앉아 마음놓고 울었다. 봉분이 다 만들어진 다음 지배인이 내려가자고 하는 것을 먼저 내려가라 이르고는 산호의 무덤께로

앞산도 첩첩하고 221

돌아와 그 봉분을 손으로 쓰다듬어주면서 소리를 뽑기 시작하였다.

(진양조)
앞산도 첩첩하고 뒷산도 첩첩한디
혼은 어디로 향하신가.
황천이 어디라고 그리 쉽게 가랏던가.
그리 쉽게 가랏거든 당초에 나오지나 말았거나.
왔다 가면 그저나 가지
노던 터에다 값진 이름을 두고 가며
동무들에게 정을 두고 가서
가시는 임은 하직코 가셨지만
이승에 있난 동무들은 백 년을 통곡한들
보러 올 줄을 어느 뉘가 알며
천하를 죄다 외고 다닌들 어느 곳에서 만나 보리오.
무정하고 야속한 사람아
전생에 무슨 함의(혐의[嫌疑])로 이 세상에 알게 되야서
각도 각읍 방방곡곡 다니던 일을
곽(관) 속에 들어도 나는 못 잊겠네.
원명(原命)이 그뿐이던가
이리 급작시리 황천객이 되얏는가.
무정하고 야속한 사람아
어데로 가고 못 오는가.
(중모리)
보고지고 보고지고

임의 얼굴을 보고지고.

　산호를 잃은 슬픔 그리고 산호에 대한 한량없는 죄책감에서 연유되는 괴로움을 잊기 위해서 임방울은 협률사에 어울려 전국 방방곡곡을 누비고 다니며 소리를 하였다. 그는 쑥대머리로 유명해졌을 뿐 아니라 쑥대머리 자체가 워낙 명곡이어서 임방울이 떴다 하면 청중들은 어김없이 쑥대머리를 청하였다.

　그런데 산호를 잃은 이후로 그는 쑥대머리와 함께 스스로 작사 작곡한 '앞산도 첩첩하고'를 꼭 불렀다. 저승으로 간 산호의 외로운 넋을 달래고자 하는 그의 절절한 심정이 배어 있는 이 단가는 경각에 청중들의 공감을 얻는 데 성공하였다. 뿐만 아니라 이 노래는 레코드로도 나와서 전국적인 화제가 되었다. 그는 어느 고장에 가서나 일차로 쑥대머리를 부르고 재청에 응하여 두번째는 반드시 이 '앞산도 첩첩하고'를 불렀다. 방울과 산호 사이의 애절한 사연을 들음들음으로 알고 있었던 당대의 청중들은 깊은 공감 속에서 이 노래를 받아들였다.

　산호로 연유되는 슬픔과 뉘우침이 어느 정도 가라앉았을 때 그는 협률사에 말미를 내어 고향 집으로 돌아왔다.

　맏딸 오희(五姬)는 벌써 초등학교에 다니고 있었고 둘째딸 순희(順姬)도 곧 학교에 가야 할 나이가 되었다. 세번째로 아들을 낳았는데 이름을 화택(化澤)이라 하였다. 딸만 둘이나 낳은 끝에 얻은 아들이라 방울의 기쁨은 말할 수 없었다.

　방울은 언제나 집에 돌아올 때에 하던 것과 마찬가지로

　"아으가 아으가. 오희 이리 와 응."

하였다. 오희는 이제 어엿한 초등학생이었으므로 아버지에게 머리 숙여 인사를 하고 아버지 무릎에 가만히 앉았다. 둘째딸 순희도 무릎에 앉혔다.

"너그덜 줄라고 박하사탕 사왔으닝개 먹어라 응."

사탕봉지에서 사탕을 꺼내어 아이들에게 주고는 아내에게 나머지 봉지를 건네면서

"자, 당신도 먹지그려."

하면서 자기도 하나 입에 넣고 우물거리기 시작하였다. 그리고 오랜만에 보게 되는 아들에게 손뼉 치고 팔을 벌리며 오라 하였다. 그런데 아무래도 이상하였다. 돌 지난 지도 꽤 오래되었고 이제 세 살이 다 되어가는데도 전혀 아버지에 대한 반응이 없었다. 오랜만에 아버지를 보게 되니 낯설어 그러는가 하였으나 그것이 아니었다. 얼굴 표정부터가 정상인 같지 않았고 입도 헤벌리고 침을 질질 흘리고 있었다. 이제 걸을 나이가 되었는데도 아직 제대로 일어서지도 못하였다.

방울은 가슴이 철렁 내려앉았다. 윗목에서 다리미질을 하고 있는 아내에게 급히 눈길을 주었다. 아내는 다리미질을 계속하면서 말했다.

"화택이 땜시 큰일이요."

"야가 언제부터 이려? 왜 이려?"

방울은 이렇게 아내에게 물었다. 마치 아내를 추궁하는 듯한 자신의 말투에 스스로 미안한 생각이 들어

"야가 아무래도 부실하게 태어난 게여."

라고 혼잣말을 중얼거렸다. 앞이 캄캄하였다. 기다리고 기다리던 끝에 얻은 아들이 배냇병신이라니. 삼신할미 노염을 사서 이러는가, 조화옹의 심술로 이러는가? 방울은 눈에 보이지 않는 그 무엇에게 마구 대들고 싶은 생각뿐이었다.

"내가 전생에 죄가 많아서 그러는개비요."

아내가 고개를 숙인 채 다리미질을 하면서 떠듬떠듬 말하였다. 문득 아내가 불쌍하다는 생각이 일었다.

"그 사람 별소리가 많네. 행여 그런 소리 말게. 이게 어찌 당신 탓인가."

방울은 차분한 어조로 이렇게 말하였다. 말을 하고 나니 아닌게아니라 노여웠던 마음이 스르르르 사그라지면서 아내에 대한 안쓰러운 생각이 샘솟기 시작하였다. 아내는 소리없이 울고 있었다. 그는 다리미질하는 아내의 손에서 다리미를 가만히 뽑고 아내의 두 손을 모아 힘껏 잡고 흔들면서 말했다.

"여보 슬퍼 말게. 이것 다 우리 팔자여. 그리 알고 웃으며 살세 잉. 인생은 모두가 공수래공수거여."

아내는 방울의 무릎에 엎어지며 오열하기 시작하였다. 방울도 뜨거운 눈물을 흘리기 시작하였다.

어둠은 짙어도

 판소리와 창극의 발전을 도모하고 후진 양성에 주력하기 이해서 먼저 국악에 종사하는 사람들이 단합하지 않으면 안 된다는 취지에서 1933년 송만갑, 정정렬, 이동백, 김창룡 등이 주동이 되어 조선성악연구호를 발족시켰다. 이 모임에는 당시의 경향 각지의 국악인이 거의 망라되었고 임방울도 물론 이에 참여하였다.
 이 무렵의 창극은 주로 정정렬이 편극(編劇)을 하였는데 그것은 1900년대 초의 협률사 내지 원각사에서 행하던 판소리의 입체창(立體唱)식 공연 방식을 탈피하여 신파극에서와 같은 연극성이 상당히 짙게 도입된 공연 방식이었다. 그리고 정정렬의 뒤를 이어 김연수도 편극을 맡았다. 이런 형태의 창극은 당시 관객들의 큰 호응을 얻었다. 이것이 계기가 되어 창극은 전국 각처에서 활발하게 공연되기에 이르렀으며 또 각처에 창극단이 조직되어 활동을 전개하게 되었다.
 한편 당시의 우리 형편은 점차 혹독한 시련기에 접어들고 있었다. 1931년 제국주의 일본은 이른바 만주사변이라는 것을 조작하여 중국의 동북부 일대를 빼앗아 만주제국이라는 괴뢰정권을 세웠다. 그 이후 일본의 군벌이 정권을 장악하여 야만적인 폭압이 가중되어갔다. 일제는 대륙 침략의 마수를 꾸준히 뻗쳐 1937년에는 중일전쟁을 도발하여 중국 침략을 확대시켰고 우리 민족에 대하여는 경제적 수탈과 아울러 우리 고유 문화를 말살하는 음모를 가중시켜갔다.

산호를 잃은 슬픔, 성치 않은 아들을 둔 아비로서의 아픔을 감당하지 않으면 안 되었던 임방울은 이런 개인적인 괴로움말고도 심각한 갈등에 봉착하지 않으면 안 되었다. 그것은 당대의 관객들이 점차 전통적인 판소리보다 그 파생물인 창극을 선호하는 쪽으로 기울어져가고 있었고 또 조선성악연구회의 중심 멤버들 역시 대체로 당대 관객들의 취향에 따라 창극 쪽에 힘을 기울이는 방향으로 나아가고 있다는 점 때문이었다. 임방울 자신은 도무지 창극에 대하여는 흥미도 없었고 그런 데 대한 기량도 없었기 때문에 고민스러웠다. 임방울은 처음에는 조선성악연구회에 참여하여 창극에 출연하기도 하였으나 이내 그곳이 자기 활동무대가 아님을 알고 낙향해버렸다.

그리하여 그야말로 유랑 예인으로 떠돌이 생활을 하면서 한편으로는 자기 소리의 연마에 한결 힘을 기울였다. 임방울이 쑥대머리 선풍을 일으켜 천하에 명성을 떨치게 된 지도 한참 뒤인 1935년의 일이거니와 그 무렵에 임방울은 경주의 권번(卷番)에서 소리 선생을 하고 있는 유성준을 다시 찾기 시작하였다. 여름과 겨울에 일정 기간 말미를 내어 주기적으로 유성준을 찾아「수궁가」「적벽가」를 다시 받았다.

임방울은 십 대 후반에 조몽실, 성원목 등과 같이 유성준에게서 이미「수궁가」「적벽가」를 사사한 바 있었다. 그러한 그가 삼십 대를 넘어선 시점에서 그리고 가객으로서의 일정한 명성을 얻게 된 이후에 이렇게 옛 스승을 다시 찾게 된 데에는 그럴 만한 이유가 있었다. 그것은 말하자면 동편제의 큰 스승인 유성준을 다시 만남으로써 자기 자신의 내면에 자리잡고 있었던 해묵은 갈등, 즉 동편 소리와 서편 소리 사이의 갈등을 극복하는 어떤 실마리를 찾아보고자 하는 소망에서 연유되는 것이라 할 수 있다. 나아가서 자기 나름의 방식으로 동편 서편의 소리를 종합할 수 있는 어떤 전기를 마련하고자 하는 소망에서 연유되는 것으로 볼 수 있다.

이 무렵 유성준의 나이는 이미 예순 살이 넘은 때로서 권번의 고급반 기생들을 가르치고 있었다. 그 무렵에 스물네 살의 박동진은 유성준 밑에서 소리 공부를 하면서 권번의 초급반 기생들을 가르치고 있었다.

「수궁가」에서 토끼 배 가르는 데를 받을 때 일이었다. 수궁에 들어가면 훈련대장 벼슬은 틀림없이 하게 될 것이라는 자라의 그럴 듯한 유혹에 넘어간 토끼가 수궁에 당도하자마자 훈련대장은 간데없고 칼을 들고 배를 갈라 간을 꺼내려 하니 그제야 속은 줄 깨닫고 짐짓 배를 내밀며 어서 내 배를 따보면 내 속을 알 것이라 하니 용왕이 수상히 여겨 할말이 있는 모양이니 말을 해보라 하여 토끼가 말을 하게 됨으로써 용왕을 속이는 장면이다.

"(중모리)말을 허라니 허오리다. 말을 허라니 허오리다. 태산이 붕퇴(崩頹)허여 오성(五星)이 음음(陰陰)헌디 시일갈상(時日曷喪) 노랫소리 억조창생(億兆蒼生) 원망중에 탐학(貪虐)한 상주(商紂)임군 성현의 뱃속에 칠(七)궁기가 있다기로 비간(比干)의 배를 갈라 무고히 죽였은들 일곱 궁기가 없었으니 소토(小兎)도 배를갈라 간이 들었으면 좋으련과 만일에 간이없고 보면 불쌍한 토명(兎命)만 끊사옵고……."

이렇게 시작되는 토끼 배 가르는 데를 선생이 한 대문 하면 임방울과 박동진이 따라 하고 이렇게 진행이 되어가다가, 토끼는 본시 달의 정기를 타고난 탓으로 보름이면 간을 내어 나뭇가지에 걸어두고 그믐이면 다시 뱃속에 들여놓고 하는데 공교롭게도 지금은 보름 무렵이어서 간을 나무

1988년 10월 20일 여주 이천 남한강공원묘지로 임방울의 묘소를 옮기던 날. 명창 박동진이 헌배를 하고 있다.

에 걸어두고 왔노라고 토끼가 아뢰니, 용왕이 화를 내어 이놈 네 말이 당치 않다, 사람이나 짐승이나 내장의 구조는 다 같은 법인데 어찌 이놈 간을 내고 들이고 한단 말이냐, 이렇게 호통을 치니, 토끼가 당돌히 여짜오되 거, 모르시는 말씀이오, 세상 모든 짐승은 모양이나 구조가 각기 모두 다르다는 것을 어찌 모르시오, 이렇게 강변하는 대문에 이르렀다.

"(중모리)대왕의 몸뚱이는 비늘이 번쩍번쩍하옵고."
"대왕의 몸뚱이는 비늘이 번쩍번쩍하옵고."
"소토의 몸뚱이는 털이 요리 송살송살."
"소토의 몸뚱이는 털이 요리 송살송살."
"까마구로 일러도."
"까마구로 일러도."

이렇게 선생이 선창하면 임방울과 박동진은 받고 하는 식으로 잘 나가

다가

"오전까마구 씰개있고 오후까마구 씰개없사오니"

"오전까마구 씰개있고 오후까마구 씰개없사오니."

하는 대문에 이르러 임방울이 갑자기 소리를 멈추고는

"아버님."

하고 불렀다. 임방울은 평생토록 유성준을 아버님이라 불렀다. 그러자 유성준의 낯빛이 금세 곱지 않아지며

"뭐꼬?"

하였다. 방울은 소리를 받다가 아무래도 이상하다 싶어서 엉겁결에 아버님, 하고 불렀다가 단박에 험악해지는 선생의 얼굴을 보고는 기가 탁 꺾이기는 하였으나 이미 엎질러진 물이라는 생각이 퍼뜩 들었다. 방울은 선생의 험악해진 시선을 제대로 감당할 수 없어 얼른 고개를 아래로 수그리고는

"'오전까마구 씰개있고 오후까마구 씰개없사오니' 하는 데가 아무래도 반박(半拍)이 모자라는 것 같은디요?"

라고 더듬거리며 말하였다.

"무엇이 어쩨따꼬?"

선생의 얼굴이 험악하게 일그러졌다. 임방울은 금세 겁먹은 얼굴이 되기는 하였으나 그래도 무릎 장단을 쳐가며 '오전까마구 씰개있고 오후까마구 씰개없사오니' 하는 대문을 방금 선생이 한 그대로 되풀이해 보였다.

"제 소견에는 이 대목이 아무래도……."

감히 선생의 얼굴은 바라보지도 못하고 무릎 장단을 친 자신의 손끝에 시선을 떨군 채 혼잣말같이 더듬거렸다.

"요런 싹동머리 없는 자석 좀 보거래이."

선생은 이렇게 소리치며 무릎에 놓여 있는 박달나무 목침을 움켜쥐고 벌떡 일어나 우르르 방울에게 다가들어 그의 어깻죽지며 등줄기를 사정없이 후려치기 시작하였다. 정신없이 후려치던 선생은 제풀에 기진하여 벌렁 뒤로 넘어지며

"날 죽여라아."

하고는 사지를 놓아버렸다.

박동진으로서는 어찌 돌아가는 일인지 미처 분간하지도 못한 채 어리둥절하고 있을 수밖에 없었고, 꼼짝하지 않고 맞고만 있던 임방울은 허둥지둥 부엌으로 나가 찬물을 떠 온다 사지를 주무른다 한동안 법석을 피우게 되었다.

겨우 정신을 수습한 선생을 아랫목에 기대어 모셔 앉히고 임방울과 박동진은 다시 윗목에 앉았다.

잠시 침묵이 흘렀다. 이윽고 방울이 무릎걸음으로 선생 앞으로 나서더니 무릎 장단으로 그 대문을 다시 해 보였다. 선생이 불러준 것과 똑같이 되었다.

"아버님, 제가 좁은 소견에 그만 죽을 죄를 졌구만이라우."

하고는 그제야 눈물을 떨어뜨렸다

"오냐 내 새끼, 인자 됐다."

벽에 기댄 상체를 일으켜 임방울에게로 다가온 선생은 이렇게 말하며 그의 등을 토닥여주었다. 선생의 눈에도 어느새 이슬이 맺혔다.

그날 저녁때 선생이 밖에 나가고 없는 동안에 임방울은 박동진에게 말하였다.

"동생, 아까 그 대문 내가 다시 혀볼티닝개 들어보소 잉."

하고는 역시 장단을 쳐가며 낮에 말썽이 되었던 '오전까마구 씰개있고

1930년대 가설무대의 풍경. 무대 위에서 열창하고 있는 이가 임방울이다.

오후까마구 씰개없사오니'를 되풀이해 보였다.

"어뗘, 내 말이 맞는가, 틀리는가?"

박동진 생각에는 임방울의 말이 맞는 것 같았다.

"서편 소리는 소리의 꼬리를 한량없이 늘여 빼닝개 자연 다음 박으로 넘어가는 붙임새가 많아지기도 허고 자칫하다가는 박이 처져버릴 수가 있는디, 반대로 동편 소리는 소리 끝을 뚝뚝 잘라버리닝개 자칫하다가는 다음 박을 너무 빨리 붙일 수가 있단 말이여. 낮에 선생님 박이 모자랐던 것도 그 탓이여."

방울이 여느 때 없이 꽤 길게 열을 내어 말하였다. 박동진도 무릎 장단을 쳐가며 '오전까마구 씰개있고 오후까마구 씰개없사오니'를 해보았다. 역시 임방울의 말이 맞는 것 같았다.

어둠은 짙어도 233

"형님 말씀이 맞는 것 같네요."

박동진이 말하였다. 임방울은 그의 말에 힘을 얻은 듯

"그렇제, 내 말이 맞제? 동생. 우릴랑은 이 다음에 그렇게 부르지 말세 잉."

하고 힘주어 말하였다. 이 장면은 정통(正統)에 대한 은밀한 반역의 시도라 할 수 있다. 뒷날 일부 보수적인 가객이 임방울을 일러 판소리의 반역자자라 했던 것도 임방울의 이런 대담한 일면을 근거로 한 것이다. 그러나 그런 당돌한 반역의 시도를 통해 임방울의 독창적인 예술이 빚어지게 되었음을 부정할 수는 없다.

1939년 9월 경남 거제도 출신의 하창운(河昌運)이 주동이 되어 동일창극단이 조직되었다.[4] 여기에는 임방울을 비롯하여 안기옥, 오태석, 정광수, 신영채, 홍갑수, 강도근, 김준옥, 박초월, 박귀희 등이 참여하였다. 그리하여 전국 방방곡곡을 누비고 다니기도 하였고 멀리 만주까지 나가기도 하였다.

동일창극단에서도 물론 창극을 하였지만 임방울 자신은 창극에는 흥미도 소양도 없었다. 광대면 광대답게 판소리로 살아야 한다는 것이 그의 단순하면서도 완강한 생각이었다. 마지못해 간단한 단역 정도는 더러 맡기도 하였지만 본격적인 배역은 거의 맡지 않았다. 본인 스스로도 맡고 싶지 않았고 연출자 쪽에서도 맡기려 하지 않았다.

그 대신 창극이 끝나고 나서 한 사람씩 나와서 창을 할 때 진행자 쪽에서 그에게 비교적 많은 시간을 배정하여 그 기량을 충분히 발휘하도록 했다. 이때 임방울의 중심 레퍼토리는 쑥대머리와 '앞산도 첩첩하고'였다.

이 무렵 군국주의 일본은 1931년 이른바 만주사변을 일으켜 동삼성(東三省) 일대에 만주제국이라는 괴뢰정권을 수립하였고 그 이후 꾸준히 대륙 침략의 마수를 뻗쳐 1937년에는 마침내 중일전쟁을 일으켜 중국 내륙 깊숙이 잠식해 들어갔다.

국내적으로는 전쟁 수행을 위하여 조선 청년들을 전쟁 마당에 내세우기 위한 지원병제 뒤이은 징병제를 강행하였고 공출이라는 이름으로 양곡을 비롯한 물자의 수탈에 광분하였다. 또한 창씨개명까지 강요하기에 이르렀다. 게다가 우리의 고유 문화에 대한 단계적인 말살정책을 진행시켰다. 판소리는 말할 것도 없이 그 일차적인 목표가 될 수밖에 없었다. 공연 내용의 사전 검열을 비롯한 여러 가지 트집을 잡아서 공연 허가를 내주지 않기가 일쑤였다.

이 무렵 동일창극단이 지방공연을 가게 된 어느 날이었다. 여관에 쉬고 있는 박귀희에게 다가와서 주사 한 대만 맞으면 단박에 피로도 풀리고 아주아주 재미있고 행복한 세상 구경을 한 것같이 기분도 좋아지는데 그 주사 맞으러 가지 않겠느냐고 꾀는 사람이 있었다. 동일창극단 둘레에 출입하는 최라는 건달이었다. 그래서 박귀희는 가벼운 호기심도 없지 않아서 박초월더러 같이 가보자고 하였다. 두 사람이 약속한 곳으로 가려고 채비를 차리고 여관을 나서는데 여관에 들어서는 임방울과 마주쳤다.

"어디들 가는 중이여?"

임방울이 물었다. 이 무렵의 임방울과 박귀희는 아직 친밀한 관계에 들어서기 전이기는 하였으나 임의롭게 지내기는 하였다.

"저기 어디 좀 볼일이 있어서예."

박귀희가 나서서 얼버무렸다.

이런 경우 대개의 일을 임방울에게 숨기거나 어물거리거나 하지 않는 박귀희의 활달한 성미를 잘 아는 임방울로서는 오늘 저녁의 박귀희가 뭔가 평소와 다르다는 것을 직감하였다.

"뭔 일인디 얼버무리고 그려? 월보(月寶), 어디 가는디 그려?"

이번에는 박초월에게 물었다. 월보란 박초월의 애칭이었다.

"누가 뭔 재미 보는 주사 놔준다고 혀서……."

박초월이 이렇게 더듬거리며 말하려 하니 박귀희가 박초월의 옆구리를 찔러 입을 다물게 하였다. 임방울은 직감으로 그녀들이 지금 가려고 하는 곳이 어떤 곳인지를 알아차렸다.

"큰일날 소리들 하고 있구만 시방. 그런 말 꺼낸 놈이 어떤 놈이여?"

임방울이 깜짝 놀라며 말하였다. 그러자 그녀들도 임방울의 어조에서 뭔가 예사롭지 않음을 느꼈다.

"큰일날 소리라니예?"

박귀희가 물었다.

"귀보(貴寶)는 아편도 몰라? 아편쟁이 되고 싶은 개비로구만."

임방울은 박귀희를 꾸짖듯이 말하였다.

"아편이 뭔지 딱 한 번만 맞아볼라고 그러는 기라요."

박귀희의 말이 떨어지기가 바쁘게 임방울이 다시 꾸짖듯이 말하였다.

"그 한 번이 끝장인 게여. 한 번이 두 번 되고 두 번이 열 번 백 번이 되는 게여."

이래서 그들은 가던 발걸음을 돌렸다.

그날 밤 임방울이 모든 단원들을 여관 홀에 모이게 하여 아편의 무서움을 누누이 설명하였고 동일창극단 둘레에 얼씬거리는 최라는 자를 절대 가까이하지 말도록 신신당부하였다.

그 무렵 연예인과 국악인들 사이에 아편이 독버섯처럼 만연하기 시작하였다. 간교한 일제는 우리 문화를 말살하는 한 방법으로 국악인들을 내부적으로 황폐화시키는 공작의 하나로 아편중독자를 만드는 일을 진행시키기도 하였다. 국악인 내지 연예인의 다수가 아편중독자로 전락하게 된 것은 그 때문이다. 일제는 겉으로는 아편을 금하는 체하였으나 내면으로는 묵인하였고 국악인 내지 연예인들 사이에 아편중독이 독버섯처럼 만연해갔다. 그런 가운데서 임방울은 그 아편의 유혹을 단호히 물리쳤다. 뿐만 아니라 동료와 후배들에게 아편에 빠지지 않도록 엄히 단속하고 설득하는 일을 게을리하지 않았다.

한 번은 임방울이 고향인 송정리로 공연을 가게 되었다. 송정리 근교의 백사장에 가설무대를 마련하여 공연할 예정이었다. 공연 허가를 맡으러 읍내에 간 단장이 돌아오지 않아서 단원들이 모두 근처의 당산나무 아래에서 쉬고 있었다. 국악인, 풍물패 그리고 허드렛일을 맡아 하는 인원들 모두 합하여 그럭저럭 삼십여 명의 식구였다. 서쪽으로는 마을로 통하는 한길이 나 있었고 그들이 쉬고 있는 당산나무 근처에서 길은 좌우 두 갈래로 뻗어 읍내로 통하고 있었다. 오늘 가설무대는 마을 쪽으로 흐르는 개울가 모래사장에 마련할 예정이었다.

"판길이는 무사히 풀려날지 원."

방울이 걱정스러운 듯이 말하였다. 장판길이 며칠 전 광주 공연에서 단가 진국명산을 부르다가 그 가사가 말썽이 되어 붙들려 갔던 것이다.

"그 단가 가사에 '금상전하는 성수무강하사 천만세를 누리소서' 하는 구절이 있는데 금상전하가 누구를 이르는 말이냐는 것이었고 '우리도 일민이 되어서 격양가를 부르리라' 하는 부분의 '일민'이 어느 나라 일민이냐는 트집이라며?"

몽실이 역시 무거운 어조로 말하였다.

"그렇다는구먼. 이놈의 노릇도 인자 작파혀야 헐 모양이여."

임방울이 여전히 근심스런 어조로 말하였다.

"헌디 아주머니는 잘 계시제?"

몽실이 화제를 바꾸려는 듯이 이렇게 말하였다.

"무소식이 희소식이라 않던가베. 잘 있겠제 뭐."

"아이가 몇이더라?"

"딸 둘에 아들 하나. 딸애들은 학교 다니고."

"아들애는?"

"그 저석은 시방 아홉 살이나 되얏는디 제대로 걷지도 못하고 여태 말도 못 혀?"

"왜 그런대여?"

"낸들 알 수 있나."

"그애 이름이 화택이라며?"

"그래 화택이여. 화가 나서 화택이여. 허허허."

방울이 속이 빈 듯한 웃음을 웃었다.

"그 사람 별소리 다 허네."

몽실은 이렇게 말하고는 얼른 화제를 바꾸었다.

"그나저나 단장은 저녁때가 다되어 가는디 왜 아직 안 돌아오지?"

"오늘 공연이 글른 것 아니라고여?"

방울이 말하였다. 공연을 하려면 사전에 내용 검열을 맡아야 하는데 걸핏하면 트집을 잡아 허가를 내주지 않는 경우가 많았다.

이때 마을 쪽에서 '어허 품바 나가신다. 더어 품바 나가신다' 하는 품바타령이 들리더니 각설이패들이 임방울 일행 쪽으로 다가왔다.

"아이고오. 방울이 양반 알령허십닝겨어."

왕초 영감이 앞으로 나서서 방울에게 절을 하였다. 각설이패 일행도 따라서 방울에게 절을 하였다.

238

"아이고 참 오랜만이요 잉."

방울도 고개를 숙이며 말하였다.

"오늘 강변에서 소리판 열리는 개비네요 잉?"

"그래요. 허게 되면 놀러 와요 잉."

방울이 말하자 각설이패들은 일제히 허리를 굽혀 절을 하며

"예에 재수 대통하소서어."

하고는 합장을 하였다. 거지들이 읍내 쪽 길로 들어서려고 하는데 마을쪽에서 갑자기 호루라기 소리가 들려왔다.

"아니 저기 누가 순사한티 쫓겨 오는디요?"

거지 한 사람이 손가락을 가리키며 말하였다. 방울이 거지가 가리키는 쪽을 보더니

"아니, 저, 대준이 형님 아니라고여? 큰일났네."

하였다. 이 말을 들은 왕초가

"야덜아 저기 쫓겨 오는 이가 방울이 양반 형님이시란다. 알겠제."

라고 말하니 각설이패들이 일제히

"예에."

대답하더니 둥그렇게 원을 이루어 길을 메웠다. 그러더니 각설이타령을 하기 시작하였다.

"각설이라 먹설이라 동서리를 짊어지고 죽지를 않고 또 왔소. 뜨르르르르르 뜨르르 몰아 장타령 흰오얏꽃 옥과(玉果)장 누른버들 김제장 부창부수 화순장 시화연풍 낙안장 쑥솟았다. 고산장 철철흘러 장수장 삼도도회 금산장 일색춘향 남원장 애고대고 곡성장 코풀었다 흥덕장 주인 있어도 무주장 막걸리 마셔도 전주장 맨술마셔도 안주장 이장저장 다닐적에 누릿누릿 황육전 펄펄뛰는 생선전 울긋불긋 황화전 호호맵구나 고추

전……."

거지들의 장타령이 진행되는 사이 임방울이 일어나 이에 합류하며 「적벽가」 타령을 시작하였다. 그러자 몽실을 비롯한 일행도 무슨 영문인지를 알아차리고 임방울의 싸움타령에 합류하였다. 풍물패들도 소리에 맞추어 풍물을 치기 시작하였다.

"싸움타령 불러보세. 습용간과(習用干戈) 헌훤씨(軒轅氏)는 여염제(與炎帝)로 판천(阪泉)싸움 능작대무(能作大霧) 치우작란(蚩尤作亂) 사로잡던 탁록(涿鹿)싸움 주(周)나라 쇠한천지 분분허다 춘추(春秋)싸움 위복진황(威福秦皇)이 늙어지니 잠식산동(蠶食山東)의 육국(六國)싸움 봉기지장(蜂起之將) 요란할제 팔년풍진(八年風塵) 초한(楚漢)싸움……."

장타령과 싸움타령 그리고 풍물 소리가 뒤섞여 소란스러운 속에 박대준이 그 원형의 사람 울타리 속으로 들이닥치자 젊은 거지 하나가 재빨리 자기 벙거지를 벗어 대준에게 씌워주었다. 대준의 중절모는 자기가 쓰고 자기 오장치를 대준의 어깨에 걸어준 다음 자기는 쏜살같이 읍내로 통하는 오른쪽 한길 쪽으로 달려가기 시작하였다. 그 사이 대준은 사람 울타리 속으로 섞여 들어가버렸다. 뒤미처 사복과 정복의 순사가 들이닥치자 거지들과 임방울 일행은 장타령과 싸움타령과 풍물을 치며 흥에 겨운 듯 한길을 빙빙 돌며 비켜주지 않았다. 순사들은 달려가는 중절모를 향하여

"토마레, 토마레(서라, 서라)."
하고 사람 울타리를 사납게 밀치며 외쳤다.

"도케로, 도케(비켜라, 비켜)."

이윽고 대준의 중절모를 쓴 거지의 모습이 읍내로 사라진 연후에 사람 울타리가 못 이기는 체하며 길을 터주었다. 순사들이 읍내로 통하는 오른쪽 한길로 달려간 연후에 거지 차림의 대준은 방울과 급히 악수하고 읍으

로 통하는 왼쪽 길로 급히 사라졌다.

그 다음날 오후. 창극단 단원들은 송정읍 변두리의 여관방 이곳 저곳에 지친 표정으로 앉거나 누워 있었다. 얼굴에 상처가 난 사람도 있었다. 방울은 아랫목에 누워 있었는데 젊은 단원 하나가 그의 팔다리를 주물러주고 있었다.

"몸은 좀 풀렸남?"

몽실이 말하였다.

"거, 뭐, 나만 당혔나 뭐?"

방울이 말하였다.

"그래도 임 선생님이 제일 많이 당허셨지오. 선생님더러 내통했으니 대라고 허시던데요 뭐."

젊은 단원이 말하였다.

"그나저나 인자 어떻게 되는 게여? 공연 금지를 먹었으니 말이여."

"밥값이 밀렸다고 저녁부터는 밥도 줄 수 없다니 이거야 원."

"밥값 변통하러 가신 단장님은 왜 여태 소식이 없지라우?"

젊은 단원들이 이렇게 말을 주고받는데 방울이 부스스 일어나며 말했다.

"이 사람들아 밥타령 그만들 허소. 뱃속의 우렛소리도 가야금 산조 가락 비젓허단 말이시."

몽실이 받았다.

"아, 금강산도 식후경이라고 뱃속이 허한 판에 산조 가락이면 뭣 헌당가?"

"허나 그건 아니여. 그래도 잘 들어보면 운치가 있단 말이시. 아침만 해도 진양조 가락으로 점잖게 시작하더니 한낮이 겨우닝개 중중모리를 거쳐 인자는 자진모리 가락으로 쪼를륵거린단 말이시."

방울이 이렇게 말하자 모두들 웃기 시작하였다.

"노는 입에 염불이라고 입 뒀다 뭣 헌당가. 자, 몽실이 북 잡소."

방울이 이렇게 말하더니 소리를 뽑기 시작하였다. 몽실이 북을 잡았다.

"(아니리)밥님 너참 본지 오래다. 네소행을 생각하면 대면도 허기싫다마는 그래도 그럴수없어 대면은 허거니와 원사람을 그렇게 괄시를 헌단 말이냐. 에라이손 섭섭타 섭섭해. (자진모리)세상인심 간사하여 추세를 헌다헌들 너같이 심할소냐. 세도집 부잣집만 기어코 찾아가서 먹다먹다 못다먹으면 도야지 개를 주고 떼거위 학두루미와 심지어 오리떼를 모두 다 먹이고도 그래도 많이 남아서 쉬네 썩네 허잖더냐. 날과무슨 원수되어 사흘나흘 예사굶겨 뱃가죽이 등에붙고 갈빗대가 따로나서 두눈이 캄캄허고 두귀가 먹먹허여 일어나면 정신이 아찔아찔 앉었다 일어나면 두다리가 벌렁벌렁 말라죽게 되었으되 찾는일 전혀없고 냄새도 안맡이니 그럴수가 있단말이냐. 에라이 괘씸헌손 그런법이 없느니라. 한참이리 준책터니 도로슬적 달래는듸 흐흐 그것참 내가이리 했다해서 노여워 아니 오라느냐. 어여뻐 헌말이지 미워 헌말 아니로다."

흥보가 여러 날 굶은 끝에 박통에서 나온 쌀로 밥을 지어서 먹으려다가 그동안 굶주려서 섭섭했던 심정을 밥한테 털어놓는 장면이다. 임방울은 「흥부가」는 별로 부른 일이 없고 더구나 밥타령은 해본 일이 없는데도 웬 일인 막힘없이 술술 나왔다.

방울이 노래하는 동안 기진해 있던 단원들이 조금씩 활기를 찾아 추임새를 하기 시작하였다. 여관집 부엌 아주머니도 어느새 마루에 걸터앉아서 연방 추임새를 놓기 시작하였다. 여관 홀에도 하나둘씩 사람이 모여들기 시작하였다. 소리는 계속되었다.

"(아니리)한참 노담을 하더니만 흥보가 밥을 먹는디 흥보집에 숟가락은 본래 없거니와 하도 좋아서 손으로 밥을 뭉쳐 공중에다 던져놓고 죽방울 받듯 입으로 밥을 받아 먹는디 입으로 받어만 놓으면 턱도 별로 놀리지 않고 어깨 주춤 눈만 끔적허면 목구멍으로 바로 넘어닥치든 것이었다. (휘모리)흥보가 좋아라고 흥보가 좋아라고 밥을 먹는다. 밥을 뭉쳐 공중에다 던져놓고 받아먹고 밥을 뭉쳐 공중에다 던져놓고 받아먹고 던져놓고 받아먹고 던져놓고 받아먹고 던져놓고 받아먹고, 배가점점 불러오니 손이 차차 늘어진다. 던져놓고 받아먹고 던져놓고 받아먹고, 던져놓고 받아먹고, (도섭)흥보가 밥을 먹다 죽는구나. 어찌 먹었던지 눈 언덕이 푹 꺼지고 코가 뾰쪽허고 아래턱이 축 늘어지고 배꼽이 요강 꼭지 나오듯 쑥 솟아나와 배꼽에서는 후추가루같은 때가 두굴두굴 굴러내리고 고개가 발딱 자드러지며, (아니리)아이고 이제는 하릴없이 나 죽는다. 배 고픈 것 보담 더 못 살겄다. 아이고 부자들이 배불러 어떻게 사는고. 흥보 마누라가 달려들어 (도섭)아이고 이게 웬일이요. 언제는 우리가 굶어죽게 생겼더니마는 이제는 밥에 치어 내가 과부가 되네. 아이고 이 자식들아. 너희 아버지 돌아가신다. 어서 와서 발상(發喪)들 허여라아. (아니리)이럴 즈음에 흥보가 설사를 허는디 궁둥이를 부비적, 부비적, 홱 틀어노니 누우런 똥줄기가 무지갯살같이 운봉 팔영재 너머까지 어떻게 뻗쳐놨던지 지내가는 행인들이 황룡(黃龍) 올라간다고 모다 늘어서서 절을 꾸벅꾸벅 허든 것이었다."

소리가 이에 이르자 방안은 말할 것도 없고 홀 안에 있는 사람들까지 아연 활기를 되찾으며 박장대소를 하였다. 밥타령이 끝나자 부엌 아주머니가 안으로 들어가서 누룽지 바구니를 가지고 나왔다.

"시장허실 틴디 이것이라도 요기들을 좀 허시씨요."

"이런 고마울 데가 있나. 자, 여소들 이리 와."

방울이 말하자 모두들 다가와 누룽지 한 쪽씩을 나누어 우물거리며 물을 마셨다.

"뱃속에 무엇이 들어가닝개 회가 더 동허는구만그려."

단원 한 사람이 이렇게 말하자 방울이

"시장헐 때는 가래침도 요기가 된다고 그것이라도 들어가닝게 눈뜨기가 아무래도 좀 보드랍지 안혀?"

라고 말하자 모두들 소리내어 웃었다.

이때 소복한 여인 하나가 광주리를 이고 여관으로 들어서더니 잠시 기웃거리다가 방울 일행 쪽으로 다가왔다. 그리고 광주리를 임방울 앞에 내려놓더니 방울에게 공손히 절을 하였다.

"임명창님 안녕하셨지라우."

방울도 얼른 맞절을 하며

"아, 거, 누구신지?"

"얼마 전에 저이 집 바깥양반 초상 때 치상비를 마련해주셨지라우."

그러자 임방울은 담양에서 오후 공연이 끝나고 여관으로 돌아가다 슬피 우는 여인의 울음을 듣고 그 딱한 사연을 알게 되어 소리를 해서 치상비를 마련해준 일이 생각났다.

"인자 보니 그때의 그 담양 아주머니시네요 잉. 그런디 송정리는 어쩐 일로 오셨지라우?"

"초상을 치르고 얼마 안 있다가 송정리로 이사를 왔지라우. 치상 치르고 남은 돈으로 생선 행상을 하며 그럭저럭 살아가고 있습니다요. 임명창님이 이곳에 와 계시다는 말을 듣고 찾아 왔습니다. 변변치는 않지만 일부러 마련한 것이니 요기들을 허시지요."

부인은 이렇게 말하며 뚜껑을 벗기기 시작하였다. 제법 푸짐하게 마련한 음식에서 더운 김이 피어 올랐다.

"허 그 참. 이런 고마울 데가 또 있을께라우 잉. 자, 이왕 가져 오신 것이닝개 들고 기운들 챙기세."

모두들 활기를 되찾았다.

"하늘이 무너져도 솟아날 구멍이 있다더니."

몽실이 음식 앞으로 다가오며 중얼거렸다.

애쓰고 남은 간장

 임방울이 해방의 기쁜 소식을 들은 것은 광주의 어느 독지가의 사랑방에서였다. 일본 제국주의가 마지막 발악을 하던 1941년에서 45년 8월 15일 해방의 날까지 이 기간은 우리 민족에게 최대의 수난기였다. 특히 국악인들은 생명줄이 끊긴 것이나 마찬가지의 기간이었다. 일제는 우리의 재산도 아들딸들도 다 전쟁터에 내몰았고 성도 빼앗았고 말도 빼앗아버렸고 우리의 소리마저 빼앗아버렸다.
 이런 속에서 광대로 평생을 살아온 임방울에게 이 혹독한 기간은 살아남기가 죽기보다 힘든 시기였다. 그러나 살아 남지 않으면 안 되었다. 가정을 지키고 가족을 지키지 않으면 안 되었다. 그는 이 동안에 여러 가지 일을 해보았다. 장사도 이것저것 손을 대보았으나 제대로 되지 않았다.
 그러던 어느 날 광산에 동업을 하자고 나선 사람이 있었다. 구례 쪽에 전망이 좋은 사금광(砂金鑛)이 하나 났으니 그것을 인수하여 사금을 캐자는 것이었다. 그 소개꾼을 따라 구례까지 따라가 보았더니 사금광이라고 보여주는 데가 자그마한 야산 비탈에 위치한 논바닥이었다. 가을걷이가 끝나기는 하였으나 벼 그루터기가 바닥에 촘촘히 박혀 있는 논바닥이 틀림없었다.

"이건 논 아니오?"

임방울이 맥이 풀린 심정으로 소개꾼에게 물었다.

"암먼요. 논이지요."

소개꾼이 말하였다.

"사금광을 소개허신다고 하지 않으셨소?"

"그러닝개 이 논에서 사금이 쏟아져 나온다 그 말이지라우."

이래서 몇 군데 시험삼아 시굴(試掘)을 해보았는데 아닌게아니라 거짓말같이 적지 않은 사금이 나왔다. 임방울은 수중에 남아 있는 재산을 다 털어서 그 논을 턱없이 비싼 값으로 사서 금을 캐보았다. 금 캐는 장비를 마련하는 데도 적지 않은 돈을 들여야 했다.

그러나 소개꾼 일행들과 캘 때는 그렇게도 푸짐하게 나오던 사금이 임방울의 일꾼들이 캐기 시작한 뒤로는 눈꼽만큼도 나오지 않았다.

아무래도 이상하여 소개꾼을 찾으니 그는 진즉에 종적을 감춘 후였다. 결국 임방울은 얼마 남지 않은 수중의 돈까지 다 털려버렸다. 이리하여 그는 가장 괴로운 일제 말기를 보내지 않으면 안 되었다.

그러한 임방울에게 8·15 해방은 그야말로 죽음 직전에서 재생을 알리는 소식이었다.

1946년 해방 다음해의 일이니까 이동백이 죽기 일 년 전의 일이었다. 전북 익산(益山: 당시는 이리[裡里])에서 이동백 초청 공연이 있었다. 이동백이 온다는 말을 듣고 원근에서 구름같이 모여든 청중들은 이동백이 무대에 오르자 우레 같은 박수를 보냈다. 박수의 파도가 멎자 이동백은 기력이 쇠진한 목소리로 청중을 향하여 말했다.

"박수칠 것 없소. 박수칠 것 없어어."

그 성음이 영탄조의 도섭으로 변하며

"인제는 내가아 죽을 날이 가까웠소오. 죽을 날이 가까웠어어."
하였다. 청중들은 다시 열광적인 갈채를 보냈다. 이윽고 그의 더늠인 「적벽가」가 시작되었다.

"당당한 유현주(劉賢主)는 신장은 칠척오촌이요 면여관옥(面如冠玉)하고 자고기이(自顧其耳)하여 수수과슬(垂手過膝)이라."

「적벽가」 처음 부분인데 통성으로 다잡아 치솟는 느린 진양조 전형적인 우조(羽調)였다. 팔십의 노옹(老翁)이라 하지만 아직도 여전히 웅장 호방한 그의 청구성으로 뽑아낸 가락이니 도도하기 이를 데 없었다. 그러나 아무리 웅장 호방한 통성을 질러대도 관중들은 도무지 반응이 없었다.

그래 이동백은 팍팍한 나머지 이 대문을 중도에 잘라버리고 대뜸 '황개(黃蓋) 화선(火船) 이십척……번개같이 달려들어' 조조의 선단(船團)에 불지르는 자진모리로 넘어가자 청중들은 겨우 술렁이기 시작하였고 '산천은 험준하고 수목은 총잡한디' 하는 새타령을 거쳐 조조가 호로곡(葫蘆谷)으로 도망가는 '바람은 우루루루 지동(地動)치듯 불고 궂은비는 퍼붓는디 갑옷젖고 기개를 잃었으니 어듸로 가잔말고. 조조군사 굶었으되 행중(行中)에는 양식 없고 말도잡아 군사구급하며 젖은갑옷 쇄풍(灑風)하고 굶은말 풀먹이고' 하는 전형적인 진양조 계면조에 이르자 청중들은 아연 술렁거리기 시작하였다. 그 계면조가 '묻노라 저백구야 너는어이 한가하여 홍요월색(紅蓼月色) 어인일고. 어적수성(漁笛數聲) 적막헌디 뉘 기약을 기다리나' 하는 애련하게 치닫는 진계면 대문에 이르자 마침내 얼씨구 좋다, 하는 추임새가 터져 나왔다.

그러자 열광하는 청중들을 이윽히 바라보던 백발이 성성한 이동백은
"니기미헐 놈들, 용개목 쓰니깨야 환장들 허네그려."
라고 혼잣말로 중얼거렸다. 물론 고수나 겨우 알아들을 정도의 작은 목소

리였다.

　이동백의 이 탄식은 여러 가지를 암시하고 있다. 첫째로 판소리의 참맛은 웅장 호방한 우조에 있는데도 그 우조의 참맛은 몰라주고 간드러지게 늘여 빼는 계면조에 이르니까 좋아 어쩔 줄 모르는 청중들에 대한 불만이라고 할 수 있다.

　이동백(李東伯, 1866~1947)은 충청도 비인(庇仁) 태생의 광대로서 조선조 말기에는 통정대부의 칭호를 받은 이른바 오명창의 한 사람이고 중고제의 마지막 거목이었다. 경기도 이남 충청도 일대를 기반으로 한 중고제는 경드름을 기반으로 하고 있고 평우조가 주류를 이루고 있는데 그러한 그의 소리가 흥타령, 육자배기 등을 기반으로 한 계면조 중심의 가락을 좋아하는 전라도 청중들에게는 잘 먹혀들지 않았다고 보아야 할 것이다. 이 노대가에게는 그 점이 불만이었을 것이다.

　동시에 나라가 망하고 국토가 분단된 상황에서 한국의 판소리는 자꾸만 애련하고 처절한 계면조 중심의 가락으로 바뀌어갔고 청중들의 취향 또한 그러한 가락을 좋아하는 쪽으로 기울어져갔다. 웅장 고졸(古拙)한 전통적 창법을 고수하려는 노대가 이동백은 그러한 시류를 매우 못마땅하게 여겼다.

　이 장면은 서산낙일과도 같은 운명에 직면한 중고제의 운명을 상징적으로 표상하고 있다고 볼 수 있다. 국창 이동백이 '이제는 내가 죽을 날이 가까웠소, 죽을 날이 가까웠어'라고 술회한 것은 물론 자신의 나이를 두고 한 말이겠지만 어찌 보면 자신이 이제껏 기반으로 하여온 중고제의 서산낙일과도 같은 운명을 예감한 데서 연유된 말일지도 모른다. 한참 당년에 쟁쟁하던 중고제의 명창들은 사라지고 이동백만 남았는데 그마저도 이제 임종을 준비해야 할 나이에 이르렀기 때문이다. 실제로 1947년

82세의 고령으로 이동백이 세상을 뜬 이후에는 중고제의 명맥이 완전히 끊어지고 말았다. 강장원, 공기남 같은 비교적 젊은 중고제의 명창들도 이동백이 죽은 지 3년 뒤에 일어난 6·25와 함께 모두들 이북으로 가버렸다.

어떻든 오명창의 마지막 생존자인 이동백이 임종을 준비하던 그 시점이야말로 조선조의 어전광대로 나서볼 기회도 없었고, 1964년부터 지정되는 인간문화재라는 제도적 보장을 누려볼 기회도 갖지 못한 진짜 광대 임방울이 바야흐로 전성기에 접어드는 기간이었다. 그리고 이동백이 개탄했던 바 변모되어가는 청중들의 취향에 적절하게 부응한 새로운 창법을 개발한 천재적 광대가 바로 임방울이었다. 임방울이야말로 그의 선대 가객들이 노랑목으로 기울어질 위험이 짙다 하여 기피하던 계면조를 최상의 예술적 창조(唱調)로 개발해낸 가객이라 할 수 있다.

이는 물론 그가 계면조만 불렀다는 말도 아니고 우조를 기피했다거나 우조는 잘 부르지 못했다는 말도 아니다. 계면조의 예술성을 최대한으로 승화시킴으로써 그것이 수반하는 노랑목으로 전락할 위험성을 극복했다는 말이요 우조의 가락 속에 계면조의 감칠맛을 부여함으로써 그것을 더욱더 우조답게 고양시켰다는 말이다. 이 점에서 임방울은 새로운 독자적 가풍(歌風)을 세우기 위하여 동편제 가문의 법제에 반역한 송만갑의 시도와 방불한 모험을 더욱 대담하고 철저하게 수행한 광대라 할 것이다.

8·15 해방은 우리 민족의 모든 분야에서 그러하거니와 판소리 예술에도 중요한 전환점으로 작용한 것이 사실이다. 그리고 그 중심에 임방울의 위치가 놓여 있었다고 볼 수 있다.

임방울은 인근의 국악인들과 손잡고 흥행단체를 조직하였다. 이름하여 '임방울과 그 일행'이라 하였다.

그 무렵 서울에서도 임방울더러 올라오라고 재촉이 빗발치듯 하였으나 그는 서울로 갈 생각이 별로 없었다. 서울이 별로 생리에 맞지 않았다. 그보다도 고장의 국악인들과 손잡고 시골의 산과 들을 누비며 순박한 시골 사람들의 갈채 속에 소리하는 것이 즐거웠다.

화창한 봄날이었다. '임방울과 그 일행'의 단원 일동은 송정읍 근처의 어느 시골길을 걸어 공연할 곳을 향하고 있었다. 맨 앞에는 '임방울과 그 일행'이라는 깃대가 앞서고 그 다음에 농악이 뒤따르며 길굿을 치고 있었고 단원들은 춤추며 그 뒤를 따르고 있었다. 길 양편에는 파릇파릇한 보리밭이 이어지고 있었고 군데군데에서 김을 매는 농민들이 눈에 띄었다. 더러는 허리를 펴고 일어서며 길을 메우고 지나가는 일행들을 바라보기도 하였다.

빤히 보이는 앞 마을은 막상 걷고 보니 호락호락하게 생각할 거리가 아니었다. 대열에서 뒤떨어지는 사람도 생기고 절룩거리는 사람도 생기기 시작하였다.

"아이고 다리야."

젊은 여단원이 절룩거리며 말하였다.

"나도 발바닥이 부르텄어."

같은 또래의 장월중선 역시 절룩거리며 말하였다.

"빤해 보여도 저그까지는 십 리가 짱짱할 게여."

임방울의 지정 고수인 이정업(李正業)이 저편에 고즈넉이 펼쳐진 고을을 바라보며 말하였다.

이때 뒤에 따라오던 방울이 쏜살같이 앞으로 내닫더니 걸음을 멈추고 뒤돌아보며 다급한 소리로

"중보 중보."

하고 불렀다. 중보(中寶)란 장월중선(張月中仙)의 애칭이었다. 이 무렵의 국악인들끼리는 여류 국악인을 부를 때 흔히 그 이름자 하나를 따고 그 밑에 보배 보(寶)자를 받쳐서 애칭으로 부르기도 하였다. 장월중선이 영문을 몰라 얼른 방울에게로 다가가니 일행들도 영문을 몰라 이를 지켜보고 있었다.

"왜요 선생님."

장월중선이 방울에게 다가가자 방울이 궁둥이를 익살스럽게 월중선의 코앞으로 내밀며

"뽕."

하고 방귀를 뀌었다. 모두들 일제히 웃지 않을 수 없었다. 월중선이 코를 싸매는 시늉을 하며

"아이고 선생님."

하며 가볍게 때리는 시늉을 하니 방울이 짐짓 웃지도 않고 말하였다.

"내, 중보 줄라고 애껴둔 게여."

"아이고 선생니임."

월중선의 말끝이 사뭇 길어지며 방울의 옷소매를 잡고 가볍게 흔들었다.

"그래, 그 성음이 어떻던고?"

방울이 사뭇 점잖은 체 이렇게 말하니 월중선이 방울의 소매를 다시 흔들며

"아이 선생니임."

하며 몸을 좌우로 흔들었다. 이를 지켜보던 일행들은 박장대소하지 않을 수 없었다.

"인자 조금만 더 가면 되야."

방울이 말하였다.

"십 리가 짱짱하다는디요?"

젊은 단원 하나가 몽실 쪽을 보면서 말하였다.

"아 십 리면 잠깐이제 뭐. 저그 정자나무 있는 디서 좀 쉬었다 가세."

방울이 말하자 단원들은 기다렸다는 듯이 입을 모아 말하였다.

"그게 좋겠네요."

단원들은 정자나무 아래에 이르러 저마다 앉고 서고 옷을 털고 한참 수선을 피우고 있는데 마을 쪽에서 절컥절컥 가위 소리가 들려왔다. 이윽고 엿판을 멘 엿장수가 다가왔다.

"옳제, 저그 엿장수 온다. 엿치기 허자아."

임방울이 엿장수에게 다가가며 말하였다. 나이 지긋한 몇 사람은 뒷전으로 처지고 대부분 엿판을 에워쌌다. 그리고 엿을 골라 중두막을 딱 분지른 다음 분지른 자리를 혹 하고 불어서 구멍을 서로 비교하였다. 엿가락 안에 생긴 구멍이 제일 작은 사람이 지는 것이었다.

"내 것이 크네."

"아니여 내 것이 더 크구만그려."

"아니어 아니어. 내 것이 제일 크구만그려."

하며 서로 입씨름을 하는데 한 단원이 임방울의 엿구멍을 보더니

"에이, 선생님이 지셨그만이요."

하며 키득거리니 다른 단원도 덩달아서 키득거렸다.

"뭐? 내 것이 제일 적다고? 야들 좀 보소 잉."

하고는 비교해본다.

"선생님 것이 제일 적네요."

"선생님이 지셨네요."

"엿값 내셔야 겄네요 뭐."

중구난방으로 한마디씩 하였다. 방울은 사뭇 유쾌한 듯

"그래 그래 내가 졌다."

하더니 그늘에 쉬고 있는 단원들을 향하여 소리쳤다.

"자아, 다들 이리 와 엿 먹게."

엿장수가 엿판을 길바닥에 내려놓자 일행들은 엿판에 둘러앉아 엿을 먹기 시작하였다.

이때 각설이패들이 각설이타령을 하며 다가왔다.

"아이고오, 방울 양반 알령허십닝겨."

왕초 영감이 인사를 하니

"그래 잘들 있었소?"

방울도 알은체를 하였다.

"앞 동네로 가시는 갑네요 잉."

"조금 있다가 귀경들 와요."

"아이고오, 번번이……."

왕초가 이렇게 말을 얼버무리는데 방울이 엿을 한줌 들어서 거지들에게 나눠주었다.

"자 받아요 받아."

거지들은 모두들 허리를 굽히며

"적선지가에 재수대통하소서어."

하며 또 한 번 허리를 굽히고는

"잘 먹고 갑니다아 알령히 계십시오오."

하고는 읍내 쪽으로 들어갔다.

엿장수도 주섬주섬 엿판을 거두더니 엿판을 메고 일어섰다. 그러고는

방울을 보고 허리를 굽혀 절을 하며

"후덕하신 어른 덕으로 장사 잘하고 갑니다아."

하고는 가위를 절컥거리며 읍내 쪽으로 걸음을 옮기었다. 그러자 임방울이 걸어가는 엿장수를 불렀다.

"여소 젊은이."

"왜 그러시오?"

엿장수가 뒤돌아보며 말하였다.

"잠깐 이리 와보소."

방울이 말하니 엿장수가 영문을 모른 채 다가왔다.

"자네 그 가위 나 좀 줘보소."

엿장수가 가위를 방울에게 건넸다.

"아 이 사람아, 이 좋은 가위를 가지고 그냥 마구잽이로 절컥거리기만 혀서 쓰겄는가? 장단이 맞어야제."

방울은 이렇게 말하고는 가위를 들고 절컥절컥 쳐 보였다. 중중모리 가락이었다. 그러고는 가위를 엿장수에게 건네며

"인자 자네도 내가 헌 대로 한 번 가위질을 혀보소."

그제야 엿장수도 씨익 웃으며

"잘 될란가 모르겄소."

하며 절컥절컥 가위질을 해보았다. 방울이 다시 해 보였다. 엿장수가 따라 하였다. 해 보이고 따라 하고 하는 사이에 차츰 엿장수의 가락이 잡혀 갔다.

"옳제, 됐네. 더 혀보소."

엿장수가 자못 진지한 표정으로 연습을 계속하였다. 중중모리 가락이 그럭저럭 잡혀갔다.

"인자 됐네. 이번에는 내가 소리를 헐티잉개 자넬랑은 가위질을 혀서 장단을 맞춰가며 따라 혀보소."

하더니 즉흥적으로 중중모리 가락의 타령을 부르기 시작하였다.

"엿들 사시오 엿들 사아."

임방울이 선창하니 엿장사가 어렵사리 중중모리 가락을 절컥거리며

"엿들 사시오 엿들 사아."

하였다. 소리나 장단이 다 어설펐다. 방울은 두 번 세 번 반복하였다. 엿장수의 가락과 장단이 차츰 정돈되어갔다.

"엿들 사시오 엿들사아 올깃쫄깃 맛있는 엿."

"엿들 사시오 엿들사아 올깃쫄깃 맛있는 엿."

"(후렴)두둥개 두웅둥 내사랑 어와 둥덕궁 내사랑."

"두둥개 두웅둥 내사랑 어와 둥덕궁 내사랑."

두 번 세 번 반복하는 사이에 소리와 장단이 제법 정돈되어갔다. 그러자 단원들이 하나둘씩 합류하기 시작하였다. 지나가던 행인들도 이를 구경하다가 하나둘씩 소리판에 합류하였다. 논과 들에서 일하던 농민들도 일손을 멈추고 허리를 펴며 '좋다' 하고 추임새를 넣어가며 너울너울 춤추었다.

방울이 선창하고 일동은 후렴을 하다가 점차 몽실, 중보 등등 단원들도 자유로이 선창하고 나머지는 후렴을 하고 하였다.

"엿들 사시오 엿들사아 울릉도라 호박엿 전라도라 찹쌀엿."

"두둥개 두웅둥 내사랑 어와 둥덕궁 내사랑(이하 후렴은 생략)."

"엿들 사시오 엿들사아 울근불근 콩강엿 오밀조밀 고물엿."

"입안에 배앵뱅 깨물엿 고소하구나 참깨엿."

"독수공방 긴긴밤에 찰싹 앵겼다 찹쌀엿."

한참 이렇게 엿타령이 진행되는데 행인 하나가 방울을 찬찬히 보더니 말했다.

"아이고 인자 보닝개, 임방울 씬가부네요 잉."

"그 말이 맞소."

단원 하나가 대답하였다.

"어쩐지 소리가 예사소리가 아니드랑개."

"그러닝개 내가 뭐랬어? 방울 씨 소리가 틀림없다고 혔지 안혀?"

행인들이 이렇게 주고받는 사이에 소리판이 중단되었다.

"아, 판 식겄구만."

"어서 소리를 이어야제?"

여기저기서 재촉하는 소리가 쏟아져 나오자 몽실이 선창하여 다시 판이 살아났다.

"(자진모리)두둥개 두웅둥 내사랑 어와 둥덕궁 내사랑."

"가인상사(佳人相思) 임기룬데 찰싹붙었다 찹쌀엿."

"약수 삼천리(弱水三千里) 먼먼길에 소식 전튼 기러기엿."

"강릉 경포대 달맞이 갈거나 둥글둥글 달떡엿."

소리판의 신명은 한량없이 이어져갔다. 어느새 하오에 접어들기 시작하였다. 아쉽지만 저녁 공연을 서둘러야 했다. 방울이 양손을 번쩍 치켜올리며 소리쳤다.

"자아, 인자 갑시다아. 농악은 길굿 칠 채비를 허시오오."

그러자 농악패들은 자기 몫의 기물들을 챙기기 시작하였고 다른 단원들도 길을 뜰 채비를 하기 시작하였다. 구경꾼들이 하나둘씩 흩어지기 시작하였다.

"여보게 방울이."

구경꾼들 속에서 중절모를 눌러쓴 사람이 방울에게 다가오며 불렀다. 방울이 뒤돌아보고 어리둥절해하는데

"날세. 나여."

하더니 중절모를 벗었다.

"아니, 대준이 형님!"

"그래 날세."

"사람 눈을 감쪽같이 속이는 데는 도가 트이셨소 잉."

방울과 대준은 두 손을 마주잡으며 웃었다.

"그동안 고생이 많으셨지라우?"

대준의 아래 위를 살피며 말을 이었다.

"상해로 가셨다는 말은 들었었지만 언제 귀국하셨어라우?"

"작년이야. 해방 다음해 봄에 돌아왔어."

"그동안에는 어디 기셨는디요?"

"주욱 서울에 있었어. 뭘 좀 해본다고 했지만 세상 돌아가는 꼴이 영 뜻대로 되지를 않어."

"그러면 어쩌지라우? 그래 뭔 일을 허시게요?"

"생각 중인데, 고향에 묻혀 농민들과 더불어 살까 생각하고 있어."

"뭘 허시든지 성공허시겄지라우. 왜놈들도 물리치신 양반인디."

"허허 참. 고맙네. 자네 소리 잘 들었어. 정말 명창일세 명창이야."

"그런디 여그는 어쩐 일로 오셨소?"

"응 이 근처에 볼일이 좀 있어서 왔어. 인자 광주로 돌아가는 참이야. 자네들은 저 마을 쪽으로 가는가보지? 그럼 잘 가게."

대준은 이렇게 말하며 손을 내밀었다.

"아니 이렇게 섭섭하게 가실라요?"

방울도 이렇게 말하며 대준의 손을 잡고 흔들었다. 대준이 읍내 쪽으로 몇 걸음 가다가 돌아서며

"참, 자네에게 돌려줄 것이 하나 있어."

하더니 속봉창에서 자그마한 주머니를 꺼내어 방울에게 건네었다.

"무엇인디요?"

방울은 이렇게 말하고는 주머니를 열어 안에 든 것을 꺼냈다. 임방울이 쌍계사에 기식하면서 독공할 때 일본 경찰의 눈을 피하여 동굴로 찾아온 대준에게 노자에라도 보태 쓰라고 주었던 은가락지였다.

"아니 이건? 이걸 여태?"

"그래. 자네가 주는 것, 받기는 받았지만 아무리 생각해도 자네 색시 것이야. 자네를 생각하며 늘 간직하고 있었지. 그 가락지 덕으로 왜놈들한테 붙들리지도 않고 무사히 해방을 맞은 것이야. 허허허."

대준은 유쾌한 듯이 호탕하게 웃었다.

"아이고오. 형님도 참말로."

하며 방울은 대준에게 한걸음 다가갔다. 두 사람은 다시 한 번 악수를 하고 동과 서로 헤어졌다.

몽실이 사라져가는 대준을 유심히 바라보았다.

"어디서 본 분 같은디?"

"해방 전에 바로 저기 삼거리에서 왜경한티 쫓겨온 분 하나 있었제? 각설이패들이랑 어울려서 빼돌렸제. 독립투사 박대준 씨 말이여."

"그래 그래, 인자 생각나."

그때 장월중선이 시내 쪽을 가리키며 말하였다.

"저그 김 선생 오시네요."

김원술이 일행 쪽으로 다가오고 있었다. 김원술은 전도성(全道成)에게

서 판소리 수업을 하기도 하였으나 무대에 서지는 않고 이 단체의 살림을 맡아 하는 집사였다. 김원술의 뒤에는 젊은 여자가 하나 뒤따라오고 있었다.

"모두들 여기서 쉬고 있었구면."

김원술이 다가오더니 이렇게 말하였다.

"가신 일은 잘 되었어라우?"

이정업이 물었다. 김 집사는 공연 장소를 교섭하러 읍내까지 나갔던 것이다.

"그럭저럭 되기는 되었어요. 창고를 빌리기로 했거든요. 참 새로 단원 한 분 모시고 왔어요. 한애순 씨 인사해요."

김 집사는 이렇게 말하고는 뒤에 따라오던 젊은 여인을 돌아보았다. 여인은 공손히 절을 하였다. 모두들 한애순 쪽으로 시선을 모았다. 방울은 한애순을 보고 깜짝 놀랐다.

"아니, 산호가?"

라고 혼자 중얼거리며 뒤로 주춤 두어 걸음 물러서며 한애순을 뚫어지게 바라보았다.

김원술이 이 눈치를 알아차리고 물었다.

"임 선생님, 왜 그래요?"

방울은 그제야 정신이 드는 듯

"아, 거, 뭐."

하며 얼버무렸다.

"한애순 씨라고 곡성(谷城) 옥과(玉果) 출신이고 박동실 씨의 제자래요."

김원술이 말하였다. 방울은 아무 말없이 한애순만 바라보고 있었다.

"나 이정업이오."

이정업이 나섰다. 한애순이 이정업 쪽을 향하여 고개를 숙였다. 방울은 아무 말없이 한애순만 바라보고 있었다. 한애순도 방울의 그런 기미를 알아차리고 계면쩍어 하는데 이정업이 방울 쪽을 가리키며 말하였다.

"이분께 인사해요. 임방울 선생이오."

그러자 한애순은 얼굴이 빨개졌다.

"아, 예, 쑥대머리로 유명하신……. 잘 부탁합니다."

방울은 뒷덜미 쪽으로 손을 돌리며

"아 거 뭐, 나 임방울이오."

하며 인사하였다.

"자아 인자 시간도 얼마 남지 않았으니 떠나도록 합시다아."

김원술이 일동을 향해 말했다. 그러자 단기(團旗)가 앞장서고 상쇠가 길굿을 치기 시작하니 농악이 이에 따르고 일행이 그 뒤를 따랐다.

그날 밤 마을 창고를 치우고 공연을 하게 되었다. 공연은 대개 땅재주, 줄타기, 농악의 순으로 진행되고 맨 나중에 판소리를 하게 되는데 판소리는 애기 소리에서 점차 연조가 많은 순으로 하다가 맨 마지막에 임방울이 하는 것으로 되어 있었다.

대기실에서는 임방울과 한애순이 무대의 진행을 구경하면서 대화하고 있었다.

"고향이 곡성 옥과라고 혔지라우?"

임방울이 물었다.

"예, 그렇지만 순창서 많이 살았어라우."

"박동실 씨한티서 소리 공부를 허셨다면서?"

"예. 심청가와 수궁가를 뗐고 춘향가와 적벽가의 일부를 배웠어라우."

박동실(朴東實)은 화순 능주 출신의 소리꾼 김채만(金采萬)의 소리를 이어받은 서편제의 가객으로 1921년 김채만의 제자들에 의하여 만들어진 협률사에 신진으로 참여하기 시작하여 그후 명창으로서의 명성을 굳혀가기 시작했다. 일제 말기의 수년 동안 그는 많은 제자들을 양성하였으며 해방 후에는 '열사가'라는 신작 판소리를 창작 보급하여 신작 판소리의 길을 열어놓았으며 창극단을 조직하여 창극 활동을 하다가 6·25와 더불어 월북하였다. 이런 이유로 그의 존재가 별로 알려져 있지 않다.

방울은 조끼 주머니를 부스럭거리더니 생과자 봉지를 꺼내어 책상 위에 펴놓았다. 그리고 하나를 집어 한애순에게 건넸다.

"자, 들어요. 한바탕 하려면 속을 챙겨놔야제."

"아이고 이런 귀한 것을. 고맙습니다요."

한애순은 깍듯이 고개를 숙이고는 하나를 들었다. 방울도 하나 들어 베어물었다.

"임 선생님의 쑥대머리, 앞산도 첩첩하고, 그런 소리들은 판으로 많이 들었어라우."

"그래요 잉."

임방울과 한애순이 이런 대화를 하고 있는데 장월중선이 들어왔다. 그러고는 생과자를 하나 집어들며 방울을 향하여

"두 분이 무슨 이야기를 그렇게 진진하게 허세라우?"

하고는 한애순 쪽으로 시선을 돌려

"무대는 이번이 처음은 아니지?"

하고 물었다. 장월중선이 몇 살 손위였다.

"예, 화랑창극단이라고 박석기 선생님이 하시던 단체에 한 4년 동안 따라다녔어라우. 박 선생님은 제 은인이어라우. 지가 소리 공부를 하게

된 것도 그분의 후원 덕이어라우.”

"박석기 씨는 참 훌륭한 분이시제.”

방울이 말하였다. 박석기(朴錫基)는 일본 동경대학을 나온 지식인으로서 국악을 살려야 한다는 생각으로 거문고의 명인 백낙준에게서 사사한 거문고 산조의 명인이었다. 국악에 자질이 있는 사람을 골라 공부하도록 후원하였고 일제시대와 해방 후의 어려운 시기에 걸쳐 국악활동에 지도적인 역할을 하였다.

이윽고 한애순의 차례가 되었다. 한애순은 「심청가」 중에서 심청이 선인들을 따라가는 데를 하였다.

"(중모리)그때여 심청이는 선인들을 따라를 간다. 끌리난 치맛자락 거듬거듬 걷어안고 흐트러진 머리채는 두귀밑에 와 늘었구나. 비와같이 흐르난 눈물 옷깃에 모두다 사무친다. 엎어지며 자빠지며 천방지축 따라간다.”

애순의 소리가 계속되는 동안 방울은 계속 추임새를 넣었다. 월중선도 이따금 추임새를 넣으며 전에 없이 추임새에 열중하는 방울 쪽을 돌아보기도 하였다.

"아이, 오늘 임 선생님 추임새는 유다르시네요 잉?"

결국 월중선이 웃음을 참지 못하고 이죽거렸다. 방울이 뒷덜미로 손을 돌리며

"하, 거, 뭐.”

하고 얼버무렸다.

임방울이 무대에 오르자 한애순의 마음속에는 호기심이 일었다. 세상 사람들이 명창 임방울, 명창 임방울 하는 그 임방울의 소리를 가까이에서 직접 들을 수 있는 기회가 한애순에게는 처음으로 찾아왔기 때문이었다.

낮에 임방울을 처음 만나서도 말한 일이 있지만 그녀는 임방울의 '쑥대머리'나 '앞산도 첩첩하고' 같은 소리를 판으로는 여러 번 들어봤던 것이다. 판으로 들었을 때의 느낌은 그야말로 별로였다. 그래서 속으로 '좋은 목 갖고 싱겁게도 한다'고 생각하고 있었다.

'내 목도 자기보다 높았으면 높았지 낮지는 않다.'

이런 자부심을 가지고 있었다. 세상 사람들이 임방울 임방울 하는 까닭을 도무지 알 수 없었다. 그 알 수 없는 이유를 오늘 알아낼지도 모른다는 생각이 없지 않았다.

임방울은 쑥대머리를 부르기 시작했다.

"쑥대머리 귀신형용 적막옥방의 찬자리에."

한애순은 처음부터 자신의 귀를 의심하였다. 기계로 듣던 소리와는 전혀 딴판이었다. 따뜻하고 웅숭깊으면서도 한량없이 충충한 한이 서린 그 목청은 딴 세상에서 들려오는 소리 같았다.

"오리정 전별후로 일장서를 내가 못 보았으니."

하며 용트림할 때부터 장내는 거대한 파도 같은 술렁거림이 일기 시작하였다. 그 용트림은 임방울의 도도한 흐름을 따라 이리 뒤틀고 저리 뒤틀고 하면서 거대하고도 황홀한 전율을 형성해갔다.

이런 전율에 자신의 영(靈)과 육(肉)의 모두를 맡겨버린 한애순은 완전히 신들린 사람이 되어 추임새를 넣어갔다.

소리가 끝났을 때 우레와 같은 박수와 아울러 '재창이요오!' 소리가 장내를 떠나가게 하였다. 임방울이 객석을 향하여 절하고 일단 물러나왔다가 다시 무대에 나가 재창을 할 채비를 차릴 때까지 계속된 박수와 갈채의 시간이 한애순에게는 한량없이 긴 시간처럼 느껴졌다.

"가만 보닝게 임 선생님이 애순 씨만 보면서 소리허시드만그려."

월중선이 이죽거렸다. 한애순은 얼굴이 빨개지며
"아이, 농담도······."
하고는 얼버무렸다. 월중선은 빙글거리면서 짐짓
"아니여, 농담이라니."
하였다. 그러나 한애순은 넋 나간 사람처럼
"좌우지간에 귀신 소리제 사람 소리는 아니네요."
라고 혼잣말같이 중얼거렸다.

무대에 다시 오른 방울은 이번에는 '앞산도 첩첩하고'로 시작되는 '추억'을 불렀다.

쑥대머리나 '추억'이 모두 계면조의 슬픈 가락이지만 전자가 중모리로 슬픔을 진득하게 안으로 다스리는 가락이라면 후자는 진양조로서 그야말로 장탄식의 육자배기목의 가락이다. 전자를 평계면이라 할 수 있다면 후자는 진계면이라 할 수 있다. 삼창까지 하고 나서도 청중들은 임방울이 무대에서 물러나는 것을 못내 아쉬워하였다.

"오늘 임 선생님 목이 유달리 앵기시는가분디 애순 씨 들으라고 저렇게 공력을 들이시는개비여."

월중선이 농담 반 진담 반으로 말하였다.

"하늘로 치솟는 그 소리, 아무튼지 온몸이 찌르르르 하네요."

한애순은 이렇게 중얼거리기만 하였다.

그때부터 한애순은 임방울의 소리에 완전히 매료되었다. 그런데 임방울 쪽에서도 그녀에게 유다른 관심을 보이는 듯하였다. 술은 거의 하지 않는 대신 단것을 유달리 좋아하는 임방울은 감이나 엿 혹은 사탕 같은 것을 사면 꼭 애순에게 나누어 주곤 하였다. 공연이 끝나고 늦은 밤길을 걸어 숙소로 돌아올 때는 흔히 애순 옆에 방울이 달라붙곤 하였다.

곡성의 어느 면 소재지에서 창고를 치우고 공연을 할 때의 일이었다. 해방 직후만 해도 전기 사정이 극도로 나빠서 자주 전기가 나가기도 하였다. 그럴 때는 미리 준비한 촛불을 여기저기 밝히고 공연을 이어갔다. 좌석도 마땅치 않아서 가마니때기라도 깔아놓았으면 상석이요 대개는 맨땅바닥이어서 각자 알아서 신문지 같은 것이라도 마련한 준비성 있는 사람은 모르지만 대개는 맨바닥에 퍼더버리고 앉아서 관람을 하였다.

그런 형편이었지만 임방울이 떴다 하면 원근에서 사람들이 구름같이 모여들어 늘 만원을 이루었다. 이제 사십 대 후반에 접어든 임방울은 그 나이나 인생의 경륜도 그렇거니와 특히 소리의 연조도 가위 절정기라 할 수 있었으니 그럴 만도 하였다.

이날 공연도 여느 때와 마찬가지로 땅재주와 농악에 이어 당대 줄타기의 제일인자인 김영철의 줄타기가 끝나고 판소리 연창이 진행되는 차례인데 창고 안에 불이 났다. 전깃줄이 합선되었던 것이다. 당시는 전기 사정도 나빴을 뿐 아니라 시설도 극도로 나빴다. 일시에 암흑 천지가 되고 연기와 불길이 솟는 가운데 가득 메운 청중들이 아비규환을 이루었다.

객석 한 쪽에서 관람하던 한애순은 갑자기 당하는 일이라 어찌할 바를 몰랐다. 이제는 죽는 줄 알았다. 모두들 살길을 찾아 다투어 뛰쳐나가려는 판인데 연약한 여자의 몸으로는 뛰쳐나가기는 고사하고 지레 사람 발길에 밟혀 죽을까 겁이 났다.

그때 그녀의 어깨를 꽉 붙잡아주는 사람이 있었다.

"자, 내 손을 꽉 잡고 따라와요."

그 목소리는 임방울의 것이었다. 그제야 깨달은 일이지만 임방울의 시선은 늘 한애순에게 쏠려 있었다. 그날도 마찬가지였다. 그래서 아무리 칠흑같이 어두운 가운데서도 그는 단숨에 한애순이 있는 데로 달려올 수 있었다.

 다음날 아침 식사가 끝난 후 임방울과 한애순은 여관 홀에 그대로 앉아 이야기를 주고받고 있었다.

 "선생님 어제는 정말 고맙습니다요."

 "아, 거, 뭐."

 "선생님 아니었으면 어젯밤에 꼼짝없이 밟혀 죽을 뻔했어라우."

 "아, 거, 뭐. 밟혀 죽기는 무슨, 텀턱스럽게."

 "그나저나 선생님 소리는 귀신 소리제 사람 소리는 아니어라우. 선생님 소리 유성기로는 많이 들었지만 직접 듣기는 이번에 여그 와서 처음이어라우."

 "하, 거, 뭐. 헌디 애순 씨."

 "예?"

 "나, 애순 씨 처음 만났을 적에 깜짝 놀랬당개?"

 "왜라우, 선생님?"

 "애순 씨가 내가 전에 알았던 여자를 쏙 빼박았다 그 말이여. 처음 애순 씨를 만났을 적에 그 여자가 이승에 환생했나, 혔어."

 "아이고 그래라우?"

 애순은 얼굴이 붉어지며 말하고는 이어서

 "그런디 이승에 환생했다 하시면……?"

하고 말을 이었다.

 "그래, 꽤 오래 전에 죽었어. 가엾은 여인이었제."

 방울이 가라앉은 목소리로 말하였다. 산호의 야위고 청초한 모습이 그의 망막에 아련히 떠올랐다. 불현듯 가슴의 묵은 상처가 눈을 뜨며 욱신거리기 시작하였다.

"선생님 부인이셨어라우?"

"어려서부터 서로 좋아하는 사이였지만 좋아한다고만 되는 것도 아니던개비여. 연분이 닿지 안혔어."

방울은 이렇게 말하고는 담배에 불을 붙여 물고는 허공을 향하여 후 하고 연기를 뿜어냈다. 그의 눈에 알 듯 모를 듯 이슬이 비친 것같이 보였다. 애순도 덩달아 비감해졌다.

"참 안 되었네요."

이렇게 말하더니 잠시 후에 가볍게 손뼉을 치며

"아참, 그 유명한 앞산도 첩첩하고 하는 추억가의 여인이지라우?"

라고 말하였다.

방울이 손을 들어 뒷덜미로 돌리려는 참인데 김원술 집사가 홀 안으로 들어왔다. 그러자 애순이 김 집사에게 가볍게 인사하고 자기 방으로 들어갔다. 김 집사는 방으로 들어가는 애순의 뒷모습을 쫓던 시선을 방울에게로 돌리며

"둘이서 무슨 이야기를 그렇게 진진하게 하고 계셨어요?"

라고 장난기 어린 목소리로 말하였다. 그러나 방울은 허공에 담배 연기를 후 내뿜으면서 가라앉은 음성으로 말하였다.

"잠깐, 내 옛날 이약 좀 혔네요."

"모두들 애순 씨가 온 뒤로 임 선생님이 많이 달라지셨다고 그러던데요?"

김원술은 여전히 장난기 어린 듯한 목소리로 말하였다.

"내가 달라질 게 뭣이 있을 게라우?"

방울은 여전히 가라앉은 음성으로 말하였다. 김원술은 더욱더 장난기 어린 음성이 되며 말하였다.

"괜히 시침 떼지 마세요. 내 보기에도 임 선생님 눈길이 늘 애순 씨한테 가 있던데요 뭘."

임방울은 얼굴이 다소 상기가 되며 손으로 뒷덜미를 긁적이며 말하였다.

"하, 거, 뭐. 애순 씨를 처음 보았을 때부팀 감회가 유달랐던 것은 사실이지라우. 내 전에 알았던 여자를 아주 닮았더란 말이오."

"앞산도 첩첩하고 하는 노래의 여주인공 말이지요?"

"하, 예."

"이거 예사 인연이 아니로구먼요."

김 집사는 장난스런 표정을 숨기려고도 하지 않고 이죽거리듯이 말하였다. 방울은 얼굴이 붉어지며 손을 훼훼 내저으며

"인연은 무슨 인연. 내 나이가 지금 몇인데."

라고 말하고는 방 쪽으로 걸음을 옮겼다. 김원술은 걸어가는 방울의 등에 대고 말하였다.

"남녀간의 인연이란 그런 게 아니지요."

사실 화려한 박수와 갈채 속에서 살아가기는 하지만 임방울의 마음은 언제나 텅 비어 있었다. 산호를 잃은 슬픔은 그의 가슴에 지울 수 없는 상처를 남겼고 기다리고 기다리던 아들을 얻어 기뻐하였으나 그 기쁨도 잠깐이요 성치 않은 자식을 둔 아비로서의 아픔만 고스란히 떠맡게 된 임방울로서는 사실은 마음 붙일 데가 바이 없었다.

임방울이 그동안 많은 여인들과 염문을 뿌리고 다니게 된 것도 따지자면 그의 마음의 공허감에서 주로 연유되는 것이라 할 수 있다. 그러던 차에 한애순을 만난 것이다.

화재가 난 날 이후로 한애순은 아닌게아니라 임방울의 시선을 어디서

나 느낄 수 있었다. 그것은 애순으로서는 달콤하면서도 무거운 짐으로 느껴지는 일이기도 하였다.

단원들이 한두 사람씩 그 두 사람의 그런 기미를 알아차리기 시작하였다. 전북 순창의 어느 시골에 순회공연을 갔을 때의 일이었다. 김원술이 하루는 한애순을 불러 조용히 할 이야기가 있다고 좀 나가자고 하였다. 두 사람은 논두렁에 나란히 앉았다. 한참 뜸을 들이고 나더니 김원술이 말을 꺼냈다.

"애순 씨는 임방울 선생을 어데게 생각해?"

김원술이 조용히 할 이야기가 있다고 할 때 이미 짐작은 대고 있었지만 막상 이렇게 다잡아 묻는 데에는 창졸간에 뭐라 대답할 말이 없었다. 사실 한애순으로서는 그저 임방울의 노래가 좋았고 그 사람됨이 좋았을 뿐이지 그 이상의 관계 같은 것을 염두에 두어본 일은 한 번도 없었다. 한참 동안 아무 말없이 그녀의 말 나오기를 기다리던 김원술이 다시 말을 이었다.

"그 양반 진즉부터 애순 씨를 마음에 두고 있었던 게여. 성한 아들 하나 없어 허전한 임 선생의 마음 짐작할 수 있겠어?"

하면서 집도 마련하고 살림도 장만하고 하였노라고 푸짐한 이야기를 하였다. 그러나 한애순으로서는 도무지 마음이 내키지 않았다. 아무리 생각해도 합당한 이야기가 아니라고 생각되었다. 그래서 그녀는

"나는 그런 문제 생각해보지도 않았어라우."

라고 대답하고는 일어서고 말았다.

그런 지 며칠 뒤의 일이었다. 한애순이 저녁 공연을 마치고 여관에 돌아오자 아무래도 이상한 분위기가 느껴졌다. 홀 한가운데에 여러 가지 음식을 차려놓은 식탁이 하나 놓여 있었고 식탁 양편에는 제법 깨끗한 화문

석도 정갈하게 깔려 있었다. 그런데 같이 따라 들어서던 동료들이 홀 안으로 들어서면서부터 그녀를 쳐다보며 빙글거리기 시작하는 것이 이상했다.

그녀는 이제껏 자기만 모르는 사이에 꾸며진 무슨 일이 바야흐로 진행되려 하고 있음을 이제야 알게 되었다. 그녀는 자기를 바라보며 빙글거리고 있는 동료들을 두리번거리며 중얼거렸다.

"대체, 무슨 일이다요 시방?"

그러자 에워싼 동료들이 일제히 웃음을 터뜨렸다. 그와 거의 동시에 여자 동료 두 사람이 좌우에서 그녀의 양 활개를 꽉 껴안으며

"아, 애순 씨가 오늘 저녁에 춘향이 노릇 허기로 되어 있어. 임방울 선생은 이 도령이고."

"내가 무슨 춘향이 노릇을?"

"춘향이면 춘향이제 무슨 춘향이라니?"

뒤에 있던 여자 동료 하나가 이렇게 말하며 애순에게로 다가 오더니 재빨리 애순의 머리 위에 족두리를 씌워버렸다.

그곳이 바로 초례청이라는 것이었고 그 주인공은 임방울과 한애순 자신이라는 것이었다. 농담 반 진담 반의 이 초례청에 둘러선 남녀 동료들은 유쾌하게 들떠 있었고, 나이답지 않게 상기된 얼굴에 수줍음을 띤 임방울이 식탁 건너편에 신랑인 양 서 있었다. 홀 안으로 들어서다 보니 저절로 식탁 이편에 서게 된 한애순은 어김없이 신부의 뽄새(모양)가 되어버렸다. 한애순은 이제야 사태를 알아차리고 양 활개를 요동하며 몸을 빼내려 하였으나 양편에서 마음먹고 붙들고 있는 동료들한테서 몸을 빼내기는 불가능했다. 한애순으로서는 덩달아 웃을 수도 없고 화를 낼 수도 없어 어마지두에 붙들린 채로 있는데, 연방 빙글거리고만 있던 김원술 집

사가 앞으로 나서며

"내가 혼례 집사를 봐야 쓰겠구만. 자아, 모두들 조용히, 조용히."
하더니 목을 가다듬고 제법 엄숙하게

"이몽룡 입자앙."
하고 외었다.

"신랑 입장이면 신랑 입장이제 이몽룡 입장은 또 뭣이다요?"
이정업이 말하였다.

"참, 그래 그래. 신랑 입자앙."

그러자 사모관대 차림의 임방울이 동료 두 사람에게 양 활개를 붙들린 채 저편에서 식탁 아닌 초례청 앞으로 다가왔다.

"달아맨 퇴끼가 오늘 장개가는구만그려."

몽실이 이렇게 말하자 일제히 박수를 치며 웃음을 터뜨렸다. 김원술은 다시 목을 가다듬어

"자 모두들 조용히 조용히. 다음은 춘향 입자앙. 아차, 춘향 입장이 아니지. 험, 험. 신부 추울."

그러자 여자 두 사람에게 양 활개를 붙들린 한애순은 초례청 이쪽으로 끌려가지 않을 수 없었다. 신랑 재애배애, 신부 사아배애, 어쩌고 외는 김원술 집사의 소리가 들려왔고, 동료들에게 양 활개를 붙들린 한애순은 화를 낼 수도 웃을 수도 없는 형편인데, 동료들은 조금도 아랑곳함이 없이 부지런히 술잔을 돌리었고 술판이 무르익어가자 그들은 「춘향가」 사랑가를 합창하기 시작하였다. 중모리, 중중모리로 이어지던 사랑가는 어느새 민요 세마치 장단의 흥겨운 진도아리랑으로 넘어갔다.

그런데 심각한 사태는 그 다음에 벌어졌다. 농담 반 진담 반의 축제 기분에 들뜬 그들은 마침내 이 두 남녀를 한 방에 몰아넣고 밖에서 문고리

를 걸어 잠가버렸던 것이다.

한 고장에서 일정 기간의 공연을 마치고 다른 고장으로 떠나야 하는, 그 전날 밤 같은 때는 단원들만의 오붓한 잔치를 벌이는 경우도 더러 있었다. 일종의 자축연 같은 것이었다. 특히 그 공연이 성공리에 끝났을 경우 이런 놀이판은 한결 신명을 더하는 것이었다. 그날 저녁의 경우도 말하자면 그런 활기 띤 놀이판의 하나라 할 수 있었다. 공연도 성황리에 끝났고 내일이면 이웃 고을로 이동하게 되어 있었다. 이런 자리에는 유달리 시망스런 장난꾼도 한둘은 있게 마련이어서 엉뚱한 장난을 벌여 놀이판을 웃음바다로 만드는 수가 많았다.

한애순도 처음에는 오늘 밤의 이 초례청놀이를 그저 그런 정도의 장난으로 알았다. 그래서 다소 심하다 싶으면서도 결국 억지 춘향이 노릇을 했던 것이다. 그러나 두 사람을 한 방에 몰아넣고 밖에서 문고리까지 걸어 잠그는 데 이르러서는 장난이 지나치다고 여기지 않을 수 없었다. 아니, 이건 장난이 아니고 계획적으로 짜고서 하는 소행같이만 여겨졌다. 부아가 치밀지 않을 수 없었다. 더구나 한애순의 그런 심정을 아는지 모르는지, 나이답지 않게 얼굴에 잔뜩 수줍음을 띠고 한 손으로 연방 코밑만 쓰다듬고 다른 손으로는 뒷덜미를 긁적거리며 빙글거리고만 있는 임방울의 모습을 볼 때, 그가 도시, 능청을 떨고 있는 것으로만 여겨졌다. 다기차기도 하였고 성깔도 만만치 않았던 한애순은 마침내 분통을 터뜨렸다. 이게 무슨 짓이냐, 사람을 뭘로 알고 이러느냐, 문 열지 못하겠느냐, 소리소리 지르며 두 손으로 방문을 쾅쾅 두드리고 발길로 걷어차기 시작하였다.

일이 이렇게 벌어지자 제일로 당황한 것은 임방울 자신이었다. 사실은 억지 이 도령 노릇을 하게 된 것은 임방울 자신도 마찬가지였다. 처음, 초레청놀음이 시작되었을 때 임방울은 장난이 좀 지나치다는 생각도 없지 않았으나 그 역시 타고난 장난기가 누구 못지않은데다가 또 그녀와의 이런 놀음이 조금도 싫지 않은 터여서 시침 딱 떼고 장난에 어울려주었던 것이다. 그런데 일이 차차 맹랑하게 돌아갔을 때는 어떻게 그 흐름을 막을 재간도 근력도 없음을 알게 되었다. 그렇다고 이제 와서 전후 사정을 차근차근하게 발명하기에는 한애순이 너무 흥분해 있었다. 그래서 그는
"그게 아니여, 그게 아니랑개."
라고 되풀이하며 한사코 그녀의 양손을 붙잡고 진정시켜보려 하였으나 그럴수록 그녀는 사납게 그의 손길을 뿌리치며 나부댔다.

마침내 방으로 들어가서 이쪽의 기미를 살피고 있던 단원들이 다시 뛰어나와 방문 고리를 따주고 총알처럼 튀어나온 그녀를 껴안다시피 하여 다른 방으로 데리고 가서 한참을 달래고 다독이고 한 연후에야 겨우 소동이 가라앉았다.

다음날 아침은 일찍부터 모두들 이웃 고을로 떠날 채비를 서두르느라고 분주히 움직였다. 일행을 싣고 이웃 고을로 떠날 짐차도 이미 와 있었다. 일행이 짐들을 챙겨 들고 여관을 나서는 참인데 누군가가 외쳤다.
"아니 임 선생님이 안 보이시네."
"정말 그렇네. 임 선생님이 어디 가셨디야?"

모두들 사방을 두리번거렸으나 임방울의 모습은 보이지 않았다. 그러고 보니 모두들 아침 일찍부터 부산하게 움직이는 속에 임방울의 모습이 눈에 띄지 않았음을 일행들은 이제야 깨달았다. 젊은 단원 하나가 임방울의 방으로 뛰어간 조금 뒤에 짐을 들고 되짚어 나왔고 그 뒤에 임방울이 한 발에는 구두를 신고 다른 발에는 흰 고무신짝을 끌며 절뚝거리며 따라 나오는 모습이 보였다. 단원들 가운데서 소리 죽인 킬킬거림이 일었다.

"아니, 저 사람 왜 저런대여?"

나이 지긋한 단원 하나가 말하였다.

"어제 저녁에 애순 씨한티 한 방 먹은 것 아니라고여?"

같은 또래의 단원이 받았다. 그러자 중구난방 수군거림이 잇달았다.

"어허, 큰일나부렀구먼."

"애순 씨가 사람 하나 죽이는개비여."

"가래톳이 서부렀다니 인자 큰일 아니라고여?"

수군거림과 더불어 킬킬거림과 이죽거림이 차츰 높아져갔다. 남자가 여자 일로 잘못되어 가래톳이 서게 되면 상한(傷寒)으로 돌아설지 모르고 상한으로 돌아서는 날에는 큰일을 보고 마는 법이라는 것이었다. 농담인지 진담인지 모를 이런 수군거림을 듣게 되자 한애순으로서는 그게 모두 자기를 도마 위에 올려놓고 이죽거리는 소리로만 들려서 귀가 따가운 것은 둘째요, 아니할 말로 만일 그에게 잘못되는 일이라도 닥치게 된다면 이 일을 어쩔꼬 하는 가슴이 철렁 내려앉는 생각과 함께 추레하게 절뚝거리며 걸어 나오는 그의 모습에 그녀의 속이 한없이 짠해지며 조금 전까지도 얼어붙었던 마음이 사르르 녹아내리는 것을 느끼게 되었다.

여관에서 이제야 나온 김원술 집사가 일행을 둘러보더니

"자아 인자 차에 오릅시다아."

하고는 대기하고 있는 짐차에 올랐다. 일행들도 차례로 차에 오르기 시작하였다.

"아, 왜 발을 저세요?"

김원술 집사가 차에 오르는 임방울을 보고 말하였다.

"하, 거, 나오다가 문턱에 걸려 넘어졌어요."

방울이 대답하였다.

"많이 다치셨는가분디라우?"

장월중선이 걱정스러운 듯이 말하였다.

"걸을 만은 혀."

방울이 작은 목소리로 말하였다. 애순도 차에 오르며 방울에게 고개 숙여 인사하였다. 방울이 답례하며 옆으로 몸을 비켜서 앉을 자리를 만들어 주었다. 애순이 그 자리에 앉았다. 이윽고 차가 시동을 걸더니 움직이기 시작하였다.

그런 일이 있고 나서부터 방울과 애순의 감정은 급작스럽게 무르익기 시작하였다. 그런 감정의 무르익음 가운데서 그들은 곡성, 남원, 구례, 순창 등지를 순회하며 다녔다. 물론 너나없이 어려운 형편이었으므로 아무런 마련은 없었으나 한애순으로서는 그런 것은 당초부터 문제가 아니었다. 그저 임방울의 소리가 좋았고 그 사람이 좋았다.

그들은 될 수 있는 대로 그들만의 오붓한 시간을 갖고 싶어 하였다. 그것은 그들의 사랑을 위해서도 소중한 일이었지만 그 시간이 애순에게는 자기 성장의 좋은 기회가 되기도 하였다. 오늘 오후도 마침 쉬는 날이어서 단원들은 모두들 밖에 나가고 임방울과 한애순만 여관에 남았다.

"어저께 선생님이 무대에서 하신 수궁가 토끼 배 가르는 데 정말 좋대요."

"애순 씨는 수궁가 박동실 씨한티서 다 받았제?"

"예. 받기는 다 받았는디요. 선생님 수궁가도 받고 싶어요. 선생님 소리가 너무 좋아라우."

"그려, 그러먼 내 일러주제."

이렇게 해서 여가 있을 때마다 한애순은 임방울한테서 「수궁가」를 받게 되었다.

임방울이 누구에게 소리를 전수한다는 것은 아주 드문 일이었다. 그래서 임방울에게는 제자다운 제자가 거의 없었다. 정읍 출신의 임준옥이 아마도 임방울의 유일한 남자 제자라면 제자라 할 수 있었다. 그는 젊어서 임방울의 소리에 반하여 천하의 임방울을 당돌히 찾아가서 소리를 받고 싶다고 하였다. 그랬더니 임방울은
"그려? 그러면 아무거나 배운 것 있으면 하나 혀부아."
하였다. 임준옥이 임방울의 레코드에서 배운 호남가를 하니
"응, 너 소리 허겄다. 그러면 열심히 혀봐라 잉."
하며 즉석에서 승낙하였다.
그러나 임준옥은 날이 갈수록 임방울의 소리를 받기가 아주 힘들다는 것을 알게 되었다. 청구성에다 수리성을 겸한 임방울의 그 힘차고도 화려한 성음을 자기로서는 도저히 받아낼 수가 없었다. 말하자면 임방울의 그 엄청난 소리의 부피를 받아내기에는 자기 소리의 그릇이 너무도 작다는 것을 뼈저리게 느껴야 했던 것이다. 그래도 그는 그런 나름으로 자기가 받을 만큼만이라도 받아야 한다는 생각으로 버텨 나갔다.
게다가 소리를 일러주는 임방울의 방식이 여느 소리 선생들과는 전혀 달랐다. 임방울은 일러줄 때마다 그 가락이 달랐다. 동일한 곡조 동일한 장단으로 일러주는 것이 아니라 부를 때마다 다르게 부르는 것이었다. 원래 판소리 예술 자체가 즉흥성 내지 현장성 등 창조적 개성이 무한히 보장되어 있는 예술이기도 하지만 특히 임방울에게 이 점이 유다른 것은 주지의 사실이다. 그러나 그의 소리를 받아야 하는 쪽에서는 그만큼 혼란스러울 것은 당연한 일이었다. 특히 판소리의 초심자일수록 이런 혼란은 심할 수밖에 없었다. 그러나 그런 가운데서도 임준옥은 하나도 놓치지 않으려고 기를 쓰고 노력하였다.

그런데 임준옥의 어려움은 이것만이 아니었다. 선생과 마주앉을 수 있는 날이 워낙 적었다. 당대의 대명창 임방울이 바쁠 것은 당연한 일이었다. 여기저기 공연이다 초청이다 하여 그야말로 앉은자리가 더워질 겨를이 없었다. 일 대 일의 수직적 관계에서 구전심수(口傳心授)로 전수하는 판소리 공부에서 이는 결정적인 약점이 아닐 수 없었다.

게다가 임방울의 타고난 방랑벽도 큰 몫을 하였다. 여러 날만에 사제간에 마주앉아 몇 마디 주고받고 하다가는 벌떡 일어나서 트렁크 하나 딱 들고는

"일러준 데 잘 혀봐라 잉."

하고 나가면 몇 날이고 몇 달이고 감감무소식인 경우가 허다하였다.

이런 여러 가지 어려움이 있었지만 임준옥은 그런 나름으로 임방울에게서 「춘향가」 일부와 「수궁가」 일부를 받을 수 있었다.

어떻든 임방울은 판소리의 천재적인 예술가이기는 하였으나 결코 훌륭한 교육자라 할 수는 없었다.

그러나 그는 자라는 후배들을 극진히 사랑하였고 그 후배의 예술적 가능성을 소중히 여겼다. 한 번은 이런 일이 있었다. 경상도 화개의 공연에 출연하고 오랜만에 돌아온 임방울이 들어서자마자 임준옥에게 말하였다.

"야, 참 나, 이번에 소리 한 번 기차게 잘허는 놈 하나 보았다. 웬 젊은 놈인디, 내 소리가 그놈한티 영 밀려부렀어야."

임방울은 그 젊은 소리꾼에 대한 칭찬에 침이 마르는 줄을 몰랐다. 숨은 명창 하나가 새로 등장했던 모양이었다. 천하의 임방울이 이다지도 칭찬을 아끼지 않은 그 당자는 도대체 누구일까, 임준옥으로서는 궁금하기도 하고 은근히 샘이 나기도 하였다.

"그 사람이 누군디라우?"

"남원 사는 새파란 젊은 놈인디 김정문(金正文)이 제자래여."

"그러면 한 번 오락 허지오."

"글 안 혀도 한 번 왔다가락 혔으닝개 오기는 곧 올 것이다."

며칠 뒤에 스물 안짝의 키가 땅딸막한 젊은이 하나가 찾아왔다. 그가 남원의 강도근이었다.

강도근(姜道根)은 대금의 인간문화재인 강백천의 조카로서 오랫동안 남원에 살면서 많은 제자를 길러낸 소리꾼인데 1996년에 78세의 나이로 세상을 떴다. 그는 오명창의 하나인 송만갑에게서 사사한 바 있고 이어서 송만갑의 수제자인 김정문 밑에서 공부를 하였다. 이제까지 동편제의 정통을 이어받은 유일의 가객이며 「흥부가」로 인간문화재로 지정된 바 있다. 그의 성음은 수리성에 쨍쨍한 철성을 겸한 소리로서 타고난 윤기와 그의 피나는 공력이 곁들여 전성시대에는 동편제 유일의 명창으로 명성을 떨쳤다.

그가 임방울을 처음 만난 것은 나이 열일곱 살 때 쌍계사에서 협률사 공연이 있었을 때였다. 그 무렵 강도근은 쌍계사에 기식하면서 소리 공부를 하고 있었다. 임방울 일행이 화개에 협률사 공연을 왔으므로 이때 강도근이 임방울을 처음으로 만나게 되었다. 그러나 임방울이 그의 소리에 감탄했다는 것은 강도근의 소리가 어느 정도 성숙한 뒤의 일이었다.

당대의 임방울이 침이 마르도록 칭찬하던 바로 그 당자가 나타났으니 임준옥을 비롯한 동료들은 긴장된 호기심으로 그의 노래를 기다리지 않을 수 없었다. 그의 소리는 「흥부가」 중의 박타령이었다. 굶주리던 흥보 권솔들이 추석은 당도하여 끓일 것은 없고 박이라도 타서 박속이나 끓여 먹자고 박을 탔더니 쌀과 금은보화가 쏟아져 나와서 부자가 된다는 푸짐한 이야기인데 애원성(哀怨聲)의 진양조 가난타령으로 시작하여 중모리, 중중모리의 박을 타는 장면, 이어서 쏟아져 나온 쌀로 밥을 지어 먹다가 식곤증이 나고 설사가 쏟아져 궁둥이를 홱 틀었더니 똥줄기가 운봉 팔형재 너머로 무지갯살처럼 뻗쳐서 길 가던 사람들이 보고 황룡(黃龍)이 등천한다고 절을 꾸벅꾸벅했다는 자진모리 가락으로 이어지는, 말하자면 한(恨)과 해학이 교묘하게 엇갈리는 대문이었다.

그는 물론 잘하기는 잘하였다. 사실 전성시대의 강도근의 박타령은 천하일품이었다. 그러나 당시로서는 스물 안짝의 약관인 그의 소리가 임방울의 소리를 당할 수는 없었다.

이때 임준옥으로서는 깊은 감회를 금할 수 없었다. 그것은 후배를 사랑하고 후배의 예술의 가능성을 극진히 아끼는 스승 임방울의 따뜻한 마음씨가 젊은 임준옥에게 깊은 감명을 주었기 때문이다.

임방울한테서 소리를 받기가 그다지도 어려운 형편인데도 한애순이 임방울의「수궁가」를 끝까지 받을 수 있었다는 것은 매우 드문 일이 아닐 수 없었다. 그것은 그와 그녀 사이의 밀월 관계 그리고 임방울의 소리를 받아낼 수 있는 한애순 자신의 타고난 능력과 끈기의 덕이라고 보아야 할 것이다.

어느 날이었다. 이날도「수궁가」한 대문의 공부가 끝나고 나서 임방울이 한애순의 손을 잡고 여관 홀 쪽으로 가더니

"자, 사랑가 한 번 맞춰보제."

하였다. 이날도 마침 쉬는 날이었고 단원들은 모두 볼일 보러 밖으로 나가고 없었다.

"맞춰보다니요?"

애순이 무슨 말인지 몰라서 반문했다.

"내가 이 도령 되고 애순 씨가 춘향이 되어서 입체창 한 번 혀보자 그 말이여."

"아, 예. 그런디 내가 선생님을 따라갈지 모르겄네요."

"헛다 별소리가 많네. 자 혀보세 잉."

방울이 춤을 추며 소리를 뽑기 시작하였다. 애순도 임방울의 춤에 어울렸다.

"(중중모리)둥둥 내사랑 어허둥둥 내사랑. 저리 가거라 뒷태를 보자. 이만큼 오너라 앞태를 보자. 아장아장 걸어라 걷는태 보자. 빵긋 웃어라 잇속을 보자. 너와나와 유정하니 어찌 아니가 다정하리. 담담장강수(淡淡長江水) 유유원객정(悠悠遠客情) 하교불상송(河橋不相送)하니 강수원함정(江水怨含情) 우리 연분은 천정이니 만년간들 변할손가 어허둥둥 내사랑아."

이어서 한애순이 화답하였다.

"도련님은 흉중대략(胸中大略) 보국충신이 되올세라. 사육신이 되신듯 생육신이 되신듯. 정송강 충무공 고운선생이 되신듯. 내삼천 외팔백 주석지신(主席之臣)이 되시리로다. 둥두두웅둥둥 어허둥둥 내사랑."

마침내 두 사람이 합창을 하기에 이르렀다.

"사랑 사랑 사랑 내 사랑이야 으흐으으으 내사랑이로다 선마둥둥 내사랑이야. 동정칠백리 월야추(月夜秋)에 무산(巫山)같이 높은 사랑. 유유낙일 권렴간(悠悠落日捲簾間)에 꽃과 같이 고운 사랑. 으스름 초생달이 방실방실 웃는사랑 남창북창(南倉北倉) 노적같이 담불담불 쌓인 사랑. 사랑사랑 긴긴사랑 대천같이도 긴긴사랑. 세월아 네월아 가지를 마라라 어허둥둥 내사랑."

임방울과 한애순의 사랑가가 바야흐로 노그라지는데 김원술이 홀 안에 들어서서 두 사람의 행위를 지켜보고 있었다. 김원술이 지켜보는 것을 알아차리고 임방울과 한애순은 얼른 손을 놓고 떨어졌다.

"허허허……그대로 계속하시지 그러세요."

김원술 집사가 말하자 임방울이 뒷덜미를 긁적이며 우물거렸다.

"하, 거, 뭐."

"하, 거, 뭐라니요? 창극은 질색이시라더니 오늘 보니 잘하시기만 하네요 뭐. 자, 방금 두 분이 하신 것, 그대로 오늘 저녁 무대에 올립시다."

김원술이 자못 정색을 하고 말하니 임방울이 두 손을 훼훼 내저었다.

"안 돼요 안 돼. 창극이라니. 장난으로 한 번 그래본 것인디 창극은 무슨 창극."

"장난이라니, 아주 좋기만 한데요 뭘. 저녁 무대에 올리기로 해요 응."

김원술이 이렇게 다시 한 번 힘주어 말을 하니 방울이 아까같이 두 손을 내저었다.

"안 돼요. 나는 창극 못 헌다닝개 그러네."

"아, 왜 그러세요 참. 잘하시기만 하던데."

"아무튼 나는 못 해요."

방울이 단호하게 말하니 김원술은

"참말로, 임 선생님 고집한테는 당할 장사가 없어."

하고는 입을 다물었다. 그리고 방으로 들어가려다가 돌아서서 한애순에게 말하였다.

"참, 애순 씨는 부모님께 연락을 했어요? 조촐하게라도 잔치를 한 번 치러야 할 것 아니오?"

한애순은 고개를 숙이며 대답하였다.

"이번 순회공연 끝나면 집에 한 번 다녀올라고 합니다요."

두어 달 동안의 순회공연이 마무리지어졌을 때 한애순은 일단 말미를 얻어 순창의 친정으로 돌아왔다. 집이네 살림이네 하는 것이 애당초 마련 없는 형편이었으나 어떻든 이제부터 신접살림을 차려야 할 계제에 접어들었으니, 양편에서 그런 나름의 준비가 없을 수 없었고 또 이런 중대사를 앞에 둔 한애순으로서는 친정 식구들과 의논해보지 않을 수 없었다.

그러나 임방울과의 이야기를 꺼내자 집안 어른들은 펄쩍 뛰었다. 한애순의 말이 채 끝나기도 전에 어른들은 발끈해가지고 그의 말을 도중에 막아버렸다. 좋은 나이에 남의 앞으로 간다니 말이 될 소리냐는 것이었고, 뜬구름처럼 떠돌아다니는 사람과 어울려 무슨 낙을 보려느냐는 것이었고, 나이 층하도 유분수지 어디 그게 합당한 소리냐는 것이었다. 코만 빠뜨리고 방바닥만 내려다보고 앉아 있는 한애순을 향하여 언니는

"네가 미쳐도 단단히 미쳤구나."

하며 다시는 말도 꺼내지 못하게 하였고 아버지는

"그런 소리 두 번 다시 꺼냈다가는 다리몽생이를 분질러놓을 팅개 그리 알어."

하며 엄포를 놓았다.

그날부터 식구들은 애순을 대문 밖에도 나가지 못하게 하였다. 꼼짝없는 감금 생활이 시작되었다.

한애순은 가눌 길 없는 마음을 달랠 양으로 수를 뜨기 시작하였다. 청청한 소나무 가지에 단정학이 한 마리 날개를 접고 앉아 있고 또 한 마리가 이쪽 학을 향하여 손짓이라도 하듯이 두 날개를 활짝 펴고 허공에 떠 있는, 당시에 흔히 볼 수 있는 송학도(松鶴圖)의 베갯모였다. 수를 뜨기 시작하자 조금씩 그녀 마음이 가라앉아갔다.

푸른 소나무와 거기 앉은 한 마리 학이 거지반 끝나갈 무렵의 어느 날

오후였다. 늦은 점심을 마치고 수틀을 펴 들고 있는 참인데 밖에서 사람 소리가 들려왔다. 그 소리가 귓전에 들렸을 때 그녀 손길은 무슨 전류에 닿기라도 한 듯이 떨리기 시작하였다.

"여그가 한애순 씨 집이지라우?"

하며 대문을 들어서는 목소리는 틀림없는 임방울의 것이었다.

한애순은 자기도 모르게 손에 든 수틀과 바늘을 방바닥에 떨어뜨렸다. 가슴이 방망이질하기 시작하였다.

"예, 그런디 애순이가 시방 집에 없구만이라우."

하는 목소리는 부엌에서 설거지 하다가 사람 찾는 소리를 듣고 나와서 대꾸하는 언니의 것이었다. 그 목소리가 꽤 냉랭하였다. 언니는 이미 임방울을 알고 있었다.

"집에 있단 말을 듣고 왔는디요?"

"집에 있든 없든 그애는 뭣 헐라고 찾소?"

언니의 목소리에는 짜증까지 섞여 있었다.

한애순은 금세라도 뛰쳐나가 만나고 싶은 생각은 간절하였으나 왜 그런지 전신이 굳은 듯 꼼짝할 수가 없었다. 어른들의 단속이 하도 엄한 탓도 있었지만 딱딱하게 굳어버린 사지가 그녀 뜻대로 움직여주지 않았다.

"거 누구래여?"

이번에는 윗방 문이 열리더니 아버지가 토방으로 내려서는 기척이 났다. 아버지는 누가 찾아왔는지 이미 알고 있는 눈치가 분명하였다. 그 어조가 이미 예사롭지 않았다.

"애순이가 말하던 이가 찾어왔어라우."

언니의 목소리였다. 잠시 동안 잠잠하였다. 인사라도 하는 듯하였다. 이윽고

애썩고 남은 간장

"애순 씨를 만나볼 일이 있어서 왔는디요."

임방울의 수줍음을 타는 더듬거리는 목소리가 들렸다.

"무슨 소린 줄은 알겄는디 그애 만나줄 수 없으닝개 그리 알고 어서 돌아가기나 혀."

아버지의 목소리는 냉랭하였다.

"사실은……."

하며 우물거리는 임방울의 목소리가 들렸다.

"사실이고 네 가닥 실이고 그런 가당찮은 소리 그만허고 어서 돌아가란 말이여."

아버지의 목소리는 단호하였다.

한애순은 아까부터 가슴이 죄어들기 시작하였고 코끝에서는 단내가 나기 시작하였다. 임방울의 수줍은 듯한 더듬거리는 목소리와 아버지의 단호하게 내지르는 목소리, 그리고 간간이 끼여드는 언니의 목소리가 범벅이 되어 그녀의 죄어들기만 하는 가슴께로 부딪쳐왔다. 그녀는 열에 들뜬 사람처럼 그 말들을 하나도 분간할 수 없었다. 실제로 한 식경 이상을 실랑이하다가 임방울이 결국 방안에 들어서보지도 못한 채 돌아갔을 때에는 그녀는 사지가 오그라들고 한축이 나기 시작하면서 그 자리에 쓰러지고 말았다.

그 이후 한애순은 영문 모를 열병에 시달리는 나날을 보냈다. 이따금 가슴이 방망이질하며 옥죄기 시작하면 어김없이 코끝에 단내가 나며 한축이 엄습해오곤 하였다. 그런 시달림의 나날 속에서도 잠시도 뇌리에서 떠나지 않는 일념은 임방울을 만나야 한다는 것이었다. 그를 만나지 않았다가는 영영 저 세상 사람이 될 것만 같았다. 달포 동안을 시달린 끝에 간신히 머리를 떠들고 일어나자 그녀는 누구도 말릴 수 없는 자신의 일념을 실천에 옮기기로 하였다.

한애순이 당분간 자기를 찾지 말아달라는 간단한 사연을 적어 언니 바느질 상자에 놓아두고 집을 나선 것은 이런 열병을 치르고 난 뒤의 일이었다. 그녀가 묻고 물어서 서울의 어느 여관방에서 임방울을 만난 것은 그 며칠 뒤의 일이었다.

그 이후로 그들은 한 1년 동안 분주하고 어수선한 가운데서도 그런 나름으로 사랑을 나누며 지냈다. 물론 그 1년 간은 피차 가객으로서 여기저기를 떠돌아다녀야 하는 1년이었으므로 무슨 오붓한 보금자리 같은 것을 마련할 형편은 아니었다. 그나마도 두 사람은 이따금 헤어져 있어야 할 때가 많았다. 같은 단체에 소속되어 돌아다니는 경우에도 임방울은 다른 곳에 여기저기 초청되어 가는 경우가 많았고 무엇보다도 임방울의 타고난 방랑벽 때문이었다. 온다 간다는 말도 없이 한번 훅 떠나면 몇 날이고 몇 달이고 소식이 끊기는 경우가 허다하였다.

그런 가운데 임방울은 서울을 가게 되었는데 서울 간 지 얼마 안 되어 6·25전쟁이 터졌다. 서울에 있는 국악인들이 서울서 같이 활동하자고 열화같이 재촉하여 형편이나 한번 살펴보자 하고 상경하였다가 어수선한 서울 국악계가 마음에 들지 않아 내려가려 하던 참인데 전쟁을 만났던 것이다. 졸지에 난리를 만나 미처 어쩌지도 못하고 있는 사이에 서울이 인민군의 수중으로 들어가버렸다. 그런 연후에야 남하를 하게 되었으니 그 고생은 이루 말할 수 없었다.

사십 대 후반인 임방울은 의용군으로 끌려갈 염려는 없었으나 노무자로 징발될 위험성은 늘 따랐다. 무엇보다도 가슴 졸여야 하였던 것은 곳곳의 검문소를 통과하는 일이었다.

서울에서 송정리까지 내려오는 동안에 임방울은 몇 번 호된 곤욕을 치르기도 하였다. 그러나 이내 손쉽게 검문소를 통과하는 비결을 터득하게 되었다. 검문을 할 때 그쪽 사람들은 무엇보다도 먼저 양손을 내보라 하여 손 검사부터 하였다. 손이 거칠고 손바닥에 못이 많이 박여 있으면 근로계급이지만 손이 희고 고우면 유한계급이라는 일차적 기준에 근거해서였다. 이 기준에 의하여 임방울은 당연히 유한계급으로 규정되지 않을 수 없었다. 어려서 아버지의 엄명으로 농사일을 좀 해본 일이 있고 그 뒤 김 주사 집에서 한 1년 농사일을 한 적은 있지만 그 이후로는 줄곧 소리 속에서 살아온 임방울의 손이 희고 고울 것은 당연한 일이었기 때문이다. 손이 희고 곱다는 이유로 하여 진땀을 빼야 할 일이 생길 줄은 꿈에도 생각지 못하였다. 손이 희고 고운 사람은 남한 정권의 공직자거나 자본가 계급일 가능성이 짙다는 이유로 철저한 심문을 받아야만 했다. 말하자면 임방울은 백수건달로서의 심문을 받아야만 했다.

몇 번 이런 심문을 받으면서 그는 자신이 국악인임을 밝힐 것은 당연한 일이었다. 그러다가 마침내 자신이 국악인임을 증명하기 위하여 쑥대머리 한 대목을 뽑기에 이르렀다. 어디서 왔느냐, 직업이 무엇이냐, 어디를 가느냐 등등 꼬치꼬치 심문하는 동안 사뭇 까다롭고 살벌하던 분위기가 천하명창의 소리로 하여 이내 살가운 봄바람같이 부드러워졌.

이를 알게 된 임방울은 검문을 받게 될 때마다 대뜸 쑥대머리 한 대문을 구성지게 부르고는

"나는 임방울이요. 쑥대머리의 임방울이요."

하면 이내 통과가 되었다. 당시로서는 아무리 인민군이라 할지라도 명창 임방울의 쑥대머리를 모르는 사람은 하나도 없었다.

이렇게 해서 그는 서울서 송정리까지 무사히 올 수 있었다.

난리가 터진 판에 가장의 소식을 몰라 애를 태우던 가족들은 가장이 무

왼쪽부터 임방울의 장녀 임오희 여사, 부인 고(故) 박오례 여사, 그리고 필자.

사히 살아 돌아오니 반갑기 그지없었다. 아내 박오례(朴五禮)로서는 남편을 살아 돌아오게 한 하늘에 감사하고 싶은 심정이었다. 그러나 반가움과 고마움이 큰 만큼 다른 한편으로는 오랫동안 소식도 없이 집을 비운 남편에 대한 야속함도 클 것은 당연한 일이었다.

"어디를 가시면 가신다 말씀이라도 허시든지, 가셨으면 가셨다는 소식이라도 전해주신다든지 그래야 집에 있는 사람들도 발을 뻗고 잠을 잘 것 아니오. 이 난리 통에 행방도 생사도 몰라 애가 타고 피가 마르게 기다리는 집안 식구들 생각을 한 번이라도 혀보셨어라우?"

남편이 돌아온 그 다음날 아내는 벼르고 벼르던 말을 꺼냈다. 마침 아이들도 모두 밖에 나가고 없었다.

"그 사람 참, 별소리 다 허네. 아, 거, 무소식이 희소식이라 않던가. 무사히 돌아왔으면 됐지."

남편은 실실 웃으며 말하였다. 남편은 태평이었다.

"자식들은 커가고 성찮은 자식까지 둔 마당에 모와놓은 것도 없는 터에, 돈도 가정도 모르고 이렇게 지내다가 장차 어쩔라고 이러시오 응?"

"아 이 사람아. 사람은 다 제 먹을 것 제 타고나는 벱이여. 인생은 공수래공수거란 말이시."

남편은 여전히 태평이었다. 아내는, 이러다가는 이번에도 또 싱겁게 끝나고 말 것만 같아 자꾸 물러지려는 자기 마음을 다그쳤다.

"젊어 이래로 만날 시앗꼴을 보며 하루도 편할 날 없이 살아온 내 팔자가 대체 무슨 팔자다요. 말 좀 혀부아요, 예? 말 좀 혀보라니깨요?"

양손으로 남편의 앞가슴을 밀치며 쏟아붓듯이 말하였다. 벼르고 벼르던 끝이라 여느 때 없이 말도 청산유수같이 흘러 나왔다. 남편은 연방 아내의 손길을 가볍게 막았다.

"아 이 사람아. 아들 하나 볼라고 그러는 것이제 달리 그런 것이랑가."

"그런 계집들 다 합치면 세 도라꾸(트럭) 반은 될 틴디, 그 계집들은 다 무엇이다요, 예? 무엇이란 말이요?"

아내는 더욱 거세게 남편 앞가슴을 밀치며 대들었다. 남편은 뒤로 조금씩 밀리면서도 여전히 실실 웃으며 말했다.

"아, 거, 다 잠시 쉬었다 가는 오리정이고 당신은 객사 네 기둥잉개 그리만 아소."

"내 코도 석 자나 되는데 만날 남 좋자는 대로만 하고 다니시니 장차 자식들은 어쩔 셈이다요?"

아내는 가슴에 쌓인 것들을 생각나는 대로 쏟아냈다. 전쟁 속에서 헐수할수없어 임방울을 찾는 국악인들이 한둘이 아니었다. 전쟁 통에 가뜩이나 어려운 판인데도 이런 딱한 사람들이 찾아오면 그는 언제나 흔연히 대접하였고 떠날 때는 여비까지도 마련해주곤 하였다. 그러노라니 그 뒷감당은 고스란히 아내 몫으로 떨어졌고, 그래서 저절로 푸념이 터져 나올 수밖에 없었다.

"남 좋은 일을 쌓고 보면 자식들한티라도 복이 돌아오는 뱁이여."

"복은 무슨 복? 복이 있으면 자식이 저 꼴이다요?"

아내가 울부짖듯이 대들었다. 부실한 아들 생각이 사무쳐 가슴이 찢어질 것만 같았다.

"그 사람 참 답답도 하시. 아, 그놈한티 복이 안 돌아가면 그 다음 손자한티라도 돌아갈 것 아닌가?"

벼르고 벼르던 싸움이 이번에도 싱겁게 막을 내리려는 셈인지 이때 마침 큰딸 오희(五姬)와 작은딸 순희(順姬)가 방안으로 들어섰다. 임방울로서는 그야말로 구원의 사자였다.

"아으가 아으가, 어디들 갔다오는가. 이리 오소 잉, 이리 와."

하며 두 딸을 옆에 앉히고 선반에서 봉지를 꺼냈다.

"자아 엿들 먹어라."

난리 속에 어디서 구했는지 엿 봉지를 딸들 앞에 펼쳐놓았다. 이제 큰딸 오희는 26세, 작은딸 순희는 21세의 어엿한 처녀들이었다.

임방울이 한애순과의 사이에서 낳은 딸 다리를 생면하게 된 것은 9·28 수복 이후의 일이었다. 수복 이후 전선이 북쪽으로 옮아가면서 어려운 속에서나마 다소 여유가 생기자 인근의 국악인들이 다시 모여 동일창극단이라는 이름으로 순회 공연을 시작하였다. 이리하여 임방울과 한애순은 그 동일창극단 단원으로서 이곳 저곳을 함께 돌아다닐 수 있게 되었다.

다시 소리를 찾아서

임방울 일행이 전주 백도극장에서 공연을 하게 된 어느 초여름날 정오 무렵이었다. 단원들이 모두들 여관 홀에 나와 바깥바람을 쐬고 있는데 밖에 나갔던 김원술이 사람을 하나 데리고 여관으로 돌아왔다.

"자아, 새로 오신 단원 한 분을 소개합니다. 아실 분은 아시겠지만 이 분은 유명하신 김연수 씨입니다."

김원술이 이렇게 소개를 하자 모두들 인사를 하였다. 개중에는 서로 구면인 사람도 적지 않았다. 방에서 쉬고 있던 임방울이

"연수가 왔어?"

하며 홀로 나왔다.

"형님 여기 있다는 말 들었어요."

"잘 왔네 이 사람아. 자네 온단 말 들었어."

두 사람은 반갑게 악수를 나누었다.

"두 분은 진즉부터 잘 아시는 사이죠?"

김원술이 말하였다.

"암먼요. 젊어서 유성준 선생 밑에서도 더러 만났고 창극좌 시절에는 별주부전도 같이 했었는디요."

1936년 조선성악연구회의 직속 창극단으로 조직된 창극좌에서「흥부전」을 공연하였고 이것이 성공하자 다시「별주부전」(「수궁가」) 공연을 하였는데 그때 김연수가 토끼 역, 임방울이 자라 역을 하였다.

"그때 이야기는 꺼내지도 마소."

임방울은 웃으며 손을 훼훼 내저으며 말하였다.

"아, 그런 일도 있었구먼. 그런데 임 선생은 왜 창극이라면 질색을 하신다요?"

김원술 집사가 궁금한 듯이 말하였다.

"그때 형님의 자라 역 아주 평이 좋았어요."

김연수가 말하였다.

"좋기는 뭣이 좋아. 싫다는 사람 억지로 끌어다가 시켜놓고는. 내 그때 큰 학질을 뗐었는디."

임방울이 말하였다.

김연수는 오명창 이후의 정상급 명창 중에서 어려운 사설 내용을 완벽하게 소화할 수 있는 몇 안 되는 가객 가운데 하나였다. 이런 점에서 그가 후에 인간문화재 시대의 국창으로 군림하게 된 것은 여러 가지 점에서 상징적인 의미를 갖는다. 그의『김연수 창본』(金演洙唱本)은 판소리 실기자에 의하여 판소리 다섯 마당이 정리·편찬된 것이라는 점에서 획기적인 의의를 갖는다. 이 저서에 의하여 판소리 다섯 마당은 비로소 그 실기자에 의한 체계적 조명을 받게 되었고 판소리 연구의 실마리가 잡히게 되었다.

임방울과 김연수는 불과 세 살 차이였으나 여러 가지 점에서 대조적이었다. 우선 성격적인 면에서 보더라도 임방울이 이를 데 없이 따뜻하고 유순하면서도 이따금 속으로 노여움을 타는 일면도 있었는 데 반하여 김

왼쪽 | 늦게서야 독공으로 대성한 명창 김연수. 그는 창극에도 기여한 바가 크다.
오른쪽 | 김연수 레코드판 표지

연수는 매사에 경우가 밝고 성질이 불과 같아서 이따금 과격한 언사를 하는 경우도 있는 반면 그런 것을 쉬이 잊어버리는 성품이었다. 전자가 천성적인 목청을 타고난 가객이요 이렇다 할 교육도 받아볼 겨를 없이 판소리 속에서 잔뼈가 굵은 가객인 데 반하여 후자는 어느 정도의 신식 교육도 받았고 20세에 이르러서야 본격적인 소리 공부를 시작한 노력형의 가객이었다. 또 전자는 판소리 이외에는 애당초 흥미도 기량도 없었던 외줄기 판소리 가객인 데 반하여 후자는 창극 같은 데에도 뛰어난 기능을 발휘하였다. 전자가 식자 없는 서민 대중 속에 광범한 호응을 얻고 있었는데 반하여 후자는 상대적으로 우선 사설의 의미내용에 관심을 갖는 식자층의 지지를 받고 있었다고 보아야 할 듯하다. 국창으로서의 임방울의 후반기의 생애는 이 두려운 후배와의 경쟁 속에서 영위된 생애였다.

임방울과 김연수가 다같이 조선성악연구회에 드나들며 자주 만날 때의 일이니까 1930년대 초반, 그들의 나이가 삼십 대 안팎일 때의 일이었다. 한 번은 임방울과 김연수가 서로 고수 역할을 교대해가며 소리 한 대문씩을 한 일이 있었다. 그 무렵에는 서로 장단을 쳐주며 소리 연습을 하는 경우가 이따금 있었다.

먼저 김연수가 「흥부가」 중 '제비 노정기(路程記)'를 부르기 시작하였다. '제비 노정기'란 구렁이 때문에 하마터면 죽을 뻔한 제비가 흥보 덕에 살아나 강남에 갔다가 이듬해 봄에 그 은혜를 갚기 위하여 보은표(報恩瓢) 박씨를 입에 물고 만리 조선을 찾아오는 동안의 산천 경개를 노래한 대문으로서 우평조(羽平調)의 자진모리 가락이다.

강한영에 의하면 이 부분을 더늠으로 잘 부른 이는 이른바 오명창의 하나요 임방울의 외숙인 김창환이라 하거니와 김연수의 「흥부가」는 김창환 제를 계승한 것이면서도 상당히 많이 수정·첨삭되었을 것으로 간주하고 있다.

"(자진모리)흑운 박차고 백운 무릅쓰고 거중에 둥실 높이떠 두루 사면을 살펴보니 서촉(西蜀) 지척이요 동해 창망쿠나. 축융봉(祝融峯)을 올라가니 주작(朱雀)이 넘논다. 상익토(上翼土) 하익토(下翼土) 오작교 바라보니 오초동남(吳楚東南)에 가는배는 북을 둥둥 울리며 어기야 지아 어어야 어기야 히야 저어가니 원포귀범(遠浦歸帆)이 이아니냐. 수벽사명 양안태(水碧沙明兩岸台)의 불승청원각비래(不勝淸怨脚飛來)라 날아오는 저기러기 갈대를 입에다 물고 일점 이점에 떨어지니 평사낙안(平沙落雁)이 이아니냐."

이렇게 진행되는 김연수의 '제비 노정기'는 자진모리의 비교적 빠른 가락이기는 하지만 그와 아울러 유유자적하고 당당한 분위기로 전개되었다. 먼먼 강남에서 날아오는 연삽하면서도 화평스러운 제비의 모습을 방불케 하는 가락이었다.

　김연수의 소리가 끝나자 장단을 치던 임방울이

　"야, 자네 그 제비 노정기 정말 좋네. 언제 나 좀 갈쳐주소."

하였다. 임방울은 외사촌 형인 김봉이, 김봉학 형제한테서 박타령이나 화초장 타령 같은 대문을 부분부분 배우기는 하였으나 「흥부가」를 다 떼지는 못하였다.

　"아 그렇게 해요. 자 이번에는 형님이 한 번 혀보시지. 내 북을 칠 테니까."

　김연수가 말하였다. 임방울은

　"그래볼까?"

하며 북을 김연수에게 넘겨 주었다. 임방울이 소리를 뽑기 시작하였다. 「적벽가」 새타령이었다.

　"(중모리)산천은 험준허고 수목은 진잡헌디 만학에 눈쌓이고 천봉에 바람이 칠적에 화초목실 없었으니 새가어이 울랴마는 적벽의 객사원구 고향생각 한조들이 조승상을 원망허여 지지그려 우더니라. 도탄에 싸인 군사 고향이별이 몇핼런고. 귀촉도 귀촉도 불여귀라 슬피우는 저촉혼조. 여산군량 쇠진허여 촌비노략이 한때로구나."

　새타령이 끝나자 김연수가

　"참말로. 형님 목은 하늘이 내신 목이여. 정말로 잘하시네."

라고 아낌없는 찬사를 하였다. 임방울이 계면쩍어 했다.

　"핫다, 이 사람아. 비행기 그만 태우소. 내 무색허네. 자네야말로 당대의 명창 아닌가."

　"아니어라우. 형님은 하늘이 내신 명창이어라우. 헌디 좀 고칠 데가 있어."

"고칠 데? 고칠 데 있으면 고쳐야제. 어디 말해보소."

임방울이 흔연히 응하였다.

"소리란 어단성장(語短聲長)이라고 소리는 길게 잡더라도 말은 짧게 해서 어음이 분명해야 헌단 말이오. 헌디 형님 소리는 그렇지 못하는 수가 있어."

"그려?"

임방울은 속으로 뜨끔하였다. 그가 이런 지적을 받은 것은 한두 번이 아니었다.

"가령 말이오, 형님은 '산천은 험준허고 수목은 진잡헌디' 이러시는디 '수목은 총잡(叢雜)한다' 이래야 헌단 말이오. 그리고 '적벽의 객사원구'가 아니라 '적벽의 객사 원귀(怨鬼)' 이래야 헌단 말이오."

"아, 그렇구만. '산천은 험준허고 수목은 총잡헌디' 그리고 적벽의 객사, 뭐라고?"

"적벽의 객사 원귀."

김연수가 부르니 임방울이 따라서

"적벽의 객사 원귀."

라고 고분고분 따라 하였다.

"인자 잘 됐어요."

김연수가 격려라도 하듯이 이렇게 칭찬하였다.

임방울은 소리를 받는 데는 전무후무한 천재였다. 어지간한 소리는 두어 번 들으면 이내 받아버렸다. 소리와 장단은 그렇게 잘 받았지만 그 사설을 받는 속도는 더디었다. 특히 어려운 한문 구절을 받는 경우는 아주 심하였다. 식자가 짧은 임방울은 어려운 한문 구절이 나오면 딱 질색이었다. 무슨 뜻인지 모르고 주워섬겨댈 수밖에 없었고 그러노라니 그 어음이 정확할 수 없었다. 어려서 아버지가 서당에 보내주며 그렇게 공부해라, 공부해라 하였는데도 꾀만 팔았던 일이 아픈 회한으로 사무쳐왔지만 이제는 후회해봤자 소용없는 일이었다. 이리하여 사설의 어음 이야기만 나오면 임방울은 기가 꺾였다.

임방울이 창극을 싫어하고 서울을 싫어한 주된 이유도 이런 데 있었다. 왜냐하면 창극을 하려면 까다로운 대사를 외기가 부담스러웠을 것이고 유식한 서울 사람은 아무래도 껄끄러웠을 것이기 때문이다. 그래서 그런지 그는 기를 쓰고 순박한 시골 사람들 가운데서 자기 청중을 만나고자 하였다. 시골에는 임방울이 소중히 생각하는 토박이 문화를 받아들일 굳건한 바탕이 아직도 무너지지 않고 있었던 것이다.

"그리고 이왕 말이 나온 김에 하는 말인데 형님 소리는 이면(裏面)이 맞지 않을 때가 더러 있어. 가령 '만학에 눈쌓이고 천봉에 바람이 칠적에' 할 때에 이면이 안 맞아."

"이면이라니?"

"아 이면도 몰라? 사설 내용과 창이 잘 부합되게 소리하는 것을 이면에 맞게 한다, 그러는 것이여. '만학에 눈쌓이고' 헐 적에는 눈이 쌓이는 것이니까 조용히 불러야 하고 '천봉에 바람이 칠 적에' 헐 적에는 사나운 바람이 휘몰아치는 정황이니까 성깔 있게 몰아쳐야 한다 그 말이오."

"말이사 그럴 듯허네마는 소리를 허다 보면 어디 꼭 그대로만 된단가?"

"그대로 안 되는 걸 되도록 고쳐야지."

"핫다 그 사람 따져쌓기는 무던히 따져쌓네."

"남은 힘들여서 말하는데 그 무슨 소리여?"

"어단성장이네 이면이네 따져봤자 소리가 소리래야제 괜시리 이면이다 뭐다 찾다가 소리 망치는 뱁이여."

임방울이 다소 짜증스러워진 어조로 이렇게 말하였다. 그러자 김연수가 발끈하여 대들었다.

"아니 그러면 내가 시방 비싼 밥 먹고 소리 망칠 소리했다 그 말이어 뭣이여?"

소리 속으로야 임방울에 미치지 못함을 잘 알고 있는 김연수로서는 '소리가 소리래야제' 운운하는 임방울의 말이 마치 자기 소리를 얕잡아 하는 말같이만 들렸다.

당시의 임방울과 김연수 사이에는 이따금 이런 유의 입씨름이 벌어지기도 하였다.

임방울이 김연수와 같이 출연한 창극 「별주부전」을 할 때에 학질을 뗐노라고 말한 것은 물론 가벼운 농담이기는 하지만 김연수와 이런 유의 입씨름이 이따금 있었던 사실도 한몫 거들었다고 할 수 있다.

임방울이 그 무렵의 일을 회상하고 있는데 마침 그때 여관 앞 한길 쪽에서 신파극단 악대가 지나가고 있었다. '가랑잎이 휘날리는 전선의 달밤' 하는 연주 소리가 들리고 그 사이 사이에

"눈물 없이는 볼 수 없는 인정비극 '한 많은 휴전선, 한 많은 휴전선'이 오늘 밤 도립극장에서 공연되오니 부디 왕림하시기 바랍니다. '한 많은 휴전선, 한 많은 휴전…….'"
하는 스피커 소리가 들리다가 사라져갔다.

"세상도 많이 변했어."

김원술이 혼잣말같이 중얼거렸다. 도립극장이라면 전주에서 제일 크고 시설도 좋은 극장이었다. 거기 비하여 자기들이 오늘 오후부터 공연하게 될 장소는 백도극장 자리였다. 이번 폭격에 날아가버린 백도극장 자리를 간신히 빌려서 가설무대를 꾸미기로 하였다. 오늘 저녁에 과연 몇 사

람이나 모일지 김원술로서는 그것부터가 걱정이었다. 이런저런 생각을 하노라니 푸념 비슷한 중얼거림이 저절로 새어 나왔다.

"양곡에 댄스에 악극단에 모두들 넋이 나갔어요."

김연수도 투덜거렸다.

"그나저나 우리도 인자 살길을 찾아야겠어요. 도무지 사람이 와야지오."

김원술이 말하였다.

"인자는 창극으로 가야 돼요."

김연수가 단호하게 잘라 말하였다.

"아무렴. 그래서 창극의 대가인 김연수 선생을 모신 것 아니에요? 잘 부탁합니다."

"최선을 다하겠습니다. 모두들 많이 도와주셔야 해요."

김연수가 말하였다.

"창극은 나는 싫어."

두 사람 이야기를 가만히 듣고 있던 임방울이 이렇게 말하였다.

"고집은 하나도 안 변했구먼."

김연수가 웃음 띤 얼굴로 임방울을 바라보며 말하였다.

"고집이라니, 무슨 고집 말씀이에요?"

김원술이 물었다.

"그러니까 벌써 15년도 넘는 옛날 창극좌 시절에 별주부전의 자라 역을 그렇게 잘하시고는 다음에 배비장전도 같이 하자니까 기어이 싫다고 빠져버리지 않겠어요? 판소리 광대는 판소리를 해야 한다고 말이지. 그뿐인 줄 알아요?"

김연수는 이렇게 말하고는 다시 이었다.

"박귀희 씨 이야기를 들으니 얼마 전 대전서는 창극을 하다 말고 도중에 횡하니 밖으로 나가버렸다드구만그려."

8·15 직후 대전에서 '강남 풍운'이라는 창극에 임방울이 출연한 일이 있었다. 이때도 물론 임방울 자신이 하고 싶어서라기보다도 주위의 권유에 못 이겨 출연하게 되었다. 이 무렵은 임방울과 박귀희 사이에 염문이 파다하던 무렵이었으므로 임방울이 드물게 창극에 출연하게 된 것도 이런 점이 작용한 것은 아닌지 모르겠다. 그야 어떻든 이 창극은 동학혁명 당시를 배경으로 한 창작 창극이었다. 임방울이 그 주인공으로 출연하였다. 임방울이 동학군에 가담했다가 일본군과의 싸움에서 패하여 어느 민가에 들어가 도움을 청하였다. 그 집 딸이 나서서 미지의 이 청년을 도와주었다. 그러는 사이에 두 남녀는 사랑하는 사이가 되었다. 그 딸 역은 박귀희가 맡았다. 그리고 박초월도 이 창극에 출연하였다.

동학군 청년(임방울)과 그 집 딸(박귀희) 사이의 사랑은 점점 깊어 마침내 여자가 임신을 하게 되었는데 관헌의 수색이 점점 좁혀져서 더 이상 숨어 있을 수 없게 된 청년(임방울)이 뒷날을 기약하고 서울로 탈출하는 것으로 꾸며진 줄거리였다.

그런데 그날은 박귀희가 보기에 임방울이 왜 그런지 잔뜩 화가 나 있었다. 평소에는 다시없이 상냥하고 따뜻한 성미였지만 이따금 성질이 나면 엉뚱할 때도 있었다. 그날이 바로 그런 날이었다. 창극의 줄거리로 보아 앞으로도 족히 30분 정도는 연극이 더 계속되고서야 비로소 서울로 떠나게 되어 있는 주인공 임방울이 갑자기 줄거리고 뭐고 아랑곳하지 않고

"가네 가네 나는 가네. 임을 두고 나는 가네. 한양 천리 먼먼 길을 나홀로 떠나가네."

하더니 한양 천리 아닌 무대 밖으로 횡하니 나가버렸다. 무대에 남은 박

귀희와 박초월은 눈앞이 캄캄하였다. 관중들은 꽉 들어차 있었고 무대는 갑자기 구멍이 나버렸다. 그렇다고 막을 내릴 수는 없었다. 박귀희와 박초월은 그 30분 동안을 즉흥극으로 메워내는 데 죽을 곤욕을 치러야 했다.

"좌우간에 형님 고집에는 한몫 놓아줘야 해."

김연수가 박귀희한테서 들었다는 '강남 풍운'의 일을 이야기하고 나서 이렇게 말하였다.

"말이야 옳은 말씀이지요. 송충이는 솔잎을 먹어야 하고 가객은 소리를 해야 옳지오. 허지만 사람이 안 들어오니 문제지오."

김원술이 이렇게 말하니 김연수가 말을 받았다.

"좌우지간에 인자 우리는 호강스런 소리 할 때가 아니란 말이오."

"호강스런 소리가 아니라 창극은 할 줄을 모르는디 어떻게 혀? 김 집사 말대로 송충이는 솔잎을 먹어야제."

"참 답답한 사람은 할 수가 없구만. 세상이 어떻게 돌아가는 줄이나 알아요?"

"그래 나는 답답하고 못 배웠다. 자네는 얼마나 잘났어?"

답답하다는 소리가 임방울에게는 자기를 조롱하는 소리로만 들렸다. 그러노라니 곱지 않은 소리가 나올 수밖에 없었다.

"소리만 가지고는 관객을 끌어들일 수 없는 세상이 됐다 그 말이오."

"세상이고 네상이고 나는 소리로 갈 끼여."

"참말로 폭폭하구만."

김연수는 끓는 심화를 가라앉히느라고 어깻숨만 몰아쉬고 있었다. 그러한 김연수의 눈앞에 몇 해 전에 대구에 갔을 때 겪었던 웃지 못할 일 한 가지가 선명히 떠올랐다. 국극단 일행을 이끌고 대구역에 당도하니 역 홈

안이 환영 인파로 발 디딜 틈이 없을 정도로 붐볐다.

"이 고장의 순회 공연을 환영합니다."

이런 플래카드를 비롯하여 '무슨 무슨 국극단 환영' 어쩌고 하는 플래카드들이 연거푸 눈에 들어왔다. 열차 안에서 이런 플래카드며 환영의 인파를 보게 된 김연수를 비롯한 단원 일동은 말할 수 없는 흥분에 사로잡히게 되었다. 그런 열광적인 환영을 받으리라고는 상상도 하지 못했기 때문이었다. 그러나 서둘러 짐을 챙겨가지고 홈에 내려서자마자 김연수 일행은 여우에 홀린 듯한 기분에 사로잡히고 말았다. 환영 인파들이 우르르 몰려간 곳은 자기들 쪽이 아니라 그 다음 칸에서 내려오는 여성 국극단 일행 쪽이었다. '무슨 무슨 국극단' 어쩌고 한 플래카드도 자기들을 가리키는 것이 아니고 그 여성 국극단을 지칭하는 것이었다. 그 무렵에 한창 여성 국극단이 전국적으로 붐을 일으키고 있었다. 임춘앵이니 조금앵이니 김진진이니 하는 여성 국악인들이 창작 창극을 꾸며가지고 전국을 누비고 다니며 환영을 받던 시절이었다.

이쁘장한 여인이 왕자나 장군으로 분장하여 공주와 애틋한 사랑을 엮어가는데 이러한 남녀 아닌 남녀의 애련하고 달콤한 사랑의 줄거리를 역시 애련하고 달콤한 노랑목에 실어 연출한 여성 국극단의 창극이 빚어낸 감상적인 에로티시즘이 전쟁에 시달리던 당시의 대중들을 걷잡을 수 없이 파고들었다. 소리만 가지고는 관객을 끌어들일 수 없는 세상이 됐다는 김연수의 말은 그때의 일도 한몫 작용했다고 할 것이었다. 그렇게 생각하는 김연수로 볼 때 소리로만 가겠다는 임방울의 외고집이 아닌게아니라 폭폭하게 느껴질 수밖에 없었다.

김연수가 심화를 삭이지 못하고 어깻숨만 쉬고 있는데 김원술이 나서서 말하였다.

"자, 이렇게 하십시다. 판놀음과 판소리를 조금씩 줄이고 그 시간에 짤막하게 창극을 한 대목씩 엮어내자 그 말이오. 그건 괜찮지요. 임 선생님."

"아, 거, 참."

임방울이 뒷덜미를 긁적거리니 김연수가 단정하듯이 말하였다.

"그러면 그렇게라도 합시다."

이렇게 해서 도막 창극이 한 대목씩 무대에 오르게 되었다. 그 창극의 대본 작성, 연출에 이르기까지의 모든 것은 김연수가 도맡았다. 김연수는 조선성악연구회 시절에도 정정렬(丁貞烈)의 뒤를 이어 숱한 창극의 대본을 작성하고 그 연출을 맡았다. 그 이후로도 그는 창극 활동에 힘을 기울였으며 1962년 국립창극단이 창설되었을 때에는 초대 단장으로서 활동하기도 하였다.

그들이 부랴부랴 서둘러서 무대에 올린 것은 거지 차림으로 내려오는 암행어사 이몽룡이 춘향의 편지를 가지고 서울로 올라가는 방자와 박석고개 모퉁이에서 만나 수작하는 장면의 한 토막이었다.

거지 차림의 암행어사로 분장한 김연수가 박석고개에 올라서서 좌우 산천 경개를 살핀 다음 남원을 향하여 내려오는데 저 아래서 웬 총각이 노래를 하며 올라온다. 방자로 분장한 임방울이다.

"(중모리)어이 가리너어 어이 가리 한양성중을 어이 가리. 오늘은 가다가 어디서 자며 내일은 가다가 어디서 잘거나. 가련쿠나 가련쿠나. 춘향 신세 가련쿠나. 일편단심 수절키로 옥중 고생 가련쿠나. 어서어서 올라가서 서울 삼청동 이몽룡씨를 뵈온 후에 이런 원정을 모두 하리라."

그야말로 찬물 날아가는 듯한 시원한 소리를 뽑으며 방자 임방울이 무대에 들어서자 청중들 사이에서 단번에 '좋다' 하는 추임새가 터져 나

판소리의 현대적 창법의 창시자이며 창극의 뛰어난 작창자이기도 한 명창 정정렬

왔다.

방자 임방울이 올라오는 것을 보고 거지 어사 김연수가 혼잣말로 중얼거린다.

"저놈이 그 전에 내 앞에서 거행하던 방자놈이 분명쿠나. 저놈이 필시 춘향 편지 가지고 나를 갖다주려고 한양을 올라가는 모양인데 저놈의 천성이 워낙 방정맞은 놈이라 내, 이놈을 잠시 속이고 한 번 불러볼밖에."

이렇게 중얼거리고는 도포 자락으로 얼굴을 슬쩍 가렸다.

"애, 애."

"당신 나 불렀소?"

"그래, 너 불렀다. 너말고 또 누가 있느냐?"

"애 때 보고 시방 보요? 애, 애가 뭣이오?"

"그래, 미안케 됐다. 헌디 내 너한테 물어볼 말이 있다."

"물어볼 말이 있으면 얼른 물어보시오. 나 바쁜 몸이오."

"무슨 일로 그리 바쁘냐?"

"하 참, 시시콜콜히도 물어쌓네."

"물을 만하니까 묻는 것 아니냐."

"옥중 춘향이 거의 죽게 되야서 살려달라고 서울 삼청동 이몽룡 씨 댁에 편지 갖다줄라고 가는 길이오. 인자 됐소?"

"그래? 그럼 잘 되었다. 그 편지 좀 보자."

"에이 여보시오. 남의 내서(內書)를 보여달라니, 그런 경우 없는 소리가 어디 있단 말이오?"

"허 그놈, 네가 모르는 소리다. 옛글에 하였으되 부공총총 설부진(復恐悤悤 說不盡)하니 행인(行人)이 임발우개봉(臨發又開封)이라 하였으니, 잠시 펴본들 허물될 것이 뭐 있겠느냐?"

"투가리보다 된장맛이라더니 주제꼴 허고는 문잣속은 거드러졌네그려. 내, 그 문자 쓰는 걸로 봐서 보여주는 것이닝개 얼른 보고 주시요 잉."

방자가 어사에게 편지를 준다. 어사가 편지를 펴 든다. 이 도령이 편지를 펴 들고 있는 동안 처참한 모습의 춘향으로 분장한 한애순의 목청으로 낭송된다.

"(창조[唱調])별후(別後) 광음(光陰)이 우금 삼재(于今三載)에 척서(尺書)가 돈절하야 약수 삼천리(弱水三千里)에 청조가 끊어지고 북해 만리에 홍안(鴻雁)이 없고나. 천애(天涯)를 바라보니 망안(望眼)이 욕천(欲穿)이요 운산(雲山)이 원격하니 가슴이 찢어질 듯. 이화에 두견이 울고 오동에 봄비 올 제 적막히 홀로 앉아 상사일념이 지황천로(地荒天老)라도 차한(此恨)은 난절(難絶)이라. 무심한 호접몽은 천리에 오락가락 비불자승(悲不自勝)이라. 오읍장탄(烏泣長嘆)으로 화조월석을 보내옵더니 신관사또 도임 후에 수청 아니 든다 하고 참혹한 악형을 가하니 모진 목숨이 죽지는 아니 하였사오나 미구에 장하지혼(杖下之魂)이 되게 삼겼으니 바라건대 서방님은 만종록을 누리시다 차생의 미진한(未盡恨)을 내세에 다시 만나 이별 없이 사사이다."

춘향 역을 맡은 한애순의 이러한 진계면의 영탄에 이어 어사 역을 맡은 김연수의 중모리 진계면의 가락이 따른다.

"(중모리)편지 끝에 '이'자 쓰고 '이'자 밑에 '고'자 붙여노니 '이고'(애고, 아이고)라는 말이로구나. 무명지 손가락을 아드드드득 깨물어 평사낙안(平沙落雁) 기러기격으로 혈서를 뚝, 뚝, 뚝, 뚝, 찍었구나. 아이고 춘향아 니가 이게 웬일이냐. 나도 너와 이별 후로 독서당 공부를 허여 만과 장원(萬科 壯元)되어 너 하나를 보랴 허고 불원천리 내려오는디 니가 이 지경이 웬일이냐."

성깔 있게 되게 다잡은 성음으로 열창하였으나 청중들의 반응은 별로 신통치 않다.

이어서 방자(임방울)가 말한다.

"아니, 이 양반이 남의 편지를 물걸레를 만들어놨네. 이놈의 양반아, 편지 물어내놔."

하며 대들다가 가만히 살피더니 얼굴을 가린 어사의 소맷자락을 들춰보고는

"아니, 서방님 아니시오. 아이고 서방니임."

하며 털썩 땅바닥에 꿇어앉았다.

"(중모리)소인 방자놈 문안이오. 대감마님 행차후에 기체 안녕하옵시며 서방님도 먼먼 길에 노독이나 없이 오시니까. 살려주오. 살려주오. 옥중 아씨를 살려주오. 신관 사또 도임 후에 아씨를 잡아딜여 수청 아니 든다 허고 성목 삼촌(成木 三寸) 중장에 명재경각(命在頃刻)이 되었으니 살려주오 살려주오. 옥중 아씨를 살려주오."

방자(임방울)의 노래가 계속되는 동안 청중들의 열광적인 추임새가 터져 나온다.

"조오타."

"잘한다. 천하명창이다."

"과연 찬물 날리는 소리다."

"그래그래, 소문에 듣던 대로 과연 찬물 날리는 소리다."

"네가 이 도령감이다. 네가 이 도령감이여."

"바꿔라, 바꿔."

"그래그래, 바꿔라 바꿔. 방자와 이 도령을 바꿔."

청중들의 이러한 외침이 여기저기서 인정사정없이 마구 터져 나왔다.

청중들의 갈채와 아우성 속에 무대를 물러난 암행어사(김연수)와 방자(임방울)는 총총히 분장실로 들어갔다.
두 사람은 거울 앞에서 분장을 지우기 시작하였다.
한참 말없이 분장을 지우던 김연수가 화가 치미는지 분장 지우개를 바닥에 탁 내던지며
"더러워서 정말 이놈의 짓 못 하겠어."
라고 투덜거렸다. 그러자 분장을 하고 있던 나이 지긋한 남자 단원이 물었다.
"왜 그려?"
김연수는 더욱 화가 치미는지 그에게 대들기라도 하듯이 말하였다.
"누구는 뭐, 용개목 쓸 줄 몰라서 안 쓰는 줄 알어?"
"누가 용개목을 썼다는 게여?"
나이 지긋한 단원이 물었다. 용개목이란 노랑목을 얕잡아 하는 말이었다. 임방울은 오명창 이전의 광대들이 노랑목으로 기울어질 위험이 있다 하여 자주 쓰기를 기피하던 계면조의 가락을 묘미있게 개발한 점에서 가위 전무후무한 천재라 할 수 있다. 김연수가 용개목 운운한 것은 임방울의 이 점을 들어 험담한 것이다.
김연수는 임방울 쪽을 흘겨보며
"간드러지게 발라맞추는 사람한테 물어보면 될 것 아니여?"
그러자 잠자코 분장을 지우고 있던 임방울이 끼여들었다.
"누가 간드러지게 발라맞췄다는 게여 시방?"
"아, 발라맞춘 사람이 모르면 누가 알어?"
김연수가 지지 않고 되받았다. 그러자 이제까지 말없이 분장만 지우고 있던 한애순이 끼여들었다.

"인자 그만들 허시씨오. 보기에 안 좋네요."

김연수가 험한 얼굴로 한애순을 흘겨보기는 하였으나 아무 말도 하지는 않았다.

"자네 말조심혀."

임방울이 말하였다.

"왜 내가 못할 말 했어?"

김연수가 이렇게 대들자 임방울이 발끈했다.

"이런 싹동머리 없는 저석 좀 보소 잉."

"뭣이 어쩌?"

두 사람이 마주 대들자 좌우에서

"왜들 이려?"

"인자 고정들 허시씨오."

하며 말려서야 겨우 가라앉았다.

이 촌극에 이어 마지막 프로는 가객들이 차례로 나가서 판소리를 한 대문씩 부르는 것이었다. 장월중선, 한애순, 한승호 이런 순으로 소리를 하고 다음이 김연수 차례였다. 김연수가 무대에 올라갔다. 임방울은 그 다음 차례였다.

"전주 계시는 여러분 그동안 안녕하셨습니까. 지난 여름에 이 자리에서 여러 어른들을 뵈온 지 꼭 1년 만에 뵙습니다. 가객이란 본시 핑계가 많습니다. 감기가 걸려 잘 안 되겠네, 배탈이 나서 못 허겠네, 심지어 발뒤꿈치가 부어서 힘들겠네, 이렇게 핑계가 많습니다만 저도 연일 감기로 목이 여의치 않습니다. 오늘은 오명창의 한 분이신 유성준 선생님한테서 받은 수궁가 한 대문을 올릴까 합니다. 선생님에 비기자면 족탈불급이지만 그저 흉내라도 좀 내보다가 잘 안 되면 슬그머니 미끄러질랍니다."

이런 허두에 이어 그는 「수궁가」 중에서 토끼가 용왕 앞에 잡혀가 수작하는 대문을 하였다.

"(자진모리)좌우 나졸에 별군직(別軍直)과 수많은 도로목 금군(禁軍) 모지리 순령수(巡令手) 영을 듣고 청사홍사(靑絲紅絲) 오랏줄을 허리 아래 비껴차고 내달아서 토끼를 에워쌀제 진황 만리장성(秦皇 萬里長城) 싸듯 산양(山陽)싸움에 마초(馬超)싸듯 첩첩이 둘러싸고 토끼 디립더 잡는 거동 영문출사(營門出師) 도적잡듯 토끼 두 귀를 잡고 이놈 네가 토끼냐. 토끼 기가 막혀……."

이렇게 붙들려서 용왕 앞에 끌려온 토끼가 그제야 별주부의 꾐에 빠져 죽을 데를 찾아온 것을 알고 그럴 듯한 궤변으로 용왕을 속이는 장면으로 이어진다. 대개는 이 정도에서 끝내고 다음 가객으로 넘어가는 것이 보통인데 김연수는 연일 감기가 걸렸다는 허두의 인사와는 달리 유달리 목이 앵겼던 모양으로 이날은 여기서 그치지 아니하고 토끼의 궤변에 속은 용왕이 잔치를 벌여 토끼를 대접하는 장면으로 넘어갔다.

차례를 기다리던 임방울은 시계를 보았다. 여덟시 반이 지나 있었다. 이쯤에서 끝을 내주었으면 아쉬운 대로 무방할 듯하였다. 자기에게도 한 삼십분 정도의 시간이 있으니 어렵사리 한 대문은 부를 수 있었기 때문이다. 이 무렵은 아직도 전쟁 중이라 열시에는 통행금지요 아홉시 반에는 예비 사이렌이 울리게 되어 있었으므로 공연은 늦어도 정각 아홉시 전에는 끝을 내야 했기 때문이다.

그런데 김연수는 신이 났는지 거기서 그치지 아니하고 별주부가 용왕 앞에 나아가 간사한 토끼한테 속지 말고 당장에 배를 따야 한다고 울며 간언(諫言)하는 장면으로 이어지고, 용왕이 별주부의 말을 듣지 아니하고 육지로 내보내라 하여 할 수 없이 별주부가 토끼를 업고 수로 만리를 헤엄쳐 나오는 '가자가자 어서가자 이수(二水)를 건너 백로주(白鷺洲)를 어서가자' 하는 진양조 대문으로 이어갔다.

김원술 집사가 임방울에게 다가와 말하였다.

"거 참, 김 선생이 왜 또 저런다지오?"

김연수 혼자 시간을 다 써버리는 것이 못마땅해서 하는 소리였다. 임방울을 찾아온 손님들에게 더없이 면목 없는 일이기도 하였다. 김원술이 무대의 김연수에게 손목시계를 가리키며 시간이 넘었노라고 연방 신호를 보냈건만 김연수는 그 신호를 보았는지 못 보았는지 전혀 그칠 생각을 하지 않고 그대로 이어갔다. 마침내 임석 경관의 '휘익' 하는 호루라기 소리가 났다. 밤 아홉시. 막을 내려야 할 시간이 되었다.

"지난번 이리(익산) 공연에서도 그러더니 또 그러는구만."

임방울이 짜증 섞인 목소리로 말하였다.

"소리를 허다 보면 더러 그렇게 되는 수도 있기야 있지오."

김원술은 김연수를 두둔하기 위해서라기보다도 임방울을 달래기 위해서 이렇게 말하였다.

"번번이 그러닝개 말이지."

임방울이 여전히 짜증 섞인 목소리로 말하였다.

다음날 저녁의 남원 공연도 전주 공연 때와 같은 순서로 진행되었다. 이날도 장월중선, 한애순의 순서에 이어 김연수가 나갈 차례인데 임방울이 고수인 이정업과 앞질러 무대에 나갔다. 김연수가 채비를 하고 무대에 나가려 하였을 때는 이미 임방울과 이정업이 객석을 향하여 절을 하고 난 뒤의 일이었다. 임방울은 「춘향가」 중에 암행어사가 춘향의 집을 찾는 장면에서부터 시작하였다. 거지 차림으로 춘향의 집 문전에 당도하니 그때 춘향모가 천지신명께 춘향을 살려달라고 빌고 있다.

"(진양조)그때에 춘향 어머니는 후원에 단을 묻고 정화수 한동이를 소반우에다 받쳐놓고 두손합장 무릎을 꿇고 하느님전 비나이다."

이러한 진양조 진계면으로 비는 춘향모의 모습을 보고 암행어사는 내가 어사 된 것이 선영의 덕인 줄 알았는데 이제 보니 장모 정성이 반이 넘는구나, 중얼거리며 저 할미 성미에 내 거지 차림을 보면 낙담을 할 테니 잠시 속이는 수밖에 없다 하고 춘향모와 수작하는 장면에 이어 춘향모를 따라 옥중의 춘향을 만나러 간다.

대개 이 어름에서 끝을 내면 다음 사람이 이어받아서 할 시간 여유가 있었다. 그러나 임방울은 모른 척하고 옥중 상봉 장면으로 넘어갔다.

"(아니리)아가 춘향아 어미 왔다. 정신차려라. 아가 춘향아 정신차려. 아이고 어머니 이 밤중에 어찌 또 오시었소. 오냐, 왔다, 왔어. 오다니 누가 와요. 서울서 편지 왔소. 무슨 소식 왔소. 늬가 앉아도 방 서도 방 방방 허든 서울 이 서방인지 남방님인지 비렁뱅이 하나 왔다."

이러한 아니리에 이어 춘향은 마침내 기다리고 기다리던 서방님을 만나게 된다. 그런데 서방님은 상거지의 모습이다. 그러나 춘향은 그리던 임을 만났으니 이제 죽어도 한이 없다고 한다.

"서방님 잠깐 들조시오. 내일 본관사또 생신잔치 끝에 나를 올리라 영을 내리거든 칼머리나 들어주오. 나죽었다 하옵거든 아무손도 대지말고 삯군인 체하고 달려들어 서방님 손으로 감장허여 부용당 방을 치고 깔고 자던 백담뇨와 베던베개 덮던이불 자는듯이 뉘어놓고 비단입성도 나는 싫어요."

죽은 다음에는 비단 입성도 싫고 서방님의 헌 옷을 벗어 천금(天衾) 지금(地衾)으로 덮어서 서방님 선산 아래에 묻어달라는 유언을 하는 것이다. 어사는 하늘이 무너져도 솟아날 구멍이 있노라는 말만 하고 나온다.

다음날 동헌에서는 변 사또의 생일 잔치가 벌어졌는데 거지 차림의 암행어사가 들어가서 금준미주천인혈……이라는 시를 써놓고 나온 다음 자진모리로 몰아붙이는 암행어사 출두를 붙인다. 각 고을 수령이나 육방 관속들이 모두 넋을 잃고 우왕좌왕하는 가운데 암행어사가 동헌에 좌정하고 죄없는 사람들을 풀어주고 옥중의 춘향을 만나는 데서 '휘익' 하는 임석 경관의 호루라기 소리가 났다. 김연수는 이날 무대에 오르지 못했다.
  이번에는 김연수가 노발대발하였다. 이런 저런 일로 임방울과 김연수의 관계는 차츰 나빠지게 되었다.
  이 무렵 임방울과 한애순은 그야말로 떠돌이 유랑 예인의 생활이었으나 그래도 밀월 관계에 있었다. 그런데 한 번은 이런 일이 있었다. 구례에서 공연을 마치고 이웃 고을로 이동하기 위하여 부산하게 채비를 서두르는 어느 날 아침이었다. 짐들을 챙겨 들고 모두들 밖에 나와서 아직 나오지 않은 사람들을 기다리고 있는 참인데 일행보다 늦게 나온 임방울이 주렁막대(지팡이)를 짚고 잰 걸음으로 한애순에게로 다가오더니 느닷없이 그 주렁막대를 치켜들어 내려치려 하였다. 처음 일격은 거리가 미치지 못하여 한애순 한걸음 앞의 땅바닥만 내리쳤으나 두번째로 치켜든 주렁막대는 어김없이 그녀 어깻죽지를 사정없이 내리칠 만하게 그녀 앞에 다가선 연후의 것이었다.
  처음 그가 주렁막대를 치켜들었을 때는 워낙 장난을 좋아하는 그인지라 또 무슨 기상천외한 장난이라도 치려는가 그렇게 생각하였고 또 워낙 창졸간에 일어난 일이라 모두들 무심히 지나쳤다. 그러나 두번째로 그녀에게 다가서며 치켜들었을 때에야 그의 표정이 예사롭지 않게 화가 나 있는 것을 알아차린 사람들이 달려들어 그의 팔을 붙들어서 그녀는 간신히 위기를 모면할 수 있었다.

"웬일로 이러시오?"

"어쩔라고 이러시오?"

하며 사람들이 만류하여서야 임방울은 시무룩하니 아무 말도 없이 물러섰다. 그래서 소동은 이내 가라앉았다.

그러나 정작 한애순으로서는 도무지 영문을 알 수 없었다. 무슨 그럴 만하게 짐작이 가는 일이 전혀 생각나지 않았다. 그동안 임방울과의 생활을 통해서 한애순은 임방울이 이따금 이런 식으로 엉뚱하게 성질을 발끈내는 경우를 겪었거니와 대개는 그 연유가 이내 밝혀졌다. 그런데 이번에는 달랐다. 임방울이 종시 입을 다물고 있으니 답답한 노릇이요 화가 치미는 일이 아닐 수 없었다.

"무슨 일로 이러신대요? 아닌 밤중에 날벼락도 유분수제."

한애순이 화가 나서 이렇게 대들어보았으나 임방울은 종시 시무룩하니 아무 말이 없었다.

나중에야 알게 된 일이지만 누구한테서 무슨 이야기를 전해 들었는지 일행 중에 법고(法鼓)잡이 김아무개와 한애순 사이를 두고 임방울이 엉뚱하게도 강짜를 부렸던 것이다.

그 김아무개라는 사람은 정읍 사람으로 이 단체의 농악단 가운데 수법고(首法鼓)였다. 특히 그의 열두 발 상모는 당대의 천하 일품이었다. 이 단체의 공연 순서는 먼저 무용수들의 승무·북춤 다음에 땅재주와 줄타기, 그리고 농악을 한바탕 치고 나서 간단한 토막 창극 같은 것을 한 다음에 소리꾼들이 연조에 따라 차례로 나와 소리를 하게끔 짜여 있었다. 이 단체의 간판이라 할 수 있는 임방울은 맨 나중에 출연하였다. 공연의 절정은 뭐니뭐니 해도 맨 나중의 임방울의 판소리였으나 당대 일인자인 줄타기의 김종철 그리고 그 김아무개의 열두 발 상모 또한 적지 않은 인기를 끌었다.

특히 김씨는 이번 공연에 새로 참가한데다가 그동안 소문만 들었지 직접 구경한 일이 없었으므로 한애순은 어제 저녁에 일부러 객석에 나와 그가 하는 것을 구경하였다. 아닌게아니라 그 묘기에 탄복할 수밖에 없어, 얼씨구 잘한다, 갈채를 보냈던 것인데, 누구한테서 무슨 소리를 들었는지는 모르지만 임방울이 엉뚱하게 골을 냈던 것이다.

그 일말고는 두 사람 사이에 별반 이렇다 할 만한 다툼이 없었다. 아들을 바랐던 임방울이 딸을 얻게 되었으니 속으로 섭섭했을는지 모르지만 전혀 그런 기미를 보이지 않았다. 섭섭한 기미를 보이지 않았다기보다도 사실은 별로 섭섭하게 생각하는 것도 아닌 듯하였다. 아들을 바라지 않은 것은 아니었지만 딸은 딸대로 역시 귀여웠다.

원래 그는 매사에 탐을 내거나 집착하거나 하는 성미가 아니었다. 돈에서나 명성에서나 그리고 심지어 여자에서도 그랬다.

그가 숱한 여자와 관계를 가져왔고, 만나고 헤어지고 한 여자의 수가 숱하게 많았지만 대개는 그가 먼저 여자를 좋아해서라기보다도 여자가 먼저 그에게 다가와서 연분이 되는 경우가 대부분이었다. 임방울의 사람에 반하고 그의 예술에 반해서 임방울에게 다가간 한애순의 경우도 예외는 아니었다.

임방울은 어린 다리를 끔찍이 사랑했다. 여가만 있으면 다리를 안고 어루고 하며 시간 가는 줄을 몰랐다. 다리는 임방울과 한애순 사이의 사랑의 촉매 역할을 톡톡히 하였다. 이 무렵이 그들에게는 가장 행복한 기간이었다.

그러나 그들은 여기저기를 떠돌아다녀야 하는 유랑 예인들이었다. 특히 임방울은 여기저기의 초청에도 바쁘게 나다녀야 하였을 뿐 아니라 무

여류 명창 한애순과의 사이에서 낳은 막내딸 다리와 함께

엇보다도 그의 타고난 방랑벽이 이따금 도지기 시작하여 차츰차츰 만나서 누리는 시간보다 헤어져 기다리는 시간이 많아져갔다. 이런 생활이 한 1년 계속되자 한애순은 결국 지치고 말았다.

이 무렵의 어느 화창한 봄날이었다. 임방울은 그의 오랜 팬이자 친지이기도 한 조선일보사의 방일영 사장과 양산 통도사 구경에 나섰다. 그의 타고난 방랑벽으로 하여 잠시 모든 것을 떨쳐버리고 여기까지 훌쩍 떠나온 것이었다. 바야흐로 다투어 피기 시작한 온갖 꽃들이 영취산 일대를 온통 만자천홍으로 물들이고 겨울 동안 움츠리고 있던 온갖 산새들도 깃을 치며 흥겹게 지저귀고 있었다. 마침 공휴일인데다가 날씨도 화창하여 유달리 유람객이 붐비었다.

경내를 한 바퀴 돌고 일행이 바야흐로 절 문밖의 돌다리께를 나올 무렵에 임방울이 콧노래를 흥얼거리기 시작하였다. 방일영으로서는 이런 일은 처음 겪는 일이 아니었다. 임방울과 알게 된 이래로 마주앉은 좌석에서나 동행하여 나들이하는 차중에서나 길을 걸을 때나 그가 소리를 흥얼거리는 것을 수없이 보아왔다. 단적으로 말해서 그는 밥 먹을 때, 말할 때, 잠잘 때를 제외하고는 그야말로 노는 입에 염불이라는 격으로 예외없이 소리를 흥얼거렸다.

화창한 날씨 탓이었는지 아름다운 자연의 풍경 탓이었는지 그날은 임방울의 목이 유달리 앵겼던 모양이다. 돌다리를 다 건너고 내려오는 길에 접어들 무렵부터는 노랫소리가 차츰 커지더니 계곡을 휘돌아 흘러내리는 시냇가의 햇볕 다냥한 공터에 다다랐을 즈음에는 마침내 본격적인 통성으로 바뀌었다. 「적벽가」중 오한(吳漢) 연합군이 조조 선단(船團)에 불 지르는 대문에 접어들고 있었다.

임방울의 소리 중에 어느 것을 더늠으로 꼽을 수 있을까 하는 문제는 여간 어려운 일이 아니다. 흔히 「춘향가」 중의 쑥대머리나 「수궁가」 중의 고고천변이나 토끼 배 가르는 데 혹은 「적벽가」 중 불지르는 데나 조조 군사 설움타령 등을 들지만 그것만이 아니다. 사람에 따라 의견이 구구하다. 임방울에 한하여 이렇게 유달리 의견이 구구한 것은 그가 명창 중의 명창, 만인에게 골고루 호소하는 폭넓은 명창임을 말해주는 것이라 하겠다. 그만큼 그의 소리는 인생의 다양한 국면을 최상의 차원에서 드러내 보여주고 있고 또 만인의 다양한 심미적 감수성을 최상의 차원에서 감동시켜주고 있기 때문이다. 말하자면 그의 소리는 모두가 더늠이라 할 수밖에 없다는 말이다.

동행한 방일영도 이 점에서는 마찬가지였다. 그 모두가 더늠인데 거기서 다시 어떻게 더늠을 고를 수 있겠는가. 그러나 방일영으로서는 그 나름의 기호와 취향이 없을 수는 없었다. 그가 특히 좋아하는 것은 「적벽가」 중 불 지르는 대문이었다. 오늘은 마침 그가 좋아하는 그 대문을 하고 있었다.

노랫소리가 차츰 높아지자 유산객들이 한두 사람씩 모여들기 시작하였다. 제대로의 통성으로 바뀌기 시작한 그 시냇가 공터에 이르렀을 즈음에는 어느새 임방울을 둘러싸고 모여든 사람들로 둥그런 울타리를 이루게 되었다. 그 사람울타리에 막히어 임방울의 걸음도 이제는 더 이상 옮길 수가 없게 되었다. 청중들이 모여들자 임방울은 더 신명이 났다. 창졸간에 북이 준비되어 있는 것도 아니고 고수가 따로 있지도 않았지만 모여든 청중들의 무릎장단과 제멋에 터져 나오는 추임새만으로 넉넉히 소리판을 이룰 수가 있었다.

판소리 「적벽가」는 줄거리는 중국 『삼국지』에서 빌려왔지만 그 상황 전개나 표현 방식은 조선 민중의 삶의 감각으로써 완전히 환골탈태되어

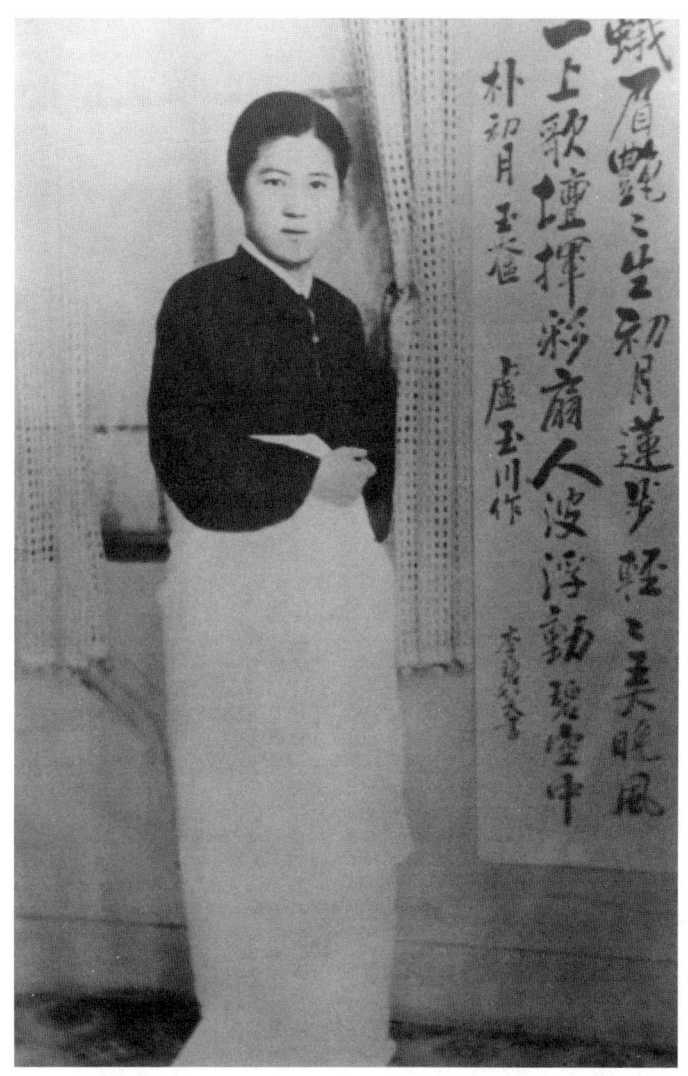

찰진 성음으로 명성을 떨쳤던 여류 명창 박초월

있다.

　조조가 장대(將臺)에 올라 부하 장졸들에게 자기가 미구에 천하를 얻게 되면 그대들에게 벼슬도 주고 상금도 내리리라고 푸짐하게 장담을 하고 있는데 뜻밖에 동남풍이 설설 불기 시작한다. 때아닌 동남풍이 아무래도 불길하다고 정욱이 아뢰니, 조조는 오히려 뭘 쓸데없이 의심하느냐고 핀잔을 준다. 소리는 바야흐로 황개가 지휘하는 화선(火船)들이 들이닥쳐 방통의 연환계(連環計)에 속아 옴짝달싹할 수 없게 얽매여 있는 조조 백만대군의 선단(船團)으로 다가가서 처참한 화공(火攻)을 전개하는 자진모리 대문으로 이어지고 있었다.

　이때는 이미 공터와 행길에 모여든 사람으로 발 디딜 자리가 없었고 그러고도 모자라 계곡의 바위 위와 진달래꽃 흐드러지게 핀 산등성이까지도 구름처럼 모여든 사람으로 허옇게 덮였다.

　자진모리, 휘모리로 진행되는 오한 연합군의 총공격에 조조 선단은 궤멸하고 다급해진 조조가 말을 거꾸로 타고 달리자 말이 적벽강 쪽으로만 달려가고 이에 더욱 겁이 난 조조가 '주유와 노숙이 축지법을 모르는 줄 알았는데 아까부터 줄곧 땅을 찍어 당기는구나' 하니 정욱이 아뢰되 '승상께서 말을 거꾸로 타서 그럽니다' 했다. 조조가 '언제 옳게 타겠느냐 말 머리만 들이다가 똥구녕에다 박아라 박아라' 하는 대문에 이르러서는 와그르르 청중들의 웃음소리가 산울림처럼 번졌다. 적벽강 싸움에 몰사한 조조 군사들의 구천에 사무치는 호곡(號哭)의 파도에 떠밀려가던 청중들은 이제야 그 희한한 주술(呪術)에서 풀려났고, 소리판은 봄바람과도 같은 해학의 동산을 이루었다.

　소리는 다시 한 번 굽이를 틀어 적벽강에서 죽은 군사들이 원조(怨鳥)가 되어 포악한 야심가 조조를 원망스럽게 지저귀는 새타령으로 이어져

창극에서 곧잘 남자 역을 맡기도 한 여류 명창 박귀희

갔다. 긴긴 봄날도 어느새 석양에 접어들기 시작하고 있는데도 죄었다 늦추고 늦추었다 죄고 하는 임방울의 신명의 흐름은 거침없이 이어지기만 하였다.

방일영이 임방울을 알게 된 것은 조선일보 주최의 명창대회에서부터였다. 그가 들어본 숱한 명창들 가운데서도 임방울의 소리는 하늘이 내린 소리같이만 여겨졌다. 그때부터 임방울의 소리를 좋아하게 되었다. 그의 나이 29세 때 박귀희의 소개로 당년 40세인 임방울을 만나게 된 뒤부터 임방울이 죽기까지 20여 년 동안 두 사람은 두터운 교분을 맺어왔다. 방일영은 이따금 기회를 만들어 임방울을 초청하여 그의 소리를 즐겼고 임방울도 더러 마음이 내키면 불시에 방일영을 찾곤 하였다.

방일영이 볼 때 임방울은 유순하고 수줍음을 타는 성미였지만 고집도 대단했다. 마음에 맞지 않은 자리에는 여하한 사람이 불러도 응하지 않았고 한번 마음이 맞았다 하면 마음을 열어놓고 이에 응하였다. 또 결벽증과 자존심도 대단하였다. 아무리 궁해도 하다못해 담뱃값 한푼 달라는 말을 한 일이 없었다.

이런 면은 그의 판소리에 대한 태도에도 잘 드러나 있다. 방일영이 볼 때 임방울에게는 한 가지 철칙이 있는 듯하였다. 육자배기, 흥타령 같은 이른바 잡가를 전혀 부르지 않는다는 것이었다. 가령 김소희, 박귀희 이런 명창들과 한자리 어울려 노는 자리에서도 모두들 흥겹게 육자배기나 흥타령을 부르는데도 임방울에게 이를 권하면

"부를 줄 몰라요, 몰라요."

하며 웃기만 할 뿐이었다.

그런데 딱 한 번 임방울이 흥타령 한 대문을 부르는 것을 들은 일이 있었다.

전무후무한 여류 명창 김소희

"가네 가네 내가 돌아가네. 임을 두고 내가 가네.

인제 가면 영영 가느냐. 영영 간들 잊을손가.

아이고 대고 으ㅎㅎㅎ 성화가 났네 헤에."

어느 자리에서 임방울이 난데없이 이 홍타령을 불렀다. 원래 육자배기나 홍타령이 다같이 애원성(哀怨聲)의 영탄조 이른바 육자배기목의 성음이기는 하지만 육자배기가 애절한 장탄식이라고 한다면 홍타령은 퍼더버리고 앉아서 한량없이 늘어놓는 넋두리라고 할 수 있다. 그런데 명창 임방울이 이를 불렀으니 정말 기막힌 가락이었다. 좌중의 인사들이 모두 넋을 잃을 정도였는데 임방울은 딱 이 노래를 하고는 그만이었다.

평소에 그다지도 기피하던 잡가를 이렇게 느닷없이 부른 것도 뜻밖이려니와 딱 한 곡만 부르고 마는 것도 이상하여 방일영이 물었다.

"아니, 오늘은 웬일로 홍타령을 다 부르며, 또 그 하나만 부르고 마는 것은 또 무슨 까닭입니까?"

그랬더니 임방울이 그 노래를 부르게 된 연유를 다음과 같이 말하였다.

한 번은 임방울이 울릉도에 갔다. 요즈음과 달라서 교통이 아주 좋지 않던 식민지시대에 울릉도까지 찾아간 임방울의 소리가 그곳 사람들의 외로움에 깊이 사무쳐 들어갔을 것은 물론이다. 정해진 기간의 공연을 마치고 돌아오는 배를 타게 되었는데 구름처럼 몰려든 고장 사람들이 뱃전을 부여잡고 임방울의 옷자락을 부여잡고 도무지 놓아주지를 않았다. 예술가로 태어나서 이 이상의 보람이 다시 또 있을 수 없었다. 벅차오르는 감동 속에서 즉흥적으로 그에게서 솟아난 가락이 바로 이 노래였던 것이다. 붙들고 놓아주지 않으려는 사람들이나 이를 뿌리치고 갈 길을 재촉해야 하는 임방울 모두 울음바다를 이루었다.

"그때 일을 생각하면 저절로 이 곡이 나오게 돼요."

임방울은 그렇게 말하고는 웃었다.

한 번은 임방울이 집 한 채 없이 어렵게 지내는 것을 알고 방일영이 은밀히 그의 가족을 통해서 집을 한 채 사주려 하였는데 임방울이 그 눈치를 알고는 펄쩍 뛰며 거절하였다. 그대로 강행하였다가는 좋은 우의마저 금이 갈 듯하여 방일영으로서는 그 일을 포기할 수밖에 없었다.

여러 날을 소식 없이 떠돌아다니다가 오랜만에 찾아온 임방울에게 한애순은 대들었다.

"만날 이렇게 기다리는 생활, 나도 인자는 지겹소."

"금매 말이시."

"당신 딸 다리만 혀도 땅짐 쐬어서 낳은 놈맹이로 나 혼자 낳아서 나 혼자 기르지 않소?"

"그러닝개 말이시."

임방울은 이렇게만 말하고 입을 다물어버렸다. 한애순은 만날 이런 식으로 대들어봐야 소용없는 일이라는 생각이 들었다. 마음을 굳혀야겠다고 생각하였다. 사람이란 서로 좋아한다고만 되는 것도 아니고, 생활이란 요컨대 현실임을 깨닫지 않을 수 없었다. 자기도 이제는 뭔가 다부진 구석을 보여야겠다는 생각이 들었다. 그래서 내친 김에 한마디 하였다.

"나, 여러 날 생각혀봤는디, 이대로는 안 되겠어라우."

임방울은 한참 동안 아무 말이 없었다. 그러더니 일어나 밖으로 훌쩍 나가버렸다. 화가 많이 났을 때나 무슨 심각한 어려움에 부딪쳤을 때 임방울이 흔히 하는 버릇이었다. 저녁 먹을 때가 되었는데도 임방울은 여관 식당에 모습을 보이지 않았다. 한애순으로서는 임방울이 영영 떠나가버린 것이 아닐까 하여 은근히 걱정이 되었다.

그런데 저녁 공연 시간에 맞추어서 임방울은 모습을 나타냈다. 농악과 땅재주가 끝나고 촌극 공연을 할 차례였다. 한애순으로서는 일단 마음이 놓였다.

오늘의 촌극은 집을 쫓겨난 홍보가 여러 날 굶은 끝에 놀부한테 찾아가서 양식을 비는 장면이었다. 홍보 역에는 김연수 놀부 역에는 임방울이 맡았다. 바야흐로 창극이 붐을 만난 당시에 일정한 학식과 연기력을 갖추고 있었던 김연수는 늘상 주역을 맡았다.

양식을 빌러 간 홍보(김연수)가 놀부(임방울) 앞으로 나아가 땅바닥에 무릎을 꿇고 절을 하며

"아이고 형님, 형님 동생 소인 홍보 문안이요오."

하며 도섭으로 아뢰니 놀부 처가 나서며 말하였다.

"한 번 나갔으면 그만이제 뭣하러 귀찮게 찾아온대야?"

"아이고 형수 씨도 평안하셨습니껴?"

홍보가 형수에게 인사를 한다. 이때 놀부(임방울)가 장난기 가득한 얼굴로 홍보(김연수)에게 다가가서

"뭐, 홍보라고? 홍보 같으면 내 동생인디, 어디 보자아."

하며 홍보에게 다가가서 그 얼굴을 들어올리더니

"아니, 자네는 김연수 아니라고여?"

하였다. 관객들 사이에서 일시에 웃음이 터져 나왔다. 그러나 일부에서는 창극이 왜 이래, 하며 냉담한 반응을 보이기도 하였다. 김연수는 험악해진 얼굴로 놀부에게 눈짓을 하며 작은 소리로 속삭였다.

"대본대로 해요. 대본대로."

"(진양조)비나이다 비나이다. 형님주전에 비나이다. 인명이 재천이라 설마한들 죽사리까마는 여러 끄니를 굶어노니 하릴없이 죽겄내다. 형님 슬하를 물러나와 밤낮 주야로 벌었어도 삼순구식을 헐 수가 없고 그저께

하로 굶은 처자가 어제 점두룩 그저 있고 그저께 하루 문두러미 굶은 처자가 오늘 아침을 그저 있사오니 쌀이 되면 닷말만 주옵시고 벼가 되며는 열말만 주옵시고 돈이 되며는 삼십냥만 주시고 그도저도 못하거든 찌겡이나 몽근재나 양단간에 주시거드면 지금 굶어서 죽을 처자 살려내겠나이다."

흥보(김연수)가 이렇게 되게 다잡은 성음으로 열창을 하니 놀부(임방울)는 더욱더 장난기 어린 표정이 되었다.

"뭣이여? 찌겡이나 몽근재를 달라고? 핫다 그 저석, 별걸 다 달락 허네. 아, 몽근재나 찌겡이는 갖다가 뭣 헐라고 그러냐 시방?"

그러자 객석에서 박수와 함께 웃음이 터져 나왔다. 그러나 일부에서는 '무슨 창극이 이 모양이여. 집어쳐라, 집어쳐' 하는 엇갈린 반응을 보였다. 흥보(김연수)는 더욱 사나워진 표정이 되며 작은 소리로 말하였다.

"대본대로 허란 말이여. 대본대로."

그러자 임방울(놀부)은 청중을 바라보며 도섭조로

"내 동생 흥보가 나더러 대본대로 허라고 허는디."

라고 중얼거리더니 엇모리 가락으로

"대본대로 하라니 대본이 따로 있나. 대본대로 허라니 대본이 근본인가. 대본이고 쇠본이고 잘만 허면 그만이제."

하더니 양 활개를 쩍 벌려 너울너울 춤을 추었다.

"가노라 가네에 내가 돌아가아네에. 임을 따라서 내가 돌아아가네에."

흥타령 가락으로 부르더니 훌쩍 무대 밖으로 나가버렸다. 지난날 박귀희, 박초월과 셋이서 '강남 풍운'을 하다가 무슨 영문인지 임방울이 무대 밖으로 훌쩍 나가버렸던 경우와 흡사한 사태가 벌어졌다. 이번에는 흥보(김연수)와 놀부의 아내가 골탕을 먹어야 했다.

졸지에 무대에 구멍이 나버렸지만 그렇다고 막을 내릴 수는 없었다. 워낙 무대 위에서는 순발력이 뛰어난 김연수(흥보)인지라 당황하지 않고 임기응변으로 놀부 아내에게 다가가서 도섭조로
　"아이고 형수 씨, 형님이 저렇게 화를 내고 나가시니 형수 씨라도 이놈을 불쌍히 생각하시어 누룽지라도 있으면 조금 주시씨오."
하니 놀부 아내도 대화로
　"누룽지는 무슨 누룽지, 누룽지 있으면 우리 집 삽쌀개 먹이겠네. 아나 누룽지, 아나 밥."
하며 삿대질을 하였다. 이어서 흥보가 진양조로
　"허허어, 흥보놈의 신세 보소. 세상 천지에 이런 변괴가 웬일이란 말인가. 여보 형수 씨. 어서 나를 죽여주오. 살기도 나는 싫고. 구박받기도 귀찮허요."
　이렇게 끌어가며 간신히 구멍을 메웠다.
　화가 머리 끝까지 치민 김연수가 대기실로 들어서자마자 사방을 두리번거리며
　"이 자식 어디 갔어?"
라고 외쳐댔다. 따라 들어온 놀부 처 역을 한 여자 단원도
　"임 선생님도 참말로, 우리더러 어떻게 허라고 그렇게 훌쩍 나가버리신대여?"
라고 짜증 섞인 투로 말하였다.
　"내 이놈을 오늘은 요절을 내버려야겠어."
　김연수가 연이어 노기 띤 어조로 말하니 놀부 아내 역의 여단원이
　"연수 씨도 인자 그만저만 허시씨요."
하였다. 이제까지 듣고만 있던 한애순이 나서며 한마디 했다.

"허기 싫다는 창극은 자꾸 허라고 혀놓고 왜 이 야단들이다요. 그 양반은 멋대로 혼자 내버려둬야 잘허는 분인디."

그러자 김연수가 발끈 화를 내며 쏘아붙였다.

"거, 무식한 소리 작작 해. 창극이 무슨 약장사들 재담놀이 줄 알어?"

그러자 김원술이 말하였다.

"자 인자 그만들 해요. 연수 씨도 선배한테 무슨 말버릇이 그래요?"

"고작해야 세 살 사인데 선배는 무슨 선배요. 지까짓 게 목청 하나 믿고 콧대 세울라고 하지만, 목청 빼고 뭐가 있어요? 연기가 있어요, 이면을 알아요? 순 무식쟁이 주제에."

김연수가 퍼붓듯이 말하니 한애순이 나서며 말하였다.

"인자 그만 좀 허시씨요. 듣기 싫네요."

"뭣이 어쩌? 방정맞게 여자가 어디를 끼여들어?"

김연수가 윽박질렀으나 한애순은 지지 않고 대들었다.

"끼여들 만허닝게 끼여들지라우. 식자 좀 있다고 사람을 그렇게 깔보는 것 아니어라우. 소리꾼이 식자 타령헌다고 소리가 저절로 솟아난답디여?"

"뭣이 어쩌?"

김연수가 발끈하여 한애순에게 다가들며 윽박지르니 김원술이 그 사이에 끼어들었다.

"그만들 둬요. 애순 씨도 그만해."

단원 하나가 김연수를 데리고 밖으로 나갔다.

"자 자. 소리할 사람들 준비 서둘러요 어서."

김원술은 일동을 돌아보며 말하였다.

"그나저나 임 선생은 어디 갔지? 애순 씨, 얼른 나가 임 선생 좀 찾아

1930, 40년대에 인기가 절정에 달했던 여류 명창 이화중선

경북 선산 출신으로 정상급 명창이 된 박녹주

와요."

"아이고 참, 나도 인자 신물이 납니다."

한애순도 이렇게 한마디 하고는 밖으로 나갔다.

한애순이 서둘러 여관으로 달려가 보니 짐작한 대로 과연 임방울이 트렁크를 챙겨 들고 바야흐로 대문 밖으로 나오는 참이었다.

"어디 갈라고 이러지라우?"

한애순이 임방울에게 다가서며 말하였다.

"나 며칠 바람 좀 쐬고 와야 쓰겄네."

"바람이라고라우? 또 역마살성이 도진 것이지라우?"

"내 태성이 그런디 어쩔 것인가?"

"저녁 공연은 어떻게 허고라우?"

"아, 그거야 다른 사람으로 채우면 되제. 나만 못한 사람이 어디 있당가. 나, 인자 깨달았어. 여그는 내가 있을 자리가 아니여. 나는 여그를 떠나야 쓰겄어."

한애순으로서는 이것이 마지막이라는 직감이 왔다.

"오늘이나 터잡을까. 내일이나 뿌리내릴까 기다리고 바랐지만 매양 그 타령이니, 인자 나도 작심을 혀야 쓰겄소. 앞으로는 당신 기다리지 않을 팅게 당신도 날 찾지 마시오."

한애순은 이렇게 말하였다. 임방울과 한애순은 이렇게 헤어졌다.

그러나 그런 이후로도 임방울은 이따금 찾아왔다. 그야말로 '땅짐 쐬어 낳은 놈맹이로' 혼자 낳아서 혼자 기르는 딸이었지만 다리는 임방울에게도 소중한 피붙이임에는 틀림없었으므로 그는 이따금 그 딸을 만나러 찾아오곤 하였다.

그때마다 한애순의 마음은 언짢았다. 차분히 가라앉아가는 마음에 다시금 파문이 일기 시작하는 것을 느껴야 했다. 임방울이 세번째 찾아왔을 때 그녀는 태도를 분명히 해야겠다고 생각했다.

"당신은 당신 자식 본다고 찾아오시지만 나는 괴롭소. 남들 보기에도 남새스러우니 사람을 시키든지 허면 아기는 만나게 해드릴 팅개 나한티는 찾아오지 마시씨오."

찾아온 임방울에게 한애순은 이렇게 말하였다. 임방울은 아무 말없이 한참 앉아 있더니 일어나 나가버렸다.

임방울과 한애순이 한참 밀월 관계에 있었던 어느 날의 일이었다. 다리를 안고 어루던 임방울이 한애순의 얼굴을 찬찬히 바라보더니 한마디 했다.

"저 사람은 참 묘한 여자여. 다른 사람들은 내가 뭐라고 재담을 할라치면 모두들 우습다고 야단들인디 저 사람은 통 웃는 뱁이 없어."

그 말을 들은 한애순은 아닌게아니라 그랬던 것같이 생각되었다. 그리고 그 일이 두고두고 마음에 걸렸다. 그러나 그것도 다 지나간 일이 되었다. 이렇게 나간 임방울의 발길은 영영 끊어지고 말았다.

임방울은 일생 동안 부인말고도 숱한 여인들과 관계를 가졌다. 여류 국악인들만 해도 한애순말고도 박초월, 박귀희 등 숱한 여인들과의 관계가 있었다.

그 중 박귀희와의 관계는 아마도 가장 오래 계속된 관계였던 듯하다. 두 사람은 동일창극단 시절에도 같은 단원으로 활동하였고 상당 기간 동안 박귀희는 임방울의 고수 노릇도 하였다. 박귀희가 고수를 맡은 임방울의「춘향가」일부가 레코드로 남아 있다.

원래 임방울은 자기 소리 녹음하는 것을 아주 싫어하는 습관이 있었다. 자기 소리가 아무렇게나 녹음되어 아무렇게나 취급받는 것을 아주 싫어

입체창 「춘향전」 레코드 선전 포스터.
명창 정정렬, 이화중선, 임방울 등의 이름이 보인다.

했던 것이다. 오늘날 음반으로 전해지는 그의 소리는 정정렬, 이화중선(李花仲仙), 박녹주(朴綠珠), 김소희(金素姬) 등과 같이 녹음한 「대춘향가」의 레코드 그리고 콜럼비아 빅터 오케 등의 레코드사에서 나온 쑥대머리를 비롯한 모든 SP음반 외에는 거의 모두가 본인 몰래 녹음한 것들이다. 박귀희가 고수 역을 맡은 임방울의 「춘향가」 중 어사상봉가 또한 어느 집에 초대되어 가서 부른 것을 몰래 녹음한 것이라고 한다. 어떻든 이렇게라도 그의 소리의 일부가 후세에 남게 된 것은 다행한 일이라 하겠다.

한 번은 임방울과 박귀희가 꽤 심하게 다투었던 모양이다. 다툼 끝에 박귀희가 뛰쳐나가 이곳저곳을 떠돌아다녔다. 박귀희가 떠난 일에 임방울은 가부간에 괘념하지 않았다. 이 냉전은 결국 박귀희가 먼저 손을 들었다. 반년 이상 이곳저곳을 떠돌던 박귀희가 결국 임방울을 찾아왔다.

그런데 두 사람이 다시 만난 장면이 기상천외의 풍경이었다. 박귀희가 대문을 들어서는데 이를 알아차린 임방울은 참으로 뜻밖의 반응을 보였다. 대문을 들어서는 박귀희를 본 임방울은 우르르 다락방으로 올라가 거기에 드러누워서는

"어디를 갔다가 이제야 오는가, 만경 갔다가 이제 와. 하늘에서 떨어졌나, 땅에서 불끈 솟았나. 풍진이 대작(大作)터니 구름 속에 싸여 왔나."
하는 중중모리 가락을 뽑기 시작하였다. 「춘향가」 중 거지 차림의 이몽룡이 밤늦게 춘향의 집에 당도하여 때마침 칠성단 차려놓고 춘향 살려달라고 빌고 있는 장모와 한참 동안 익살스런 수작을 하다가 마침내 이몽룡이

"서울 삼청동 사는 춘향 낭군 이몽룡 그래도 자네가 날 몰라."
하고 자신의 신분을 밝히자 춘향 어머니가 하도 반가워서 사위의 손목을 덥석 잡으며 이렇게 노래하는 것이다. 바로 그 대문을 임방울이 불러젖혔

다. 뭐라 말로 표현하기 곤란한, 어색하기도 하고 노엽기도 하고 그러면서 한량없이 반갑기도 한 그 재회의 장면을 임방울은 그야말로 명창답게 이런 소리로 소화했던 것이다.

대문을 들어서다 말고 임방울의 이 난데없는 소리의 환영사를 가만히 듣고 있던, 이 또한 명창인 박귀희의 두 눈에 담박 눈물이 글썽글썽해지더니

"아이고 작것, 목구성 한 번 좋데이."

라고 중얼거렸다. 경상도 사투리였다.

박귀희(1921~1995?)는 경북 대구 출신으로 유성준한테서 사사한 바 있고 가야금 병창, 창극 등에 뛰어난 기량을 발휘하였다. 다재다능하고 성격이 활달하여 국악계의 여장부로 일컬어졌다. 이 장면은 과연 판소리 명인들끼리의 화해 장면이라 하겠다.

여성 관계에 관한 한 임방울은 두 가지 원칙에 철저하였다. 가는 사람 붙들지 않고, 헤어진 사람과 두 번 다시 정을 잇지 않는다는 것이었다.

뜬구름 그 너머

휴전협정이 체결된 지 얼마 안 된 1950년대 중반 임방울은 일본의 교포들을 위한 순회 공연을 갔다. 그런데 이때 그는 조총련 쪽 사람의 초청에 응하여 몇 차례 노래를 부른 일이 있었다. 이것이 문제가 되어 그는 당국에 불려가서 호된 고생을 치르고 나왔다. 그때 이후로 그는 영 기운을 챙기지 못하였다.

이 일이 있고 난 후 얼마 되지 않아서 그는 또 큰 봉변을 당하였다. 임방울과 김연수의 불화 관계는 날이 갈수록 깊어져갔다. 그리고 그것은 국악계의 분열을 가져올 조짐마저 보였다. 이를 민망하게 생각한 것은 뜻있는 후배들이었다. 국악의 앞날을 위해서도 바람직한 일이 아니었다. 그래서 어느 날 몇몇 사람들이 자리를 마련하여 두 사람을 모셔다놓고 화해를 시키려 하였다.

그러나 그 일이 뜻대로 잘 되지 않았다. 성질이 괄괄하고 직선적인 김연수와 성질이 유순하면서도 속으로 노여움을 간직하는 임방울 사이의 불화의 장벽을 무너뜨리지는 못하였다. 결국 뒷맛이 개운치 못한 상태로 자리가 파하고 말았다. 임방울이 울적한 심정으로 자리를 털고 일어나 혼자서 집으로 돌아가는데 뒤에서 그를 부르는 소리가 들렸다. 그 자리에 참석했던 사람의 하나였다. 국악 행사 같은 것을 주선도 하고 뒷일도 보아주고 하는 말하자면 국악계 둘레의 건달이라 할 수 있는 인물이었다.

술이나 한잔 하자고 임방울을 끌었다. 평소에 술을 별로 즐기지 않은 임방울이었고 또 그와는 별반 친분이 두터운 사이도 아니어서 마음이 내키지 않았으나 굳이 거절하기도 민망하여 가까운 맥주집으로 따라 들어갔다. 그가 따라주는 맥주잔을 들어 막 입에 가져가는 찰나 임방울의 눈에서 번갯불이 번쩍 나는 듯하였다. 그의 주먹이 임방울의 콧잔등을 쳤던 것이다.

"네가 뭔데 화해하라면 할 일이지 고집이여?"

임방울은 코피를 쏟으며 그 자리에 쓰러지고 말았다. 이런저런 일로 하여 임방울은 여러 달 동안 자리에 몸져눕지 않으면 안 되었다.

1960년 봄의 어느 날이었다. 자리에서 일어난 지 얼마 되지 않은 임방울은 경회루에서 개최된 국빈(國賓)을 모신 가든 파티에 초청되어 갔다. 이 자리에서 그는 거지 어사가 춘향 집에 찾아와서 칠성단 차려놓고 치성을 드리는 월매와 수작하는 장면을 불렀다. 암행어사 이몽룡이 거지 차림 그대로 월매를 만났다가는 큰 봉변을 당할 듯하여 잠시 수작을 하기로 하여 월매를 불러내려 하니 월매가 몇 번 향단을 시켜 거절하다가

"거 누가 날 찾나. 거 누가 날 찾아. 날 찾을 이 없건마는 거 누가 날 찾아."

이렇게 중얼거리며 나오는 장면인데 여기서 임방울은 '거 누가 날 찾나. 거 누가 날 찾아'만 되풀이하였다. 고수를 맡았던 김득수(金得洙)가 '날 찾을 이 없건마는, 날 찾을 이 없건마는'이라고 일러주어서야 임방울은 간신히 노래를 찾았다. 그런 일이 있고 난 이후로 임방울은 이따금 이런 실수를 빚었다.

그해 초여름, 그러니까 경회루에서의 출연이 있은 지 두어 달 뒤에 광주에서 한 달 동안 '물산공진회'가 열렸는데 그 기간 동안 판소리 공연도 아울러 하게 되었다. 그리고 임방울이 그 공연의 책임을 맡았다. 여러 달 동안 집에만 묻혀 있던 남원의 강도근도 그때 임방울의 부름을 받고 그 공연에 참여하였다. 공연은 대성황을 이루었다.

공연이 성황리에 열흘째로 접어드는 어느 날 아침이었다. 임방울과 강도근은 제일여관의 같은 방을 쓰고 있었다. 강도근은 윗목에 앉아서 목을 풀고 있었고 임방울은 아랫목에서 역시 목을 흥얼거리며 화투패를 떼고 있었다.

어젯밤 꿈이 떠올랐다. 꿈에서 임방울은 혼자서 여관으로 돌아왔다. 다른 때 같으면 공연을 끝내고 돌아온 동료들로 여관이 벅적거릴 텐데 오늘은 이상하게도 여관 안이 조용하였다. 우물가에서 숫돌에 송곳을 열심히 갈고 있는 사람이 눈에 띄었다. 가까이 다가가 보니 김연수였다.

"오라, 자네 올 줄 알았어."

임방울이 말하였다. 김연수는 대꾸도 않고 송곳만 갈고 있었다.

"송곳은 뭣 땜시 갈고 있어?"

방울의 목소리가 거칠어졌다. 그러자 김연수가 송곳을 들고 벌떡 일어서며

"몰라서 물어?"

하고는 송곳을 번쩍 치켜들었다.

"오냐 너 그렇게 나올 줄 알았다. 내 이마빡에다 송곳을 꽉 찌른다고 큰소리치고 다녔담서? 어디 찔러봐라, 찔러봐. 못 찌르는 놈은 병신인개 어서 찔러봐."

임방울은 고개를 번쩍 들어 김연수가 치켜든 송곳 앞에 이마를 다가세

웠다. 김연수가 치켜든 송곳으로 내리치려는데 어느새 박녹주가 다가와 김연수의 치켜든 손을 붙잡고 늘어졌다.

"이 손 놔. 이 손 놓으라니까."

김연수가 왜장치며 박녹주의 손을 뿌리치려 하였다.

"그래 찔러라, 찔러. 못 찌르는 놈도 병신이여."

임방울도 따라서 왜장치다가 잠이 깨었다.

임방울이 지난밤의 꿈 생각을 하며 화투패를 다루고 있는데 그때 갓을 쓰고 수염이 하얀 어떤 영감이 임방울이 있는 방안을 기웃거렸다. 더운 철이어서 방문을 열어놓고 있었다. 영감이 물었다.

"여그가 임방울 씨 계시는 방이오?"

"그렇소만, 왜 그러시오?"

강도근이 말하였다. 임방울도 화투 손을 멈추고 영감 쪽으로 고개를 돌렸다.

"내가 풍류상(風流相)을 좀 볼 줄 알아서 그러는디……."

영감이 이렇게 말하며 방안으로 들어서려 하였다. 풍류상이란 가객들이 소리하는 양을 보고 그의 운명을 점치는, 말하자면 관상의 일종이다. 여관 같은 데 투숙해 있으면 흔히 이런 사람들이 찾아와서 귀찮게 말을 붙이고 하던 시절이었다.

"어여, 들어오실 것 없소. 우리는 관상 같은 것 보는 사람들 아니오."

강도근이 손을 내저으며 제지하였으나 영감은 아랑곳하지 않고 방으로 들어와 좌정하였다.

"내가 뭐 돈 받을라고 그러는 것 아니오. 그저 임방울 씨 풍류상을 보아볼까 하고 꼭 열흘 동안을 공연장에 나다닌 사람인디, 보아둔 것이 있으닝개 그저 들어나보시씨요."

그 말을 듣고 보니 강도근에게도 그 영감이 눈에 익었다. 그가 무대에 오를 때마다 객석 맨 앞에 앉아 있던 얼굴이었다. 임방울에게도 그 점은 마찬가진 듯하였다. 그도 화투패를 치우고 이쪽을 향하여 고쳐 앉았다.

"그러면 어디 나나 한 번 보아보시씨오."

강도근이 농 반 진담 반으로 말하였다.

"젊은이는 초년에는 더러 풍파도 있었지만 후분은 좋소."

"오래나 살겠소?"

"정명(定命) 77세. 77세 되는 해 칠월칠석(七月七夕)날 운명허시겠소."

영감이 말하였다. 옆에 있던 임방울이 강도근에게

"에라 이 저석, 똥 줏어 먹을 때까지 살아라."

하며 웃었다.

당시로서 77세라면 그럴 만도 하였다.

"그러면 나는 어떻소?"

임방울이 말하였다. 그도 결국 끌려들었다.

"뜬구름 같은 세월에 뜬구름 같은 인생 거침없이 훨훨 날아다니듯이 살아온 한 평생이오만……."

하더니 영감은 말을 멈추고 잠시 임방울의 얼굴을 짯짯이 살펴보기만 하였다. 무슨 뚱딴지 같은 소린고 하여 임방울과 강도근이 멀뚱히 영감을 바라보고만 있는데 잠시 후 영감은

"앞으로 몇 달 안에 천벽이 떨어져 돌아가시겠소."

하고는 벌떡 일어나 밖으로 나가버렸다. 남은 두 사람은 잠시 말을 잃고 망연히 앉아 있기만 하였다. 임방울의 「수궁가」 처음 부분에 보면 용왕이 중병을 얻어 누워 있는데 홀연 도사가 나타나서 진맥을 해보고는 '진세 산간(塵世 山間)에 천년 퇴간(토끼의 간)이 아니면 염라대왕이 동성(同

姓)삼촌이요 강림도령(무당이 섬기는 아기 귀신)이 외사촌 남매간이라도 신사이원(身死離遠) 누루 황(黃) 샘 천(泉) 돌아갈 귀(歸) 허시겠소'라고 말하고 사라져버리는 장면이 있다. 천년 묵은 토끼 간을 약으로 하지 않는 한 황천객이 될 것이라는 말이다. 진세 산간에 있는 토끼를 수궁에서 구한다는 것은 사실상 불가능한 일이므로 이는 거의 사형선고와 다를 바 없으나 임방울이 이 부분을 부를 때의 아니리 어조는 다분히 해학적이다. 그러나 그러한 임방울도 정작 자신에게 이런 엉뚱한 선고가 떨어지자 여느 때와는 달리 도무지 해학적인 여유를 가질 수가 없었다.

"에이, 해장부터 그놈의 영감탱이가 찾아와가지고는……."

잠시 후 임방울은 구시렁거리더니 치워둔 화투패를 다시 벌이기 시작하였다. 그러나 패도 잘 떨어지지 않은 듯 주섬주섬 옆으로 밀쳐두고 일어서서 밖으로 나가버렸다. 그 뒤로 그는 종적을 감추었다. 앞으로도 여러 날이 남은 공연은 강도근을 비롯한 나머지 사람들만으로 행사를 치르지 않으면 안 되었다. 임방울이 전북 김제의 장터에 마련된 가설무대에서 소리를 하다가 쓰러졌다는 소식을 강도근이 전해 들은 것은 그런 지 두 달 뒤인 10월 하순의 일이었다.

근래에 이르러 임방울은 앞서 말한 여러 가지 봉변도 있고 하여 심신이 많이 쇠약해져 있었다. 그래서 자주 자리에 몸져눕는 일이 많아졌다. 무대에 서는 경우에도 자주 사설을 잊고 여기저기로 건너뛰는 실수를 빚곤 하였다. 그를 아끼는 가족이나 친지들은 편히 쉬면서 요양할 것을 간곡하게 권하였으나 그는 듣지 않았다. 소리꾼은 죽을 때까지 소리를 해야 한다는 것이었다. 더구나 그의 소리를 사랑하는 사람들은 그를 편히 쉬게 놓아두지 않았다. 김제 공연에 나가게 된 것도 그런 연유에서였다.

김제 소방서가 주관하여 군민위안(郡民慰安) 명창대회를 개최하기로 하여 임방울에게 출연을 요청해왔고 임방울은 즉석에서 이를 승낙했다. 나중에야 이를 알게 된 가족들이 극구 만류하였으나 임방울은 듣지 않았다. 방일영도 뒤늦게 이를 알고 만류하였다. 평생에 누구보다도 어렵게 알고 두터운 교분을 쌓아온 방일영의 만류도 그에게는 소용이 없었다. 소리꾼이 소리를 안 하면 죽은 목숨이나 마찬가지라는 것이었다. 게다가 주최측에서도 광고까지 다 내고 준비 중에 있는데 이제 와서 취소할 수는 없다고 강력하게 주장했다.

그날 공연은 순조롭게 진행되어갔다. 김동준(金東俊), 진태순 그리고 여류명창 강산홍 등이 소리를 하였고 신쾌동의 가야금 산조에 이어 마침내 임방울이 등단하였다. 고수는 김동준이었다.

그날따라 극장은 테를 메워야 할 정도의 대만원이었다. 풍년이 들어 인심이 후해진 탓도 있겠으나 역시 원숙기에 다다른 임방울의 신기(神技)에 가까운 예술이 원근의 사람들을 불러들인 탓이라 할 수 있다. 그날 맨 마지막에 나온 임방울이 부른 대문은 「수궁가」 중에 토끼 잡아들이는 대문이었다. 자라의 감언이설에 깜빡 속아서 수궁에 들어온 토끼를 영덕전 너른 뜰에 내동댕이쳐놓고 배를 가르려고 하니 그제야 죽을 자리에 들어온 것을 알게 된 토끼가 죽을 둥 살 둥 모르고 궤변을 늘어놓아 용왕을 속이는 장면으로 이어졌다. 이 대문을 흔히 '토끼 배 가르는 데'라 하거니와 사실은 배 가르는 데 실패하는 장면인 것이다. 이 장면은 쑥대머리 못지않은 임방울의 더늠이다.

(아니리)별주부 영덕전 너른 마당에 공손히 복지하야
"만리 세상에 나갔던 별주부 현신이오."
병든 용왕이 속으로는 무던히 기달랐던 모양이라. 별주부가 들어왔다닝개 겨우 일어나시는디 삼 년을 앓아논 것이 육탈(肉脫)이 그냥 쏴 되야 부리고 가죽에다 뼈만 싸가지고 눈도 못 뜨고,

"아, 거, 주부가 왔다닝개 거, 돋뵈기 가져오니라. 여봐라 네가 안 죽고 살아왔구나. 그래 대관절 너, 거, 잡으로 갔던 퇴끼를 어쩌고 왔느냐. 말을 좀 어서 혀라."

"과연 황송하되 퇴끼를 생금하야 저 문밖에 대령시키고 들어왔나이다."

"응? 이게 무신 말이란 말이냐. 말만 들어도 병이 낫는 것 같구나. 그 이왕 잡어왔다니 어서 속히 잡아들여라."

"예이."
하더니마는

"(자진모리)좌우나졸이 금군 모지리 순령수 일시에 내달으며 토끼를 에워쌀제 진황 만리장성 쌓듯 산양 싸움에 마초 싸듯 첩첩이 둘러싸고 퇴끼 디립다 잡는 거동 영문출사 도적 잡듯 퇴끼 두 귀를 꽉 잡고 네가 이놈 조조냐아, 네 이놈 조조놈아아."

토끼놈아, 해야 할 데에서 조조놈아, 하며 「적벽가」로 껑충 뛰니 고수 김동준이 눈짓하며 작은 소리로

"네가 이놈 퇴끼냐아, 네가 이놈 퇴기냐아."
하고 연방 일깨웠으나 임방울은 알아차리지 못했다.

"부질없이 총 놓다 화약 눈에 뛰어들어 몹시도 아리니라. 날다려 조조란 놈 지가 진실 조조니라."

계속 「적벽가」로 내달으니 고수가 눈짓하며 약간 큰 소리로

"수궁가, 수궁가, 네가 이놈 퇴끼냐아, 네가 이놈 퇴끼냐아."
라고 일깨워주니 그제야 임방울이 알아차렸다.

"그래 그래, 네가 이놈 퇴끼냐아, 야 이놈 흥보놈아 잘 살기도 네 팔자요 못 살기도 네 팔자……."

이번에는 「흥부가」로 건너뛰었다. 고수가 다시 눈짓을 하며

"퇴끼 기가 맥혀 벌렁벌렁 떨며, 퇴끼 기가 맥혀 벌렁벌렁……."

제법 크게 노래를 불러주니 임방울이

"그래 그래, (자진모리)네가 이놈 퇴끼냐아, 퇴끼 기가 맥혀…… 퇴끼가 기가 맥혀……."

하더니 다시

"그래 그래, 달아맨 퇴끼였제. (자진모리)야 이놈 퇴끼놈아, 야 이놈 달아맨 퇴끼놈아아……."

하더니 한순간 비틀 하면서 허공을 응시하였다. 푸른 하늘이 떠오르고 그 끝에 구름, 그 구름 너머는 벼랑. 임방울은 벼랑 끝에서 훌쩍 날아오르는 환각에 빠지면서 픽 쓰러졌다.

뇌졸중이었다. 병원에서는 수술을 해야 한다고 했으나 그는 거절하였다. 그는 반년 동안 서울 초동의 남의 집 셋방에서 신고하다 운명하였다. 1961년 3월 8일 향년 58세였다. 판소리의 대천재, 민중의 사랑을 받던, 그리고 진정한 민중의 정서 속에 생애를 보낸 진짜 광대 임방울은 이렇게 갔다.

앞으로 몇 달 안에 천벽이 떨어져 돌아가겠다고 한, 그 갓 쓴 영감의 풍류상은 신기하게도 적중한 셈이었다. 여담이지만 77세가 정명(定命)이라던 강도근은 그해를 넘기고 78세 되는 이듬해(1996년) 봄에 세상을 떴다. 몇 해 전부터 건강이 악화되어 투병을 하여오던 터라 77세 되는 해 칠월칠석이 운명할 날이라는 관상가의 말도 있고 하여 강도근의 제자들이 행여 어떨까 하여 그날 일부러 병석에 있는 강도근의 집에 모이기까지

임방울이 이승을 떠나는 날의 모습. 전국의 여류 국악인들이 소복하고 상여를 멨다.
행렬이 무려 2킬로미터에 달했다고 전한다.

임방울을 기리는 만사(輓詞)의 행렬

하였으나 다행히 그날은 무사히 넘겼다.'

　전국의 국악인을 비롯하여 각계 각층의 인사들이 참여한 임방울의 장례식은 5일장이었다. 장례행사는 당시의 국악예술고등학교가 관장하였다. 상여는 왕십리 상엿집에서 특별히 마련한 꽃상여였다. 하얀 상복 일색의 장례행렬이 무려 2킬로미터에 달했다. 서울 중구 초동 스카라 극장 근처에 위치한 상가를 출발한 행렬은 스카라 극장을 거쳐 을지로, 시청 앞을 지나 조선일보사 앞에서 잠시 세워 하직을 고하였다. 당시의 사장 방일영과 고인과의 우의를 표하기 위함이었다. 행렬은 다시 광화문 네거리에서 종로로 돌아 고인 생전에 인연이 깊었던 국악예술고등학교에 들러 하직하고 지금은 없어진 신설동 경마장에 이르러 상여와 조문객들은 각기 트럭과 버스에 나누어 타고 망우리 공동묘지로 향했다.

장례행렬 자체가 거대한 국악의 제전이었다. 당시의 서울 거리는 지금과는 비교할 수 없을 정도로 한산했다고는 하지만 이 행렬이 지나는 동안 교통은 완전히 중단되었다. 당대의 명창들이 차례로 상여 위에 올라 상엿소리를 메겼다. 맨 먼저 박초월 그 다음에 김소희, 박귀희, 박보화, 장영창 등이 뒤를 이었다. 뭇별같은 이 명창들도 이제는 모두가 고인이 되었다.

판소리 다섯 마당 중에는 「심청가」와 「흥부가」 두 군데에 상엿소리가 나온다. 곽씨부인을 장송하는 「심청가」 상엿소리는 눈먼 가장과 낳은 지 이레밖에 안 되는 어린 딸을 두고 가는 곽씨부인의 애련 처절한 정황의 그것이고, 놀부 박통 속에서 나온 상두꾼들이 하는 「흥부가」의 상엿소리는 심술 많은 놀부를 곯려주기 위한 해학적인 정황에서의 그것이다. 공교로운 일이나 임방울은 생전에 한마디의 상엿소리도 남겨놓지 않았다. 「심청가」나 「흥부가」를 별로 부르지 않은 탓에서였다.

이제 고인의 넋을 위로하는 뜻으로 정권진 창의 「보성소리 심청가」 중의 상엿소리 한 대문을 여기 인용하면서 이 글을 마무리짓고자 한다.

(중모리)
요령은 땡그랑 땡그랑 어넘차 너와넘. 북망산천이 머다더니 저건너 안산(案山)이 북망이로구나. 워넘차 너와넘.

(중중모리)
어넘 어넘 어넘차 너와넘. 여보소 친구네들 자네가 죽어도 이 길이요 내가 죽어도 이 길이로다. 어넘차 너와넘 어넘 어넘 워넘차 어이가리 넘차 너와넘.

장례식이 끝난 지 며칠 뒤 미망인을 비롯한 가족들이 송정읍 동부리의 집으로 돌아온 어느 날 유족들은 특이한 일단의 조문객을 맞게 되었다. 문밖에서 한 무리 거지들이 웅성거리는 것을 본 가족들은 처음에는 구걸하러 온 줄로 알았다. 그런데 왕초 영감이 나서더니

"방울이 양반이 돌아가셨단 말을 듣고 조의를 표하러 왔습니다요."

하였다. 그러고는 모두들 제청에 나아가 재배를 하고는

"고인이 베풀어주신 태산 같은 은혜를 생각하면 하찮은 것이지만 뜻으로 알고 받아주십시오."

하며 조위금을 내놓았다. 백 환짜리에서 십 환짜리 오 환짜리 일 환짜리 지폐와, 동전들이 잡다하게 뒤섞인 삼만여 환 정도의 액수였다.

임방울의 부인 박오례는 1997년 12월 사망. 몸이 성치 않은 아들 화택은 1997년 7월 사망. 작은딸 순희는 1996년 사망. 현재 유족으로는 장녀 오희와 초등학교 교사인 막내딸 다리가 있다.

임방울의 예술

이제 판소리의 흐름 속에서의 임방울의 위치를 살펴보고 그의 예술의 특질을 살펴보기로 한다.

치욕적인 을사조약이 체결되기 1년 전인 1904년에 출생하여 4·19 다음해인 1961년 초에 57세를 일기로 생애를 마친 임방울의 일생은 그야말로 영욕이 엇갈린 그것이었다. 이 기간은 민족사의 흐름에서 볼 때 가장 불행했던 기간이요, 판소리의 흐름으로 보더라도 가장 시련과 수난이 많았던 기간이라 하겠다. 그는 국운이 기울기 시작한 시점에서 출생하여 망국노(亡國奴)의 설움 속에 청장년기를 보내야 했고 8·15 이후의 혼란기, 한국전쟁이라는 동족상잔의 비극적 상황, 전후(戰後)의 암담한 현실 등을 생애의 마지막 기간으로 보내야 했다. 이러한 시대적 조건들은 그의 예술적 생애를 형성하는 데 중요한 요인이 되었다.

또한 이 기간은 판소리의 흐름의 자리에서 볼 때에도 유례없는 시련의 기간이었다. 특히 임방울이 명실공히 국창으로서의 명성을 천하에 떨친 1940년대와 50년대는 가장 어둡고 쓰라린 기간이었다.

이런 문제를 살펴보기에 앞서 우선 판소리의 연원 및 그 역사적 흐름을 잠시 살펴보고자 한다.

판소리 예술 내지 그 창자인 광대의 발생 연원 및 효시 등에 관한 문헌상의 확증은 아직은 정립되지 못하고 있는 듯하다. 정노식(鄭魯湜)의 『조선창극사』(1939)에는 판소리의 연원을 신라 화랑의 가악(歌樂)에서 시작하여 무당의 무가(巫歌)로, 거기서 다시 직업적 가객인 광대의 창극조(판소리)로 발전되었을지 모른다고 추리하고 그 광대의 효시로서 어느 늙은 가객이 소리풀이할 때 첫째로 호명하는 사람이 하한담(河漢譚) 최선달(崔先達)인 것으로 보아 아마도 그들이 광대의 효시일 것이라 하고, 영조·정조 무렵의 가객인 권삼득(權三得)보다 그들을 먼저 거명하는 것으로 보아 아마도 그들은 숙종·영조 무렵의 사람일 것이라고 추리하고 있다.

박헌봉(朴憲鳳)은 『창악대강』(唱樂大綱)(1960)에서 화랑의 가악에서 광대가 연원되었으리라는 설을 대체로 시인하고 충청 이남, 전라도, 경상도 등지에서 남자 무당을 일러 '화랑'이라 칭하고 있는 사실을 지적하면서 창악(판소리)은 무가(巫歌)가 중심이 되고 거기에 다시 민요적 요소와 극적 요소가 종합되어 형성되었으리라고 추리한다.

한편 정병욱의 『한국의 판소리』(1981)에서는 무가에서 판소리가 파생되었을 것이라는 종래의 설에 회의를 표시하면서 그것이 불교음악의 영향을 받았을 가능성을 시사하고 있다. 또 그 가사의 작자에 대하여는 진취적인 사상을 지닌 어느 문사(文士)가 최초의 판소리 사설을 고정시키고 이를 바탕으로 하여 후세에 전승되는 과정에서 점차 수정·첨삭되어 판소리 예술을 이루었을 것이라고 추리하고 있다.

판소리 가사의 일부가 처음으로 문헌으로 정착을 보게 된 것은 조선조 말기의 신재효(申在孝)에 의해서이다. 그는 그때까지 구전되어오던 판소리 열두 마당 중 여섯 마당(오늘날까지 노래가 전하는 「춘향가」 「심청가」 「흥부가」 「수궁가」 「적벽가」와 전하지 않는 「변강쇠가」)을 문자로 정착시킴으로써 구전 예술에 수반되는 산실(散失)의 위험을 막았고, 또 그것을 문장으로 정착시키는 과정에서 신재효 자신의 창작적 천재를 발휘하여 한결 빛나는 문학 유산이 되게 하였다. 하지만 이 과정에서 판소리 예술이 갖는 발랄한 즉흥성 내지 현장성이 많이 감쇄되었음도 사실이다.

신재효는 또 광대가를 창작하기도 하였는데 이는 판소리 및 광대의 요건이 어떠해야 함을 언급한 최초의 문헌이 되고 있다. 이 광대가에서 그는 당송팔대가(唐宋八大家)에 비유하여 그 무렵까지의 여덟 명창인 송흥록(宋興祿), 모흥갑(牟興甲), 권삼득(權三得), 신만엽(申萬葉), 황해천(黃海天), 고수관(高秀觀), 김제철(金濟哲), 주덕기(朱德基)의 소리의 특징을 열거하고 있다. 여기에 우춘대(禹春大), 하한담(河漢譚), 박유전(朴裕全), 방만춘(方萬春) 등을 포함하여 이들이 활약하던 시기를 '전기 팔명창시대'라 했다. 정조·순조 무렵으로 보고 있다. 이에 뒤이어 철종·고종 초에 활약한 박만순(朴萬順), 이날치(李捺致), 송우룡(宋雨龍), 김세종(金世宗), 장자백(張子伯), 정창업(丁昌業), 정춘풍(鄭春風), 김찬업(金贊業) 등의 시기를 '후기 팔명창시대'라 한다(이보형, 「판소리의 이해와 계보」, 『전통문화』 1985년 6월호).

이 '전·후기 팔명창시대'는 판소리의 예술 양식이 이미 완성되어 바야흐로 황금기를 누리던 기간으로 간주된다.

우리가 어느 정도의 실증적인 자료를 근거로 하여 그 예술적 특질을 살펴볼 수 있는 것은 이른바 '오명창시대' 이후의 일이다. 고종 후기에서 식민지시대로 접어드는 기간에 활약하기 시작한 김창환(金昌煥), 이동백(李東伯), 송만갑(宋萬甲), 유성준(劉成俊), 정정렬(丁貞烈), 김창룡(金昌龍), 박기홍(朴基洪), 김채만(金采萬), 전도성(全道成), 유공렬(柳公烈) 등의 시대로서 판소리가 일대 전환기에 접어든 기간이다. 즉 나라를 일제에 빼앗기고 외래문화가 물밀듯이 들어오면서 조선시대에서와 같은 전통적 가치체계가 전반적으로 무너지기 시작하였고, 판소리의 공연 방식도 재래의 소리판 중심에서 서양식의 무대공연으로 달라졌고, 중국의 경극(京劇), 일본의 가부키(歌舞伎), 신파극 등의 자극을 받아 창극(唱劇)이라는 새로운 장르가 파생하여 판소리의 양식적 변화에 중요한 작용을 하였다. 그리고 SP판 레코드의 도입과 함께 여러 사람의 소리를 자유로이 들을 수 있게 됨으로써 다양한 바디, 다양한 제(制) 사이의 교류가 한결 쉬워지면서 서편제니 동편제니 혹은 중고제니 하는 고유의 제가 차츰 무너지고 그런 여러 법제의 개성들이 혼합된 새로운 양식으로 재편성되기 시작하였다. 이 오명창시대는 대체로 1930년대까지 계속된 것으로 볼 수 있다.

  1928년 25세의 나이로 상경하여 처음으로 무대에 올라 쑥대머리를 불러 가객으로서 활동하기 시작한 임방울은 오명창시대에 뒤이은 대표적인 가객이다. 임방울과 비슷한 시기에 활약한 가객으로서 김정문(金正文), 정응민(鄭應珉), 공창식(孔昌植), 장판개(張判介), 조몽실, 박동실(朴東實), 성원목, 정광수(丁珖秀), 김연수(金演洙) 등을 들 수 있고, 여류로는 이화중선(李花仲仙), 박녹주(朴綠珠), 김여란(金如蘭), 박초월(朴初月), 김소희(金素姬), 박귀희(朴貴姬) 등을 들 수 있다. 특히 임방울이 당대 명창으로 부상하기 시작한 1940년대에서 임방울이 사망한 1960년대 초두까지의 기간은 민족사적으로 볼 때 일제 말기의 암흑기, 해방 직후의 혼란기, 6·25 및 그 이후의 혼란기 등등 시련과 격동이 연속되던 기간이요, 판소리사의 자리에서 볼 때는 판소리에 대한 일제의 탄압, 해방 이후 그리고 6·25 이후의 외래 공연문화의 범람으로 인한 전통 예술 특히 판소리 예술의 대중으로부터의 소외 현상이 가장 심했던 기간으로서 판소리는 완전히 시골뜨기문화로 전락하여 유례없는 쇠퇴의 길을 걷던 시기이다.

판소리 예술이 나름으로 기사회생의 전기를 맞은 것은 1960년대 중기 이후부터의 일이다. 이때에 소중한 전기를 맞게 된 것은 대개 다음의 세 가지 요건이 작용한 때문이라 할 수 있다.

첫째는 1964년에 제정된 중요무형문화재 기능 보유자에 대한 정부의 행정적 지원제도가 신설된 일이다. 이는 빈사 직전의 전통예술 전반을 근본적으로 회생시키는 처방이라기보다는 다분히 명목적인 응급 처방의 차원에 머문 것이라 할 수 있으나 아무튼 쇠퇴 일로에 있던 전통 예술 특히 판소리 예술의 부흥을 위한 소중한 자극제가 된 것은 사실이다. 박녹주, 김연수, 김여란, 정광수, 박초월, 김소희, 박봉술, 정권진, 박동진 등이 판소리 기능 보유자로 지정됨으로써 이제껏 무관심 속에 방치되어 있었던 판소리가 명목상으로나마 사회적 예우를 받게 되었고 국악인들의 예술가로서의 긍지와 사명감을 고취시키는 좋은 계기가 되었다.

둘째는 국악인들 자체 내에서도 유다른 각성이 일게 된 사실이다. 이 점과 관련하여 1960년대 후기에 시도된 박동진에 의한 장장 8시간에 걸친 「춘향가」 완창 공연은 판소리사상 획기적 전환점을 기록한 시도라 할 수 있다. 이런 완창 공연은 판소리사상 종래에 없던 일이었다. 이를 계기로 하여 기예를 닦은 여러 명창들이 잇달아 완창 공연을 시도함으로써 판소리의 부흥에 크게 기여하게 되었다.

셋째는 판소리에 대한 각계의 관심이 점차 높아지기 시작한 점이다. 몇몇 대학에 국악과가 설치되어 국악 교육이 본격적으로 실시되었고 젊은 세대의 판소리에 대한 관심도 점차 높아져가는 경향을 보이고 있다. 그리고 1970년대 중반부터 해마다 실시하는 '대사습대회'(大私習大會), 이에 뒤이은 각처의 '명창대회' 및 '고수대회'(鼓手大會) 등을 비롯한 각계의 몇몇 국악행사 등도 국악의 부흥에 기여했다.

물론 판소리가 민족음악의 주류의 자리에 올라서 있다고 하기에는 판소리와 오늘의 민중 사이의 거리가 너무도 벌어져 있는 사실을 부정할 수 없으나 어떻든 그것이 일단 빈사의 위기에서 벗어났다는 사실만으로도 그나마 다행이라 하겠다.

이상으로 살펴본 바와 같이 임방울이 가객으로 활약한 시기는 민족사적으로나 판소리사적으로나 가장 궁핍했던 시기였다. 임방울의 장녀인 임오희(林五姬)는 자기 아버지를 회상하면서 다음과 같이 술회하였다.

"김창환, 이동백, 송만갑 등 당신의 선배들은 의관이네 통정이네 감찰이네 하는 벼슬에 올랐지만 당신은 그런 벼슬도 하지 못하였고 또 당신의 후배들은 인간문화재로서의 사회적 대접을 받게 되었지만 당신은 그런 대접마저 받아보지 못한 채 세상을 뜨신 일이 자식으로 볼 때 제일 한스럽다."

이 술회를 통해서 우리는 임방울의 판소리사적 위치를 단적으로 규정할 수 있을 듯하다. 의관이네 통정이네 감찰이네 하는 조선시대의 직함들이 당대의 뛰어난 가객들에게 내리는 단순한 명분상의 칭호에 불과한 것이고 더구나 그 왕조마저 몰락해버린 치욕적인 식민지시대에 이르러서는 그것은 한낱 전 시대의 허명(虛名)으로 격하될 수밖에 없는 것이 되고 말았다 할지라도 그러한 전 시대의 허명을 잔영처럼 거느릴 수 있었던 오명창시대의 가객들에게는 아직도 그것이 상징적인 칭호 이상의 뜻을 간직하고 있었던 것으로 보아야 할 듯하다. 말하자면 전 시대의 그런 허명의 잔영이 아직도 남아 있었던 만큼 그들에게는 아직도 조선조적인 가치체계의 기반 및 그 위에 형성되어 있는 양반 계층의 정신적·물질적 보장이 어느 정도는 가능했다고 볼 수 있다. 나라가 망하고 이와 궤를 같이하여 외래의 공연 문화가 마구 밀려들어옴으로써 판소리는 쇠퇴의 길로 접어들 수밖에 없는 불행한 시대적 상황 속에 놓여 있었다 할지라도 그들은 아직도 선대(先代)의 가객들이 누릴 수 있었던 기반을 어느 정도는 누릴 수 있었다. 적어도 조선조적인 가치체계의 기반이 거의 전면적으로 무너지기 시작한 1940,50년대의 시점에 이르러 국창으로 부상하기 시작한 임방울에 비하면 그들은 그래도 아직 행복한 위치에 있었다고 할 수 있다.

이제 임방울의 시대에 이르러서는 전 시대의 가객들이 누릴 수 있었던 영광의 잔영마저 누릴 수 없게 된 것과 마찬가지로 판소리는 종래에 보장받아오던 유력한 지지 기반의 일부를 상실하게 되었다. 그리하여 마침내 민족음악의 주류의 자리에서 밀려난 변방 문화로 격하당하기에 이르렀다. 우리의 근대화 과정에서의 이러한 추세가 민족문화의 올바른 계승 발전이라는 면에서 결코 바람직한 것일 수 없음은 새삼스럽게 말할 필요도 없는 일이거니와 이러한 시대적 추세에도 불구하고 고집스럽게 판소리의 외길을 걸어간 임방울의 생애야말로 고독한 십자군의 그것이라고 할 만하다.

요컨대 조선조적인 영광의 잔영도 누려볼 수 없었고 인간문화재로서의 예우도 받아보지 못한 그 어간의 불행한 시대를 살다간 임방울은 전형적인 변방 문화의 역군이었다. 그러나 바로 그 사실이야말로 두 가지 점에서 그의 예술을 판소리의 역사상 획기적인 것으로 되게 한 점이다. 첫째는 그의 예술로 하여금 일정한 사회적 예우도 경제적 보장도 누릴 수 없는 진짜 광대의 예술이 되게 함으로써 판소리 본래의 존재양식을 가능케 하였다는 점이다. 둘째는 당대의 지배 계층으로부터 제반 보장과 비호를 받을 기회를 상실한 대신 역사의 주류에서 소외된 대다수 민중들과의 정서적 일체감을 더욱 공고히 함으로써 판소리의 역사상 새로운 경이를 이룩하였다는 것이다. 그는 판소리의 중요한 일부를 잃었지만 그에 못지 않게 중요한 새로운 경이를 창조했고 바로 이 점이야말로 그의 천재의 면모를 보여주는 점이다.

판소리는 그 사설(辭說)이나 창(唱)이 지극히 다층적이다. 그 사설의 면에서 볼 때 한편으로는 유식한 한문투의 사설이 펼쳐지는가 하면 다른 한편으로는 비속한 육두문자마저도 거침없이 펼쳐진다. 또 그 창의 면에서 볼 때 한편으로는 정악(正樂)의 가락이나 양반 계급의 가곡 내지 시조창에서부터 다른 한편으로는 무가(巫歌), 범패(梵唄)를 비롯하여 각도의 민요며 잡가의 가락들이 광범하게 포용되어 있다. 이런 점에서 판소리는 민족음악의 옴니버스라 할 수 있다.

물론 이런 다층성은 모든 판소리에 획일적인 것은 아니다. 사설의 면에서 볼 때 가령 「적벽가」 같은 경우는 한문투의 사설이 주류를 이룬다고 할 수 있는 반면 「흥부가」나 특히 「변강쇠가」 같은 것은 당대 민중들의 비속한 구어(口語)가 상대적으로 많으며 또 창의 면에서 볼 때 「적벽가」 같은 것은 웅장 호방한 우조 내지 평조가 주류를 이루고 있는 데 반하여 「춘향가」나 특히 「심청가」 같은 것은 애련 처절한 계면조가 주류를 이루고 있다. 이런 차이는 동편제니 서편제니 하는 법제의 차이, 또는 남창과 여창의 차이에 따라서도 다양한 편차가 예상되는 점이다.

그러나 이러한 다양한 차이에도 불구하고 앞서 말한 다층성은 모든 판소리에서의 일반적 성격이다. 이런 점에서 판소리는 인생의 다양한 국면을 폭넓게 포괄하는 장르이다.

판소리는 애당초 민중의 예술이다. 조선조 신분 사회에서의 광대의 사회적 조건을 감안해본다 해도 이는 쉽사리 짐작할 수 있는 일이다. 그 속에 유식한 한문투의 사설이나 정악 가곡 같은 양반 계층의 가락들을 폭넓게 수렴하고 있음에도 불구하고 그 주류를 이루는 것은 역시 비속한 민중적 사설이나 민요 잡가 같은 민중적 가락이다. 이러한 민중 예술로서의 판소리가 높은 예술성을 성취하게 됨으로써 당대 지배 계층의 경제적 비호를 받을 수 있게 되었고 또 그들로 하여금 창작적 참여(주로 사설의 면이지만)를 유도하기도 하였을 것이다.

요컨대 판소리에는 유식한 지배 계층의 문화와 무식한 민중의 문화가 교착되면서 그 이질적 요소들이 다이내믹한 격돌을 빚는 가운데 예술적 해조(諧調)를 이룩하고 있다. 대부분의 판소리의 주제가 다층적으로 함축되어 있는 것도 판소리 예술이 갖는 상기한 조건들과 긴밀히 관련된다.

그런데 임방울의 예술에서는 그 사설이나 창에서 비속한 민중적 요소가 상대적으로 두드러진다. 적어도 어느 정도의 실증적 자료를 남기고 있는 김창환, 이동백, 송만갑, 김창룡 등 오명창시대 가객들의 예술에 비교해볼 때 그렇게 말할 수 있다. 성급한 속단이 될지는 모르나 이는, 임방울의 전 시대까지도 어렵사리 유지되어오던 조선조적인 가치체계가 전면적으로 붕괴되고 이에 따라 당대 청중들의 심미의식(審美意識)이 전면적으로 변모되어간 시대적 추세를 반영하는 현상이 아닐까 한다.

원래 판소리 예술 자체가 유동성, 현장성, 즉흥성 등을 그 속성으로 하고 있는 이상 임방울의 이러한 변모 역시 당연한 것이라 할 수도 있겠으나 임방울에 이르러 그 변화의 정도가 유달리 두드러진다. 그가 시대의 심미적 추세를 민감하고도 대담하게 반영한 데서 오는 현상이다.

임방울에 이르러서의 변모는 우선 그 사설의 면에서 볼 수 있다. 특히 아니리 부분에서 두드러진다. 원래 사설 가운데서도 아니리 부분이 가장 유동적인 것이기는 하지만 임방울의 아니리는 그에 앞선 가객들의 그것에 비하여 사뭇 파격적이다. 만일 그의 아니리를 그대로 문자화시켜놓는다면 문맥이 통하지 않은 부분이 상당히 눈에 뜨인다. 문장론으로만 따지기로 한다면 이는 일종의 결함이다. 그리고 유식한 한문투의 사설에서는 그 어음이 분간되지 않은 부분이 적지 않다. 이 또한 가객으로서 결함이라 할 수 있다.

그러나 판소리는 눈으로 읽는 예술이 아니라 귀로 느끼는 예술이다. 그것도 당대 청중들과의 수수관계(授受關係) 속에서 끊임없이 새롭게 창조되어가는 현장의 예술이다. 이 점에서 판소리는 대화의 양식과 흡사한 면을 가지고 있다. 대화에서 중요한 것은 정연한 논리의 전개가 아니라 상대방에 대한 강력한 정서적 감화작용이다. 문장의 측면에서 볼 때는 결함으로 지적되어 마땅한 그의 아니리도 실상 이런 현장의 언어로서는 유례없는 정서적 감화력을 발휘했다. 임방울 못지않게 못 배우고 무식한 당대 청중들은 무슨 정연한 논리 따위와는 아무 상관없는 그의 이러한 마구잡이식의 푸짐한 아니리에 오히려 깊이 매료되었다. 이 점에서 임방울은 판소리의 천재이다.

여담이지만 오늘날의 가객 중에 아니리의 면에서 일인자는 박동진(朴東鎭)이라 생각한다. 박동진의 아니리 스타일은 또 임방울과는 사뭇 다르다. 그만큼 그들은 당대의 민중적 정서에 밀착하는 데 각자 나름의 방식으로 탁월한 성공을 거두고 있다.

유식한 한문투의 사설 전달에서 임방울의 어음은 선명치 못한 경우가 많다 하였거니와 이는 가객으로서의 결함으로 지적될 수밖에 없다. 이런 한문투 부분에서의 그의 예술은 거의 예외없이 너무도 음악 양식에만 의존하고 있어서 사설(문학)과 창(唱)의 해조(諧調)에서만 기대되는 이른바 '이면(裏面) 그리기'는 발랄하게 성취되지 못하고 있는 것이 사실이다.

이런 면은 앞서 말한 바 임방울의 잃은 부분이다.

그러나 비속한 민중적 사설이 주류를 이루는 부분에서의 임방울의 이면 그리기는 그야말로 찬란히 빛나고 있다. 가령 「춘향가」 중 거지 어사와 장모인 월매가 수작하는 장면, 어사 출도 붙인 다음 어사 장모가 막걸리 일곱 잔 들이마시고 동헌으로 나타나는 장면, 「수궁가」 중에서 토끼 배 가르는 장면, 「적벽가」 중에서 조조 선단(船團)에 불 지르는 장면, 조조 군사 설움타령, 또는 조조 군사 점고하는 장면 등에서의 임방울의 이면 그리기는 그야말로 타의 추종을 불허할 경지를 성취하고 있다. 특히 아니리뿐만 아니라 그 가사마저도 임방울 자신의 즉흥적 창작이 다분히 가미되었을 것으로 추리되는 「춘향가」 중의 거지 어사와 장모 월매가 수작하는 장면, 도는 술김에 월매가 동헌에 나타나는 장면 등에서 웃었다 울었다 하는 가운데 늙은 기녀로서의 슬픔과 기쁨을 유감없이 드러내고 있는 월매의 모습은 판소리 예술이 성취할 수 있는 한 절정의 경지라 할 것이다.

이러한 예술적 성취는 그의 대담하고도 천재적인 창조(唱調)의 개발, 그의 천분과 공력을 구비한 목청의 탁월성과 긴밀히 관련되는 것임은 물론이다.

앞서 필자는 오명창시대에 와서 동편제, 서편제, 중고제 등의 고유한 법제가 차츰 무너지면서 그런 여러 법제의 개성들이 혼합되어 새로운 양식으로 재편성되기 시작하였다는 말을 한 바 있다. 우조 중심의 동편제의 후예인 송만갑이 계면조 중심의 서편제의 화려한 기법을 가미시킴으로써 새로운 가풍(歌風)을 수립하였던 것이 좋은 예가 될 것이다. 같은 오명창 중에서도 동편제의 송만갑, 중고제의 이동백과 김창룡 등의 창법이 아직도 다분히 웅장 고졸(古拙)한 우조 위주의 창법을 주류로 하고 있는 데 반하여 정정렬은 계면조 위주의 다양한 기교의 개발이 두드러진다. 흔히 정정렬을 오늘날의 판소리 창법의 선구자라 하는 이유도 이를 두고 이름이 아닐까 한다.

그런데 이러한 계면조의 기교의 개발에서 당돌하고도 파격적인 경지를 보이는 가객이 임방울이었다. 그리고 임방울의 천재성은 바로 이 점에서 발휘되고 있다. 임방울의 이러한 창법의 개발을 두고 더러는 비판적으로 보는 사람도 있다. 정노식은 『조선창극사』에서 송만갑에 대해 언급하면서 "창조와 제작이 가문의 전통적 법제를 따르지 않고 독특한 제작을 하여 다른 하나의 문호를 세웠다. 그것은 시대적 요구에 순응하기 위하여 통속화한 경향이 많았다"라고 지적함으로써 그의 화려한 기교의 개발을 다분히 비판적으로 보고 있다. 이러한 논법으로 따지자면 송만갑보다 훨씬 대담하고 파격적으로 기교의 개발에 주력한 임방울에 대하여는 훨씬 더 가혹한 비판이 가해질 법하다. 그러나 이런 일련의 비판적 견해는 지나치게 고식적인 것이다. 판소리는 종래에(정확히는 오명창시대 이전에) 바디니 제(制)니 하는 일정한 동질성을 상정하여 이를 엄격히 계승·준수토록 하였던 것은 사실이지만 그러나 그것은 그 전수 과정에서부터 변용이 불가피한 것이며, 더구나 당대 청중과의 대응관계에서 유동성, 현장성, 즉흥성 등으로 하여 끊임없이 새롭게 창조되어갈 수밖에 없다.

임방울에서의 이러한 대담한 변용은 두 가지 요인이 동시적으로 작용한 탓으로 볼 수 있다. 그 하나는 임방울 자신의 조건, 다른 하나는 당대의 시대적 추세이다. 임방울은 14세에 서편제의 가객으로 추측되는 박재실 문하에서 「춘향가」를, 역시 서편제의 공창식에게서 「적벽가」를, 이어서 동편제의 유성준에게서 「수궁가」와 「적벽가」를 사사했다. 요컨대 그는 동편제, 서편제를 두루 섭렵한 가객이다. 이러한 섭렵의 과정은 그의

1994년 11월 1일 광주시 주관으로 광주 운암동에 있는 '예술의 전당'에 세워진 임방울의 동상

임방울에게 주어진 각계의 찬사와 감사장

고유한 가풍을 수립케 하는 효과적인 계기가 되었다. 그리고 그런 고유한 가풍을 수립하지 못하였다면 그는 결코 명창 임방울이 되지 못하였을 것이다.

그는 선천적으로 뛰어난 성음을 타고난 가객이다. 그의 성음은 청구성에 수리성을 구비하고 있다. 청구성이란 판소리 가객으로서 으뜸으로 치는 성음으로서 상청, 하청을 두루 자유로이 구사할 수 있는 힘차고도 풍부한 성량의 성음을 말하며, 수리성이란 성음이 약간 갈린 듯하면서도 구수하게 곰삭은 맛을 풍기는 성음이다. 이 두 성음을 겸비한 가객이야말로 최상의 자질을 갖춘 가객이라 할 수 있다. 임방울 이전의 가객 가운데 레코드로서 확인할 수 있는 가객으로서 이런 요건을 갖춘 이는 이동백 한 사람뿐이라고 생각한다. 그 두 가지 요건을 다 갖추었을 때 웅장하면서도 그늘 짙은 소리가 빚어진다.

임방울은 전라도 출신의 가객이다. 전라도의 성음의 특징이 무엇이냐를 일률적으로 따지기는 어려운 일이지만 전라도의 대표적인 민요인 진도아리랑이나 전라도의 대표적 잡가인 육자배기와 흥타령의 창조를 감안할 때 그것은 짙은 계면조의 가락이 주조를 이루는 것으로 볼 수 있다. 이른바 육자배기목이라는 것이 바로 이것이다. 오명창 이후 특히 임방울에 이르러 두드러지게 나타나는 창조의 특징은 바로 이 육자배기목의 분위기이다. 임방울 자신은 흥타령, 육자배기 등을 잡가라 하여 부르지 않았다 하지만 정작 그의 창조의 진정한 묘미, 그의 선배 가객들에게서 찾을 수 없는 고유한 묘미는 바로 그의 육자배기목의 성음에서 연유된다.

물론 이 육자배기목은 자칫하면 지나치게 간드러진 애원성으로 치달아 이른바 노랑목으로 기울어질 우려도 없지 않다. 50년대에 풍미하던 여성창극단에서는 이런 노랑목이 창조(唱調)의 주류를 이루기도 하면서 그 이후의 판소리에 부정적인 영향을 미친 경우도 있었지만 임방울의 경우처럼 청구성과 수리성을 겸비한데다가 초인적인 후천적 공력을 쌓은 가객에게는 그 육자배기목이 오히려 그늘 짙은 한(恨)의 맛을 빚게 하는 긍정적 요인으로 작용하였다. 요컨대 임방울의 천재적인 면, 그의 선배 가객들 중 어느 누구에게서도 찾을 수 없는 독창적인 면은 바로 이 육자배기목을 그 웅장한 청구성, 수리성의 성음 속에 용해시킴으로써 그것을 판소리의 새로운 성음으로 격상시킨 점이라 할 것이다. 그의 소리가 특히 남도 민중들 속에 열광적인 호응을 얻고 있는 것도 이런 점에서 결코 우연이 아니다.

그렇다고 해서 임방울을 계면조 일변도의 가객으로 속단해서는 안 될

다. 그의 풍부하고 윤기 있는 성음은 화려한 계면조의 특성을 최상의 예술적 차원으로 높이는 데 유감없이 발휘되고 있는 것은 사실이지만 동시에 웅장 호방한 우조에서도 탁월한 천재가 발휘되고 있는 사실을 간과해서는 안 된다. 특히 「완창 수궁가」나 「완창 적벽가」 등 그의 후기의 창법에서 이런 우조의 묘미는 유감없이 발휘되어 있다. 뿐만 아니라 그 우조마저도 요긴한 고비에서는 육자배기목의 한스런 애원성을 가미시킴으로써 그것을 더욱 우조답게 하는 데도 탁월한 재능을 발휘하고 있다. 가령 조조 선단에 불 지르는 대문에서의 임방울의 우조는 이런 묘미가 발휘된 대표적인 예이다. 임방울은 우조는 더욱더 우조답게, 계면조는 더욱더 계면조답게 부른 가객이라 할 수 있으며 그 묘미는 그의 한서린 육자배기목을 효과적으로 구사한 데 있다.

  그러면 어찌하여 임방울 시대의 판소리에 이르러 이와 같은 계면조 육자배기목의 한스런 가락이 유달리 두드러지게 되었느냐 하는 문제가 남는다. 그것은 단적으로 말해서 시대적 추세라 할 수밖에 없다. 앞서도 말한 바와 같이 임방울이 명실공히 국창으로 부상하기 시작한 1940,50년대로 말하면 민족사적으로나 판소리사적으로나 가장 어둡고도 쓰라린 기간이었다. 그의 선배 가객들처럼 조선시대의 직함 하나도 차지하지 못하였고 그의 후배 가객들처럼 인간문화재로서의 사회적 보장도 받아보지 못한 진짜 광대 임방울은 그 자신이 판소리 문화의 사각지대에 살아야 하였던 고독한 가객일 뿐 아니라 어둡고 쓰라린 역사 속에 살아야 했던 당대 민중들의 한스러운 정서를 가장 민감하게 파악할 수 있었던 가객이기도 하였다. 그의 가락이 유달리 한스러운 맛을 풍기게 된 연유가 여기에 있다.

판소리 용어 풀이

가성(假聲) 통성(通聲) 참조.
갈 데를 간다 예술적 효과를 살리기 위하여 최대한의 기교를 부리는 창법을 이르는 말. 대개 소리를 길게 늘여 빼는 계면조의 경우를 두고 이름. 부침새의 기교를 다양하게 구사한다는 점에서 '대마치 대장단'의 창법과 대칭이 된다.
경드름 경기 민요 내지 경기 무가(巫歌)의 선율이 주조를 이루며, 경쾌하고 되바라진 느낌을 주는 창조. 「춘향가」 중 거지 어사가 장모에게 '어허 장모가 날 몰라……' 하는 대문 또는 「심청가」 중 뺑덕어미가 황성길 올라가며 신세 자탄으로 부르는 '어이가리너어 어이 갈꺼나. 황성 천리를 어이를 갈꺼나……' 하는 대문.
계면조(界面調) 애련 처절한 애원성(哀怨聲)이 주류를 이루는 창조. 그 창법이 화려하고 기교가 다양하며 성음의 꼬리가 길게 늘어지는 것이 특색. 애원성이 짙은 창조를 진계면, 그보다 덜한 것을 평계면, 다시 더 덜한 것을 단계면이라 구분한다. 「적벽가」의 조조 군사 설움타령 중에서 '고당상 학발 양친 배별하고 떠난 지가……' 하는 대문.
귀명창 소리할 줄은 모르지만 소리를 많이 들어서 깊이 감상하고 이해할 줄 아는 사람을 이르는 말.
그늘 오랜 수련으로 소리가 제대로 곰삭아서 예술적으로 세련된 차원을 '시김새' 혹은 '시김새가 붙었다' '시김새가 좋다'라고 하는데, 시김새가 좋은 소리에서 빚어지는 미적 여운 혹은 웅숭깊은 감흥을 그늘이라 함.
근경(近景)**을 그리다** '이면을 그리다' 참조.
너름새 판소리 광대가 소리할 때 연출하는 모든 극적인 동작. '발림'이라고도 함.
노랑목(놀량목) 계면조의 가락이 안이하게 감상적으로 발성되는 소리. 이를 얕잡아서 '용개목'이라 하기도 함.
다루 또는 목다루 '다루치다' '목다루치다'라고 하는데 이는 목을 떨면서 꺾어 넘기는 창법.

단가(短歌) 고전음악의 한 양식. 판소리에 비하여 아주 짧음. 광대가 판소리를 시작하기에 앞서 목을 풀 때 흔히 부르는 노래. 그래서 허두가(虛頭歌)라고도 함. 진국명산(鎭國名山), 호남가(湖南歌), 만고강산(萬古江山) 등.

대마치 대장단 '부침새' 참조.

더늠 판소리 광대가 특히 잘 부르는 판소리 한판, 혹은 그 중의 한 대문. 때로는 널리 청중들에게 사랑받는 대문을 이르기도 함.

떡목 광대의 소리가 트이지 않아서 뻑뻑하고 탁한 성음.

덜렁제 '설렁제'라고도 함. 경쾌하고 씩씩한 느낌을 주는 창조. 영조·정조 시대의 권삼득(權三得)이 창시하였다 함. 「흥부가」 중 놀부가 '제비 후리러 나가는데' 대문과 「적벽가」의 '조조 군사 설움타령' 중에 키 작은 군사가 우는 군사들을 꾸짖는 대문.

또랑광대 판소리를 부분밖에 부르지 못하는 사람을 야유하여 이르는 말.

도섭 '아니리' 참조.

독공(獨工) 혼자서 소리 공부를 함. 또는 배운 소리를 혼자서 익히고 삭임.

동편제(東便制) 판소리 제(制)의 하나. 원래 섬진강을 경계로 하여 그 동쪽, 대체로 전라좌도와 경상도 일대에서 주로 부르던 제. 송흥록을 비롯하여 박만순, 김세종, 송우룡, 송만갑, 유성준, 김정문, 강도근 등이 이 제의 명창으로 꼽힌다. 이에 대하여 섬진강 서쪽, 대체로 전라우도 쪽에서 주로 부르던 법제를 서편제(西便制)라 하는데 조선조 말기의 박유전을 비롯하여 정창업, 이날치, 김창환, 이화중선, 한애순, 박초월 등이 이 제의 명창으로 꼽는다. 임방울, 김소희 등도 원래 서편제에서 출발하였으나 후에 동편 소리도 두루 섭렵한 명창들이다. 동편제는 대체로 단순 소박하고 웅장 호방한 가풍(歌風)이며 소리의 끝을 뚝 자르며 음계를 살짝 들어올리면서 맺는 경향이 많은 데 반하여 서편제는 기교가 비교적 다양하고 애련한 맛이 짙으며 소리의 꼬리가 길게 이어지는 경향이 많다. 원래 동편제는 우조(羽調)가 주류이고 서편제는 계면조가 주류를 이루었다고 하나 근래에는 상호 교류가 활발하여 그런 구별이 많이 사라져가고 있다. 이 밖의 대표적인 것에 중고제가 있었으나 현재는 소멸되었다. '중고제' 참조.

득음(得音) 판소리 광대가 오랜 공부 끝에 목이 트여서 힘차게 소리할 수 있게 되는 경우를 이르는 말.

마당 '바탕' 참조.

목구성 목청의 예술적 매력. '목청'과 '구성지다'의 합성어일 듯. '목구성이 좋다'라고 말한다.

목안엣소리 배에서 힘차게 뿜어 올리지 못하고 목에서만 발라맞추는 소리를 말함. 배에서부터 힘차게 뿜어 올리는 소리는 통성(通聲)이라 함. '통성' 참조.

바디 판소리의 전승계보(傳承係譜) 또는 전승되어오는 판소리의 텍스트. '바디'는 '받다'(전수받다)에서 온 말일 듯함. 동편제, 서편제 등 제(制) 또는 법제(法制)의 하위 개념임.

바탕 판소리 처음에서 끝까지를 한 바탕이라 한다. '판' 또는 '한판'이라고도 하고 '마당'이라 하기도 한다. 이에 반하여 한 부분만은 '토막소리'라 한다.

발림 '너름새' 참조.

법제(法制) '제'라고도 함. '동편제' 참조.

부침새 박자에 다채로운 변화를 주기 위한 기교의 하나. 소리가 박자와 동시에 떨어지지 않고 다음 소절로 이어지는 장단을 부침새라 한다. 소리가 박자의 사이사이를 비껴가는 장단을 '잉애걸이', 소리가 길어졌다 짧아졌다 하면서 장단에서 벗어나는 기교를 '완자걸이'라 한다. 이런 부침새 기교를 부리지 않는 창법을 '대마치 대장단'이라 한다.

비가비 소리하는 가문(家門) 출신이 아닌 판소리 가객을 이르는 말.

상청 높은 소리.

서편제 '동편제' 참조.

석화제 우아하고 화평한 느낌을 주는 창조의 하나. 「수궁가」 중 날짐승들의 상좌 다툼 중에서 '부엉이 허허 웃고 네 암만 그런대도……' 하는 대문.

설렁제 '덜렁제' 참조.

세마치 '장단' 참조.

소리 판소리를 '소리'라고도 한다.

소리풀이 가객이 관례적으로 하는 행위. 소리를 다 부르고 나서 역대 명창의 이름을 열거한 다음 자기 더늠 하나를 다시 부르는 일.

수리성 청이 곰삭아서 약간 쉰 듯하게 발성하는 성음. '청구성' 참조.

시김새 창법에서 소리를 치켜올렸다, 끌어내렸다, 꺾었다, 궁글렸다, 목을 떨었다 하여 소리의 흐름에 다양한 유동성을 부여하는 것. 서양 음악의 장식음과 비슷하다고 할 수 있으나 그보다는 훨씬 유동성의 폭이 크다. 판소리의 예술적 차원을 가늠하는 기준은 이 '시김새'의 능력에 달려 있다고 할 수 있다.

아구성 입을 크게 벌리고 다루를 굵게 치면서 하청에서 상청까지 통성으로 힘차게 치솟는 발성법. 임방울이 이 발성에 능하였다.

아니리 가객이 창이 아닌 말로써 서사 내용을 이끌어가는 경우를 말한다. 판소리의 해학이 이 경우에 비교적 많이 빚어진다. 아니리를 좀더 간절하게 표현할 때 즉 흥적인 영탄조의 선율이 빚어지는데 이를 '도섭'이라 한다.

아래 윗물 지다 '소리가 아래 윗물 진다'라고도 하는데 음정이 불안한 경우를 이르는 말.

앵기다 '소리가 앵기다' '목이 앵기다'라고도 함. 소리가 뜻대로 잘 발성되는 경우를 이르는 말.

양성(陽聲) 맑고 깨끗한 소리. 판소리에서는 옅은 소리라 하여 별로 취하지 않음.

어단성장(語短聲長) 소리할 때 노랫소리는 길게 뽑더라도 말은 짧게 하여 어음이 정확하게 전달되도록 하는 것.

엇모리 '장단' 참조.

엇중모리 '장단' 참조.

오명창(五名唱) 고종 후기에서 1930년대까지의 기간에 활약한 김창환(金昌煥), 이동백(李東伯), 송만갑(宋萬甲), 정정렬(丁貞烈), 유성준(劉成俊), 김창룡(金昌龍) 중에서 처음 세 사람은 반드시 꼽고 나머지는 취향에 따라서 둘을 골라 오명창이라 하였다.

완자걸이 '부침새' 참조.

용개목 '노랑목' 참조.

우조(羽調) 창조(唱調)의 하나. 웅장 호방한 남성적인 창조. 강건 소박하며 장중한 맛을 풍긴다. 중국 오음(五音)의 '우조'와는 다르다. 계면조(界面調)와는 대칭이 된다. 우조의 창조에 가까우면서도 온화 화평한 창조를 평조(平調)라 한다. 「적벽가」 중에서 '이때에 황개는 이십 화선 거나리고……' 하는 대문은 우조. 「심청가」 중에서 '범피중류'는 평조.

육자배기목 남도 민요인 육자배기, 흥타령 등의 창조와 같이 애련한 탄식조의 창조. 진계면의 일종. '계면조' 참조.

이면(裏面)**에 맞다 또는 이면을 그리다** 이면이란 판소리의 서사(敍事) 내용을 말함. 따라서 '이면에 맞다' '이면을 그리다'라는 것은 판소리 서사 내용에 부합되게 소리를 하는 것을 의미한다. '근경(近景)을 그리다'라고도 함.

잉애걸이 '부침새' 참조.

자진모리 '장단' 참조.

잡가 판소리 가객들이 판소리 아닌 민요 등을 이르는 말.

장단 판소리의 박자. 진양조 6박, 중모리 12박, 엇중모리 6박, 중중모리 12박, 엇모리 10박, 자진모리 4박, 휘모리 2박, 세마치 6박 등이 있다. 대체로 진양조가 제일 느리고 휘모리가 제일 빠르다.

제(制) '동편제' 참조.

중고제 판소리 법제의 하나. 경기도 이남과 충청도 일대를 기반으로 한 판소리 법제. 경기도 무가 및 민요의 경드름 톤이 투영되어 있는 창조이다. 조선조 말의 염계달(廉啓達), 모흥갑(牟興甲), 고수관(高秀寬) 그리고 오명창시대의 이동백(李東伯), 김창룡(金昌龍) 등이 명창으로 꼽힌다. 근래에 이 법제는 명맥이 끊긴 듯하다.

중모리 '장단' 참조.

중중모리 '장단' 참조.

진양조 '장단' 참조.

철성(鐵聲) 쨍쨍한 소리.

청 목청.

청구성 선천적으로 타고난 힘차고 윤기 있는 좋은 목청. 여기에 다시 약간 쉰 듯한 곰삭은 소리가 가미될 때 이를 수리성이라 한다. 판소리 가객으로서 이 청구성과 수리성을 겸했을 때 으뜸의 청으로 간주된다. 이동백, 임방울이 이 성음의 소유자다.

추임새 소리가 진행되는 동안 흥을 돋우기 위하여 '얼씨구 좋다' 등의 소리를 질러 주는 것. 추임새는 고수의 추임새와 청중의 추임새가 있는데 고수의 추임새는 광대의 소리의 예술적 효과를 높이고 청중들의 흥을 유도하는 구실을 한다. 청중들의 추임새는 예술적 감동을 나타내는 자연발생적인 것이다. 추임새를 통하여 광대, 고수, 청중은 다같이 연창(演唱)에 참여하게 된다. 추임새야말로 서양 음악과 다른 현장 예술로서의 판소리의 성격을 전형적으로 드러내는 면이라 할 수 있다. '추임새'의 '추임'은 '추다' '추어주다'(칭찬하다)의 명사형, '새'는 모양 정도를 나타내는 접미사.

추천목 창조의 하나. 대체로 경쾌하고 흥겨운 느낌을 주는 창조. 「수궁가」 중에서 토끼가 용왕이 베푼 잔치에서 술 먹고 춤추는 '앞내 버들은 유록장 두르고······' 하는 대문. 이 대문은 그네(추천[鞦韆]) 뛰는 장면을 노래한 것이므로 '추천목'이라는 말이 나온 듯하다. 조선조 말 염계달이 잘하였다 함.

통성(通聲) 배에서부터 뿜어내는 힘찬 소리. 목안엣소리와는 대조가 됨.

판 '바탕' 참조.

판놀음 판을 짜서 여러 가지 놀이를 벌이는 것.

판소리 판소리는 원래 소리, 창악(唱樂), 극가(劇歌) 등 여러 가지로 호칭되어오다가 근래에 '판'과 '소리'를 합쳐서 판소리라 부르게 되었는데 이제는 이 명칭이 보편화되어 있다. '판소리'라는 말은 기록상으로는 정노식의 『조선창극사』(1939)에 처음 쓰이고 있다.

팔명창(八名唱) 전기 팔명창시대라고 하면 영조·정조·순조 무렵으로 판소리의 장르가 정착된 시기이다. 신재효(申在孝)의 광대가에 열거되어 있는 송흥록, 모흥갑, 권삼득, 신만엽, 황해천, 고수관, 김제철, 주덕기 여덟 사람'을 전기 팔명창이라 한다. 후기 팔명창시대는 철종·고종 초기를 말하는데 박만순, 이날치, 송우룡, 김세종, 장자백, 정창업, 정춘풍, 김찬업 등을 후기 팔명창이라 한다.

평조(平調) '우조' 참조.

하청 낮은 소리.

협률사(協律社) 1902년 우리나라에 최초로 세워진 근대식 극장. 김창환, 송만갑을 비롯한 전국의 국악인이 공연에 참여하였다. 이는 단속적으로 계속되다가 1906년에 폐관되었다. 그 이후 국악인들이 단체를 조직하여 '협률사'라는 명칭으로 각처에서 활동을 하게 됨으로써 협률사라는 말은 국악 단체를 지칭하는 보통명사로 되었다.

휘모리 '장단' 참조.

주註

1) 함평군 향토문화연구회 나산마을사 편찬추진회에서 간행한 『나산마을사』(1996년) '현대인물'조에는 "임방울(林芳蔚): 작고, 국창, 14세 때 광주광역시로 출향"이라 기록되어 있으며 임방울이 14세까지 살았다는 집 자리의 사진이 실려 있다. 이 책에서는 임방울의 장녀 임오희의 증언에 따르기로 하였다.
2) 유민영 지음, 「옥내 극장의 등장과 전통극의 변모」, 『한국근대연극사』, 단국대학교 출판부, 1996 참조.
3) 박황 지음, 『판소리 이백년사』, 사연사(思硏社), 1994, 150쪽.
4) 박황 지음, 위의 책, 222쪽.

연보

1904년(1세)   4월 25일 전라남도 광산군 송정읍 수성리에서 임경학(林敬鶴)의 8남매 중 막내로 출생하였다. 후에 도산리로 이주하다. 본명은 승근(承根). 어려서 울지 않고 방울방울 잘 논다 하여 '방울'이라는 애칭으로 불리었는데 후에 이 애칭이 예명으로 굳어졌다.

아버지는 서당에 보내어 공부를 시키려 하였으나 어린 방울은 공부보다 소리를 흥얼거리기를 좋아하였다. 그의 외숙은 당대의 국창 김창환이었다. 김창환의 아들인 봉이, 봉학 등도 명창이었으며 어린 방울은 그들의 소리를 자주 듣고 소리를 흥얼거렸다.

1917년(14세)   부친 임경학은 임방울을 농사꾼으로 만들기 위해 독농가에 보내어 고용살이를 시켰으나 임방울은 그 집에서 뛰쳐나와 나주의 명창 박재실(朴在實)을 찾아가 3년간 「춘향가」를 전수받았다.

이어서 그는 화순군 능주의 공창식(孔昌植)을 찾아가 「적벽가」를 배웠다. 공창식의 소개로 임방울은 그 고장의 유력가인 남국일을 알게 되었고 그의 집에서 숙식하며 독공을 하였다. 남국일은 임방울을 유성준에게 보내어 소리 공부를 하게 하였다. 여기서 「적벽가」「수궁가」를 전수받았다. 이제까지 서편제의 스승들한테서만 공부하던 임방울은 동편제의 명인 유성준을 만나 내면의 갈등을 의식하게 되었다. 그것은 동편제와 서편제를 종합하려는 그의 예술 형성에 획기적인 계기가 되었다.

이어서 그는 화개의 쌍계사에 가서 독공에 들어갔다.

1922년(19세)   임방울은 한 살 아래인 나주읍의 박오례(朴五禮)와 결혼하였다. 그들은 오희(五姬), 순희(順姬) 두 딸과 아들 화택(化澤)을 두었다.

1928년(25세)   임방울은 동아일보사 주최의 전국명창대회에 출연하여 일약 명성을 날렸다. 콜럼비아 레코드회사와 전속 계약을 맺기에 이르렀고 이어서 빅터, 오케 레코드사 등과도 차례로 전속 계약을 맺고 쑥대머리를 비롯한 많은 음반을 내는 한편 무대생활도 활발하게 하였다. 이 기간에 그는 그동안 사귀어오던 산호주라는 여인을 사별하였다. 산호주에 대한 애틋한 심사를 나타낸 그의 작사 작곡인 단가 '추억'은 그의 쑥대머리와 함께 널리 사랑을 받았다.

1933년(30세) 송만갑, 정정렬, 이동백, 김창룡 등이 주동이 되어 '조선성악연구회'가 결성되었다. 전국의 국악인이 망라된 단체였다. 이 단체가 주동이 되어 창극을 활발하게 공연하였다. 임방울도 이에 참가하였으나 이내 이탈하고, 경남 거제도 출신의 하운창을 비롯하여 안기옥, 오태석, 정광수, 강도근, 박초월, 박귀희 등으로 조직된 동일창극단에 참여하였다. 시골의 순회 공연을 즐겨 하였다. 이 단체에서는 창극도 하였으나 임방울은 창극보다 판소리를 부르는 데 주력하였다.

이 무렵에도 임방울은 이따금 유성준을 찾아 소리 공부를 계속하였다.

제2차 세계대전 등을 일으킨 일본은 우리 문화 말살정책을 강행하였으며 판소리도 탄압을 받기 시작하였다. 식민지시대의 마지막 5년간은 판소리의 완전한 암흑기였다.

1945년(42세) 해방과 함께 임방울은 인근의 국악인들과 함께 '임방울과 그 일행'이라는 흥행단체를 조직하여 주로 시골 순회공연을 하였다. 이 과정에서 여류 국악인 한애순과 인연을 맺게 된다. 그녀와의 사이에서 딸 다리를 출산하였다. 2년 남짓 지난 후 두 사람은 헤어진다.

1950년(47세) 9·28수복 이후 김연수와 함께 공연활동을 하게 된다. 김연수와는 조선성악연구회 시절부터 아는 사이였다. 세 살 연하인 김연수는 매사에 임방울과 대조적이었다. 김연수는 상당한 배움이 있었으나 임방울은 그렇지 못하였다. 임방울은 어려서부터 판소리를 익힌 타고난 가객이었으나 김연수는 20세 무렵에 소리 공부를 시작한 노력형의 가객이었다. 임방울은 부드러운 반면 속으로 노여움을 타는 성미인데 김연수는 성질이 급한 반면 쉬이 잊는 타입이었다. 두 사람은 자주 충돌하였다. 임방울은 결국 이 단체를 떠난다.

1960년(57세) 어느 가을날 전북 김제의 장터에서 소리를 하다가 쓰러진 뒤 6개월 후 1961년 3월 8일 58세를 일기로 사망하였다.

참고문헌

문순태, 「임방울, 서민의 한 풀어준 목소리」, 『월간중앙』 1975. 12.
_____, 「팔도명인전―쑥대머리-임방울」, 『전남매일신문』 1973. 6. 1.~7. 10.
박경수, 『소리꾼들, 그 삶을 찾아서』, 일월서각, 1993.
백현미, 『한국창극사연구』, 태학사, 1997.
유민영, 『한국극장사』, 한길사, 1982.
_____, 『한국근대연극사』, 단국대학교 출판부, 1996.
이계홍, 「명사의 고향―임방울과 송정동부(松汀東部)」, 『전남일보』 1973. 6. 2.
이두현, 『한국신극사연구』, 서울대학교 출판부, 1966.
이보형, 「임방울과 김연수」, 『뿌리 깊은 나무』 1977. 11.
천이두, 「명창 임방울」, 『월간문학』 1983. 12.~1985. 10.
_____, 「판소리와 임방울」, 『전통문화』 1985. 9.
_____, 『판소리 명창 임방울』, 현대문학사, 1986.
최동현, 『판소리란 무엇인가』, 도서출판 에디터, 1994.
황문평, 『한국 대중 연예사』, 부루칸모로, 1989.

찾아보기

| ㄱ |

강도근(姜道根) 105
고수관(高秀寬) 105
공창식 81, 83, 86, 89, 90, 94, 97, 99, 103, 104, 112~114, 120~125, 128, 137, 139, 154, 159~161, 163, 171, 181, 186, 188, 214, 356, 364
김세종(金世宗) 105
김소희 324, 337, 350
김연수 227, 294~297, 300, 301, 304, 311~313, 315, 328, 330, 331, 339, 341
김용환 124
김원술 293, 304, 313, 331
김창룡(金昌龍) 105, 363
김창환 21, 23, 40, 105, 109, 111, 123, 124, 188~191, 193, 296, 355, 358, 361
김채만 124

| ㄴ |

남국일 103~105, 121, 122, 137~139, 146, 149, 150, 153, 159, 160, 162, 180, 181, 183, 192

| ㄷ |

동일창극단 234, 235
동편제 105, 106, 109, 280, 363

| ㅁ |

모흥갑(牟興甲) 105

| ㅂ |

박귀희 324, 338, 350
박녹주 337
박대준 18, 28, 51, 240, 260
박동실 263
박동진 229, 232, 233
박만순 105
박봉술 62, 357
박석기 264
박오례 179, 195, 351
박유전(朴裕全) 105
박재실 35, 37, 40, 83, 89, 90, 92~95, 97, 98, 101, 112, 113, 121, 139, 142, 150, 163, 171, 181, 184, 187, 188, 193, 214, 364
백낙준 264
「변강쇠가」 354, 360
보광(普光) 169

|ㅅ|

서편제 90, 105, 106, 110, 191, 193, 263, 363
송만갑(宋萬甲) 17, 40, 106, 105, 109, 110, 122~124, 280, 358, 363, 364
송우룡(宋雨龍) 105
송흥록 105
「수궁가」 23, 103, 106, 113, 114, 120, 121, 125, 138, 139, 156, 214, 228, 229, 277, 279, 281, 294, 312, 320, 343, 345, 354, 363, 364
수리성 101, 366, 367
승근 22, 83, 84, 166
시김새 101
신재효 17, 71, 72, 192, 354, 355
「심청가」 109, 112, 350, 354, 360

|ㅇ|

양성(陽聲) 70, 100
염계달(廉啓達) 105
유성준 104~106, 110, 112~114, 120, 121, 124, 138, 139, 181, 189, 214, 228, 229, 231, 293, 311, 338, 355, 364
이날치(李捺致) 105
이동백(李東伯) 17, 40, 105, 124, 250, 251, 358, 363
이화중선 337
임승근 21

|ㅈ|

장판술 95
「적벽가」 90, 95, 99, 103, 106, 120, 121, 127, 139, 154, 164, 171, 214, 228, 249, 297, 319, 320, 346, 354, 360, 363, 364
정응민(鄭應珉) 105
정정렬 227, 337
정창업(丁昌業) 105
조몽실 38~40, 154~156
조선성악연구회 294, 295
중고제 105, 363

|ㅊ|

청구성 68, 101, 366, 367
「춘향가」 23, 66, 67, 103, 139, 157, 160, 163, 164, 171, 174, 176, 188, 193, 214, 273, 279, 313, 320, 335, 337, 354, 357, 360, 363, 364
「춘향전」 214, 216

|ㅎ|

협률사 122~125, 191, 263
「호남가」 43
「홍문연가」 43
「흥부가」 62, 242, 280, 296, 297, 347, 350, 354, 360

지은이 천이두는 1929년 전북 남원에서 태어나 전북대학교 국어국문학과를 졸업하고 같은 대학교 대학원에서 석사학위를 받은 뒤, 일본 교토 불교대학에서 『한국적 한의 구조 기능에 관한 연구』로 박사학위를 받았다. 전북대와 원광대 교수를 역임했고, 교토 불교대학과 도시샤(同志社)대학에서 수년간 객원교수로 있었다. 이후 월간지 『문화저널』 발행인, 전주 세계소리축제 조직위원장 등을 맡았다. 현대문학상(평론 부문, 1965), 월탄문학상(평론 부문, 1983), 국민훈장 동백장(1995), 전라북도 문화상(문학 부문, 1990) 등을 수상한 바 있으며, 주요 저서로 『한국현대소설론』 『종합에의 의지』 『한국소설의 관점』 『문학과 시대』 『한국문학과 한』 『한의 구조 연구』 『삶과 꿈 사이에서』 『한국소설의 흐름』 『우리시대의 문학』 등이 있다. 지금은 전주에서 독서와 판소리 감상으로 여유로운 시간을 보내고 있다.